普通高等教育"十二五"规划教材

供应链管理实训教程

吕建军　侯云先　田雯　编著

机 械 工 业 出 版 社

本书通过搭建一个企业内部供应链管理的平台，利用用友 ERP 系统工具，对企业供应链管理中信息流、物流和资金流的控制进行模拟，对学生的供应链管理实际操作能力进行训练，以提高其分析问题、解决问题、实际操作和创新意识等方面的能力。本书共八章内容，采用课堂项目教学方式，设有供应链系统建设主项目，系统建立、物流管理、采购管理、销售管理、产品管理与控制等多个子项目。每个子项目的设计均以完整的业务和整体化的数据处理为主导思想，真正做到数据真实、算法简单、流程清晰，易学、易懂、易操作、易教学。本书前后章节连贯，逻辑性强，内容精练，重点突出，深入浅出，便于学习，具有较强的实用性，编写体系非常有利于教学。

本书可作为财务管理、工商管理、电子商务等管理类相关专业的实训教材及参考用书，也可作为对供应链管理实际操作感兴趣人员的入门书籍。

图书在版编目(CIP)数据

供应链管理实训教程/吕建军，侯云先，田雯编著. —北京：机械工业出版社，2012.7

普通高等教育“十二五”规划教材

ISBN 978-7-111-38870-8

Ⅰ.①供…　Ⅱ.①吕…　②侯…　③田…　Ⅲ.①供应链管理—高等学校—教材　Ⅳ.①F252

中国版本图书馆 CIP 数据核字（2012）第 142687 号

机械工业出版社(北京市百万庄大街 22 号　邮政编码 100037)
策划编辑：曹俊玲　责任编辑：曹俊玲　何　洋
版式设计：纪　敬　责任校对：佟瑞鑫
封面设计：张　静　责任印制：杨　曦
北京圣夫亚美印刷有限公司印刷
2012 年 8 月第 1 版第 1 次印刷
184mm×260mm · 11 印张 · 258 千字
标准书号：ISBN 978-7-111-38870-8
定价：25.00 元

前　言

经济的快速发展使经济管理作为学科门类或专业职能，在社会主义市场经济建设中承担着越来越重要的角色，也对经济管理类人才的知识结构和综合素质提出了更高的要求，而企业信息化带动了信息化新型人才的需求新浪潮。ERP（企业资源计划）系统在这样的大背景下诞生、发展和繁荣，成为企业管理软件的代名词和几乎所有企业提高工作效率与质量的“法宝”。

用友 ERP 软件根据市场的用人需求，结合多年行业应用经验，开发了很多颇具实用性的培训课程。通过模拟训练，能够使读者熟练掌握 ERP 应用技术，具有应用 ERP 系统管理企业业务的能力。

本书介绍了一个典型规范的分销型企业的供应链管理系统模拟实验。该实验从企业的应用实际出发，操作过程循序渐进，通俗易懂，并配合大量实际操作图示，给读者一个清晰、准确、详尽的示范。

全书共分为八章内容，以用友 ERP-U8 为实验平台，以一个供应链系统为主线贯穿始终。供应链实训中共有六个子项目，这些子项目相对独立，但最终相互联系。背景知识根据特定的项目，设定管理目标、应用模式和业务流程。每章具体包含系统概述、实验目的、实验准备、实验要求、实验资料、实验指导等内容，其中，系统概述主要介绍各个系统的基本功能；实验目的明确通过该实验应该掌握的知识点；实验准备指出完成本实验所需的数据环境；实验要求是对实验内容提出的具体要求；实验资料提供企业的业务数据作为实验的背景资料；实验指导针对实验要求和实验资料具体描述完成实验的操作步骤以及操作中的难点重点。

本教程可以作为高等院校开设的供应链管理相关课程的实验用书，旨在激发学生的学习兴趣和创新激情，使学生的实践能力、创新能力和综合素质得到全面提升，为学生未来从事研究或经济管理工作奠定基础。

在编写过程中，我们认真负责，力求做到最好，但是由于经验和时间有限，不足和疏忽之处在所难免，恳请广大读者和专家批评指正。

编　者

目 录

第1章　供应链管理基础知识

1.1　供应链管理概述

1.1.1　供应链的内涵

1. 供应链的概念

供应链是围绕核心企业，通过对信息流、物流和资金流的控制，从采购原材料开始，制成中间产品以及最终产品，最后由销售网络把产品送到消费者手中，将供应商、制造商、分销商、零售商，直到最终用户连成一个整体的功能网链结构。它不仅是一条连接供应商和用户的物流链、信息链、资金链，也是一条增值链，物料在供应链上因加工、包装、运输等过程而增加价值，并给相关企业带来收益[㊀]。

早期的观点认为，供应链是制造企业中的一个内部过程，即企业从外部采购原材料和零部件，通过生产加工活动将其转换为产品，再经销售活动传递到零售商和用户。传统的供应链概念局限于企业的内部操作层面上，注重企业自身的资源利用；后来供应链的概念注意到与其他企业的联系，即供应链的外部环境，一些研究者认为它应是一个"通过链中不同企业的制造、组装、分销、零售等过程将原材料转换成产品，再到最终用户的转换过程"，是更大范围、更系统的概念。近年来，供应链的概念更加注重围绕核心企业的网链关系，如核心企业与供应商、供应商与供应商的供应商乃至与一切前向的关系，核心企业与用户、用户的用户以及一切后向的关系，强调在供应链中通过建立战略伙伴关系，与重要的供应商和用户更有效地开展工作。

供应链既包括制造商和上游原材料、零部件供应商，也包括下游批发/分销商、零售商和最终顾客等成员，制造商通过与上游和下游成员的连接组成了企业的链状结构或网络结构。它是一种范围广泛的企业结构模式，包含所有加盟的节点企业，从原材料的供应开始，经过链中不同企业的制造加工、组装、分销等过程，直到最终用户。供应链的结构模型如图1-1所示。

供应链是一个非常广泛的概念，人们可以从广义供应链和狭义供应链两个层面进行理解[㊁]。

（1）广义供应链。从社会乃至全球的角度来看，供应链并不是一个简单的从供应商到企业再到客户的连接关系链，而是一个围绕核心企业，将供应商的供应商、供应商、核心企

㊀ 资料来源：http：//baike. baidu. com/view/3235. htm，2011-10-20.

㊁ 郑荆陵，李俊辉，宋永刚．用友ERP供应链管理实训教程［M］．北京：清华大学出版社，2009.

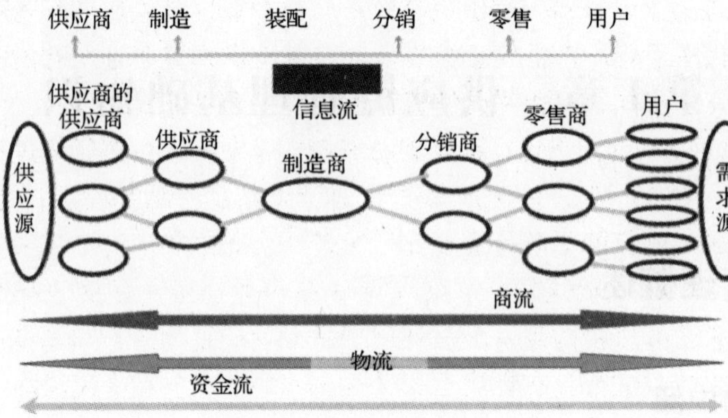

图 1-1 供应链的结构模型

业、用户以及用户的用户连在一起的一个电子商务网络。它利用现代先进的信息技术从事各种商务活动，其实质是一套完整的商务经营及管理信息系统。

广义供应链拆除了企业与企业之间的围墙，把过去分离的业务过程通过供应链管理集中起来。供应链管理包括原材料供应、外协加工与组装、生产制造、销售与分销、运输、批发及零售的全过程。

在广义供应链中，每个企业都是链中的一个节点，通过“供与需”的关系相互连接。主导企业的上游是供应商，下游是客户，或办事处、代理商、批发商等。主导企业在产品经营时，对上游供应商周而复始地提交“需”的信息，对下游客户周而复始地提供“供”的信息。为了保证每个企业的资源合理调配，需要进行物料需求计划，随时提交“供需平衡”报告，从而建立企业与企业之间的“供与需”关系，在这种相互信赖、协同作业的运作机制下共求发展，否则任何一个企业都可能从供应链中消失。

（2）狭义供应链。狭义供应链即内部供应链，是企业内部的供应链关系，通常是指企业内部从购买原材料到生产加工和产品销售，最终服务于客户的过程（见图 1-2）。销售部门需要采购部门按时、按量地提供需要的物料，建立起一个简单的销售与采购供应链关系。

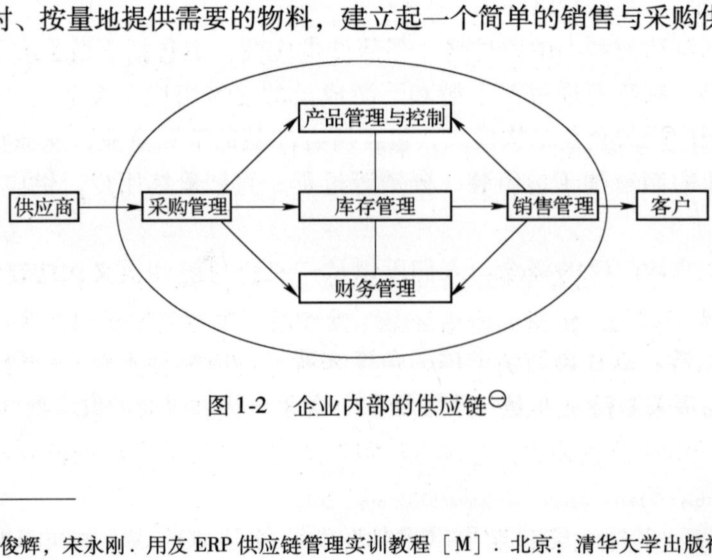

图 1-2 企业内部的供应链㊀

㊀ 郑荆陵，李俊辉，宋永刚．用友 ERP 供应链管理实训教程［M］．北京：清华大学出版社，2009.

内部供应链仅是企业内部的一个供应链节点。在企业内部供应链管理环境下，该节点动态连接采购管理、销售管理、产品管理控制、库存管理和财务管理所有的资源信息，并能快速地处理与传递信息。横向物流由采购管理、库存管理和销售管理构成，由它们来采集、存储、处理、传递物料的采购、仓储、销售活动信息；纵向物流由产品管理控制、库存管理和财务管理构成，由它们来计算、传递产品的资源计划信息。物流的上游是资源需求计划管理，由此来控制物流；物流的下游是资金计划管理，由此来共享资金流和物流的信息。

供应链管理与传统作业不同的是，前者要求在企业经营产品时，利用ERP系统工具，重组业务流程。企业业务流程的第一步是利用产品管理控制物流，第二步是利用物流信息控制资金流，两者必须同时进行。在物流中，采购入库的活动推动物流流动，同时入库活动使得成本上升，引起价值流流动；入库活动将产生应付款的信息，刺激资金流动。然而只要入库活动信息被共享，仓储、成本、财务部门便均可进行协同作业。而在传统的管理方式中，业务活动信息无法共享，需要人工处理。

需要注意的是，不能把供应链等同于一个软件产品，软件是先进管理思想的载体，是管理者用于提升企业管理水平的工具，而供应链是一种思想。马丁·克里斯多夫（Martin Christopher）说过："21世纪的竞争不是企业和企业之间的竞争，而是供应链和供应链之间的竞争，市场上将只有供应链而没有企业。"由此可见，供应链在当今企业发展中具有重要作用。

2. 构成供应链的基本要素

一般来说，构成供应链的基本要素包括：

（1）供应商，即给生产厂家提供原材料或零部件的企业。

（2）厂家，即产品制造业，它是产品生产的最重要环节，负责产品的生产、开发和售后服务等。

（3）分销企业，即为实现将产品送到经营地理范围的每一角落而设立的产品流通代理企业。

（4）零售企业，即将产品销售给消费者的企业。

（5）物流企业，即除上述企业之外专门提供物流服务的企业。批发、零售、物流业可统称为流通业。

3. 供应链的工作流程

供应链一般包括物流、商流、信息流和资金流四个流程。四个流程各自有不同的功能以及不同的流通方向。

（1）物流。这个流程主要是物资（商品）的流通过程，是一个发送/收回货物的程序。该流程的方向一般来说是由供货商经由厂家、批发商、零售商等指向消费者。由于长期以来企业理论都是围绕产品实物展开的，因此目前物流被人们广泛重视。许多物流理论都涉及如何在物资流通过程中，以最短的时间和最低的成本将货物送出去。另一方面，近几年来，回收物流也越来越受到社会的关注，它是由消费者指向供货商的一种流程方式，如退货、产品召回、废弃物回收等。

（2）商流。这个流程主要是买卖的流通过程，是接受订货、签订合同等的商业流程。

该流程的方向是在供货商与消费者之间的双向流动。目前商业流通形式趋于多元化，既有传统的店铺销售、上门销售、邮政销售等方式，又有通过互联网等新兴媒体进行销售的电子商务形式。

（3）信息流。这个流程是商品及信息交易的流程。该流程的方向也是在供货商与消费者之间的双向流动。过去人们往往把重点放在看得到的实物上，一直忽视了信息流通，因而有人认为，国家的物流落后同他们把资金过分投入物质流程而延误对信息的把握不无关系。

（4）资金流。这个流程就是资金流通的过程。为了保障企业的正常运作，必须确保资金的及时回收，否则企业就无法建立完善的经营体系。该流程的方向是由消费者经由零售商、批发商、厂家等指向供货商。

1.1.2 供应链管理的定义

1. 供应链管理的概念

供应链管理（Supply Chain Management，SCM）是一种集成的管理思想和方法，用于执行供应链中从供应商到最终用户的物流的计划和控制等职能。从单一企业的角度来看，供应链管理是企业通过改善上、下游供应链关系，整合和优化供应链中的信息流、物流和资金流，以获得企业的竞争优势。

供应链管理的目标是在满足客户需要的前提下，对整个供应链（从供货商、制造商、分销商到消费者）的各个环节进行综合管理。例如，从采购、物料、生产、配送、营销到消费者的整个供应链的货物流、信息流和资金流，将物流与库存成本降到最小。

供应链管理是企业的有效性管理，表现了企业在战略和战术上对企业整个作业流程的优化。整合并优化了供应商、制造商和零售商的业务效率，使商品能够以正确的数量、正确的品质，在正确的地点、正确的时间，以最佳的成本进行生产和销售。

这个定义包含以下三个方面的内容：

（1）供应链管理把从供应商和制造工厂到仓库和配送中心，再到零售商和商店，这些对成本有影响、在产品满足顾客需求的过程中起作用的每一方都考虑在内。实际上，在一些供应链分析中，有必要考虑供应商的供应商以及用户的用户，因为他们对供应链的业绩也是有影响的。

（2）供应链管理的目的在于追求效率和整个系统费用的有效性，使系统总成本达到最小。这个成本包括从运输和配送成本到原材料、在制品和产成品的库存成本。因此，供应链管理的重点不在于简单地使运输成本达到最小或减少库存，而在于采用系统的方法来进行供应链整合管理，以减少系统的总成本。

（3）供应链管理是围绕着把供应商、制造商、仓库和商店有机而高效地结合起来这一问题展开的，因此它包括企业许多层次上的活动，包括战略层次、战术层次和操作层次。

2. 供应链管理的意义

供应链管理的最终目的是满足客户需求，降低成本，实现利润。具体表现为以下几个方面：

（1）提高客户满意度。这是供应链管理与优化的最终目标，供应链管理和优化的一切方式与方法都是朝向这个目标而努力的；这一目标同时也是企业赖以生存的根本。

(2) 提高企业管理水平。供应链管理和优化的重要内容就是流程上的再造与设计，这对提高企业管理水平和管理流程具有不可或缺的作用；同时，随着企业供应链流程的推进、实施和应用，企业管理的系统化和标准化将得到极大的改进，这些都有助于企业管理水平的提高。

(3) 节约交易成本。结合电子商务整合供应链，将大大降低供应链内各环节的交易成本，缩短交易时间。

(4) 降低存货水平。通过扩展组织的边界，供应商能够随时掌握存货信息，组织生产，及时补充货物，因此企业已无维持较高存货水平的必要。

(5) 降低采购成本，促进供应商管理。由于供应商能够方便地取得存货和采购信息，应用于采购管理，则其他人员都可以从这种低价值的劳动中解脱出来，从事具有更高价值的工作。

(6) 减少循环周期。通过供应链的自动化，预测的精确度将大幅度提高，这将促使企业不仅能生产出需要的产品，而且能减少生产的时间，提高顾客满意度。

(7) 收入和利润增加。通过组织边界的延伸，企业能履行他们的合同，增加收入并维持和增加市场份额。

(8) 网络的扩张。供应链本身就代表着网络，如果一个企业建立了自己的供应链系统，则其本身就已经建立了业务网络。

1.2　企业供应链管理系统

对于一个企业来说，无论是在企业内部还是在企业外部，供应链管理其实就是一套完整的企业信息管理系统解决方案，包括应用模式、业务流程、信息系统模块等内容。

本教材以“北京市朝阳电脑有限公司”为模拟企业，通过用友 ERP-U8 管理软件工具，研究企业供应链管理系统及操作流程。

1. 企业背景

北京朝阳电脑有限公司是一家分销类型的公司，其主要经营过程是：将产品采购进来，经过加工再销售出去，或者直接销售出去，从而赚取利润。

2. 系统建设内容

企业要求建设一个业务和财务集中管理的供应链系统。

分销型企业产品经营主要由销售和采购业务构成。北京朝阳电脑有限公司供应链系统建设需求如下：

(1) 完整的销售业务和采购业务解决方案。

(2) 面向不断变化的市场，实现 100% 的客户订单发货率，满足客户的需求。

(3) 连接销售与采购业务，完成物料资源计划，控制物流，降低成本。

(4) 推行作业成本管理，跟踪销售成本信息与采购成本信息，提高利润率。

(5) 建立良好的供应商和客户关系，支持收付处理，控制资金流。

3. 应用模式设计

应用模式包括销售管理、采购管理、库存管理和财务管理。财务管理中包括成本核算、应付款管理、应收款管理和总账管理，以及各个管理功能与其使用部门的对应关系。

1.2.1 企业供应链管理系统构成

供应链管理系统主要由采购管理、销售管理、库存管理、MPS计划[⊖]、存货核算、应付款管理、应收款管理和总账共八个子系统构成。这些系统覆盖了企业的销售部门、仓储部门、产品计划部门、采购部门和财务部门，其管理功能如下：

1. 销售管理

销售管理包括报价、订货、发货、出库、开票等各类作业。它是MPS计划的需求来源之一，产品规划是MPS计划的另一个需求来源。

2. MPS计划

MPS计划是供应链的节点，是连接销售业务和采购业务的信息桥梁。MPS计划在执行时，自动关联客户需求信息、资源计划信息、库存信息、采购信息、供应策略、资源需求算法等信息，自动计算企业资源计划，并快速地通过网络传递采购建议计划和生产建议计划。

3. 采购管理

采购管理包括请购、订货、到货、检验、入库、开票、采购结算各类作业。它接收MPS计划的建议计划，进行采购业务。

4. 库存管理

库存管理是从数量的角度管理物流。它包括采购入库管理和销售出库管理，反映了产品经营过程的物流情况。

5. 存货核算

存货核算是从价值的角度管理物流。它核算销售出库和采购入库的成本，反映了产品经营过程中的成本情况。

6. 应付款管理

应付款管理主要是对采购业务的付款进行管理。应付款管理是采购业务的一部分，而传统管理将它们分为两类业务。在ERP环境下，应付款管理业务处理直接将采购管理系统中的采购发票信息复制过来，及时准确地对供应商进行付款管理。

7. 应收款管理

应收款管理主要是对销售业务的收款进行管理。应收款管理是销售业务的一部分，而传

⊖ MPS计划（主生产计划）是预先建立的一份计划，由主生产计划员负责维护，是确定每一具体的最终产品在每一具体时间段内生产数量的计划。这里的最终产品是指对于企业来说最终完成、要出厂的产成品，它要具体到产品的品种和型号。这里的具体时间段，通常是以周为单位，在有些情况下，也可以是日、旬、月。主生产计划详细规定生产什么、什么时段应该产出，它是独立需求计划。它根据客户合同和市场预测，把经营计划或生产大纲中的产品系列具体化，使之成为展开物料需求计划（MRP）的主要依据，起到了从综合计划向具体计划过渡的承上启下的作用。主生产计划必须考虑客户订单和预测、未完成订单、可用物料的数量、现有能力、管理方针和目标等。因此，它是生产计划工作的一项重要内容。

统管理将它们分为两类业务。在 ERP 环境下，应收款管理的业务处理直接将销售管理系统中的销售发票信息复制过来，及时准确地对客户进行收款处理。

8. 总账

总账处理将采购业务和销售业务产生的资金信息归集到相应的会计科目之下，为管理者提供清晰的资金数据。总账系统的推广与应用将结束传统的靠统计数据管理企业的状况。在及时、准确、快捷的资金流动信息的帮助下，企业将理智地执行资金执行，果断地作出经营决策。

1.2.2　企业供应链管理系统工作原理

供应链管理系统是一个完整的业务管理方案。它依靠信息工具，将业务流程贯穿于业务的每个环节及各个活动，而不是像传统管理那样依靠单据和凭证来连接活动。供应链管理系统采用简单的逻辑处理方法。MPS 计划的输入既可以是产品规划，也可以是销售管理，还可以是产品规划与销售管理的组合，关键是企业管理目标抉择采用其中的哪一种逻辑处理方式。

1. 销售部门

当抉择采用销售管理拉动采购管理时，销售管理与采购管理、库存管理子系统形成一个产品资源需求计划整体。销售部门仅响应客户需求，执行销售业务。

2. 仓储部门

仓储部门进行日常物料交易活动，如处理物料的采购入库或销售出库、提交产品的库存信息。

3. 产品计划部门

产品计划部门依据产品规划，根据客户的需求，执行 MPS 计划，参考库存资源，计算出产品需求量，并提出采购建议计划。

4. 采购部门

采购部门根据 MPS 计划的采购建议计划，进行采购管理，执行采购业务。

5. 财务部门

财务管理连接采购业务和销售业务，完成成本核算、应收款和应付款的管理，激活商流作业流程以及资金流动作业流程。

在处理商流时，存货核算动态地连接采购业务和销售业务，依据物料的交易数据动态地核算入库和出库的成本，及时准确地提交物料的采购成本、库存成本和销售成本等信息。

在处理资金流时，应付款和应收款管理动态地连接采购业务和销售业务以及物料的交易数据，完成支付作业，确保账款的及时性与准确性，杜绝收款和付款与其业务不对应的事件发生。

1.3　用友 ERP 供应链管理系统介绍

ERP（Enterprise Resource Planning）也称企业资源计划，它在 MRP 的基础上扩展了管

理范围，把客户需求和企业内部的制造活动以及供应商的制造资源整合在一起，形成企业一个完整的供应链，并对供应链上所有环节，如订单、采购、库存、计划、生产制造、质量控制、运输、分销、服务与维护、财务管理、人事管理、实验室管理、项目管理、配方管理等进行有效管理。

目前国内中小企业使用的 ERP 管理软件主要由用友、金蝶、浪潮等公司开发，另外国际著名的 ERP 软件——德国的 SAP 管理软件在我国也有一定的市场份额。

本教材以用友 ERP 供应链管理软件为工具，对企业供应链管理流程进行模拟。下面对用友 ERP 供应链管理软件进行介绍。

1. 功能特点

用友 ERP-U8 是用友软件股份有限公司为中小型企业提供的一套满足中国企业需要的、成熟、高效、低成本的 ERP 全面解决方案。用友 ERP-U8 是一个企业综合运营平台，用以满足各级管理者对信息化的不同要求。

作为中国 ERP 普及的旗舰产品之一，U8 体现了“效用、风险、成本”的企业 ERP 应用价值模型。用友在实施并跟踪、分析和总结一批国内外成功应用 ERP 的企业后看到，“效用”、“风险”和“成本”是企业选择、实施和评估 ERP 系统过程中最重要的三项因素。U8 首先充分考虑到如何为企业带来效益，降低企业信息化建设的风险，以及控制信息化建设的成本。其次，U8 符合“标准、行业、个性”这一中国企业 ERP 的成功应用模式。“标准”蕴涵先进管理思想，是 ERP 成功应用的坚实基础；“行业”体现了企业的最佳业务实践；“个性”则体现了企业的自主管理创新。只有充分基于标准之上的行业化，才能真正体现最佳业务实践；同样，也只有充分基于标准或行业之上的个性化，才能真正实现自主管理创新。用友公司认为，成功的 ERP 应用模式 70% 来自一个标准产品，20% 来自行业特性，10% 通过个性化的应用。再次，U8 是一个支撑企业进行“精细管理、敏捷经营”的经营平台。它在支持企业在强化内部管理的基础上，帮助企业及时应对复杂多变的市场。最后，U8 首创基于场景驱动的 ERP 业务场景应用，借助门户、工作流、UAP 等，支持基于企业管理者熟悉的业务场景在 ERP 中的展现，使企业管理者真正做到“懂业务就懂 ERP”。

总之，在 ERP 普及的时代，“效用、风险、成本”已成为中国企业 ERP 成功应用的价值标准，而“标准、行业、个性”则成为中国企业 ERP 成功应用的应用模式。

2. 总体结构

经过 10 余年的发展，用友 ERP-U8 管理软件依托 40 万成功用户的基础，累积了丰富的行业先进企业管理经验，以销售订单为导向、计划为主轴，其业务涵盖各行业的财务、物流、生产制造、CRM（客户关系管理）、OA（办公自动化）、管理会计、决策支持、网络分销、人力资源、集团应用以及企业应用集成等全面应用。

ERP 管理系统中功能模块众多，涉及多个产品，学生在短时间内难以全面掌握所有的功能模块产品。为了让学生能够对 ERP 产品亲自操作实践，本教材选用 ERP 供应链管理为重点，并配合设有总账的系统作为实验平台，对学生进行 ERP 综合训练，培养学生的实践动手能力。

第2章 系统管理

用友供应链管理系统是一个通用系统，其解决方案可以面向不同企业。而由于不同企业所属行业不同，其管理模式和业务处理存在一定差异。当面对如此庞大的系统应如何开始，这成为人们的一个不小的困惑。答案是从信息系统运行环境的建立开始，这在用友 ERP-U8 中被称为“系统管理”，其主要功能是对用友 ERP-U8 管理系统的各个产品进行统一的操作管理和数据维护。㊀

本章的学习目的与要求是：系统地学习系统管理的主要内容与操作方法；掌握企业在进行期初建账时，如何进行核算体系的建立等内容；掌握系统管理中设置操作员、建立账套和设置操作员权限的方法，并熟悉账套输出和引入的方法。

2.1 系统管理概述

用友 ERP-U8 软件由多个产品组成，各个产品之间可以相互联系、共享数据，这为企业的资金流、物流和信息流的统一管理和实时反映提供了行之有效的方法和工具。而对这些产品的操作，譬如账套建立、修改、引入、输出、删除和备份，操作员的建立、角色划分和权限分配等功能都需要一个平台集中管理，系统管理模块就是这样一个平台。系统管理主要有两大功能：账套管理和用户及权限管理。㊁

账套是一组相互关联的数据，每一个企业或独立核算部门的数据在系统内部都体现为一个账套，账套管理的内容主要包括建立账套、修改账套、引入账套、输出账套、删除或备份账套等。

用户及权限管理是为了保证系统数据的安全性，通过对系统操作分工和权限的管理，做到各司其职，协调工作顺利进行。用户及权限管理主要包括设置用户、定义用户及设置用户功能权限。

本章实验主要以这两大功能为主线进行。

2.2 系统管理实验

2.2.1 实验准备

已完全安装用友 ERP-U8 供应链管理软件，并进行应用服务器配置。

㊀ 赵建新，宋郁，周宏．新编 ERP 供应链管理系统实验教程［M］．北京：清华大学出版社，2009.

㊁ 刘星．ERP 综合实验教程［M］．重庆：重庆大学出版社，2010.

2.2.2 实验要求

（1）学会增加角色、用户，并对其进行授权管理。

（2）建立企业账套，并熟悉备份、输出、引入、删除等操作。

2.2.3 实验资料

1. 企业账套资料

（1）账套信息。账套号：001；输入账套名称：北京朝阳电脑有限公司；启用会计期：2012 年 1 月；会计期间设置：默认。

（2）单位信息。单位名称：北京朝阳电脑有限公司；单位简称：朝阳电脑；公司地址：北京市海淀区；法定代表人：李朝阳；注册资金：5000 万元；开户银行：中国工商银行北京分行海淀支行；税务登记号：3102256437218。

（3）核算类型。记账本位币：人民币（RMB）；企业类型：工业；行业性质：新建会计制度科目并选中“按行业性质预置科目”复选框；账套主管：操作人姓名（001）。

（4）基础信息。存货、客户及供应商均需分类，无外币核算。

（5）分类编码方案。如下所示：

1）科目编码级次：4-2-2-2。

2）部门编码级次：1-2。

3）客户分类编码级次：2-2。

4）存货分类编码级次：2-2。

5）收发类别编码级次：1-1-1。

6）结算方式编码级次：1。

7）其他编码项目均保持不变。

说明：设置编码方案主要是为以后分级核算、统计和管理打下基础。

（6）数据精度：保持系统默认设置。

说明：设置数据精度主要是使核算更精确。

（7）系统启用。启动企业门户，以账套主管身份进行注册。

启用“采购管理”、“销售管理”、“库存管理”、“存货核算”、“应收”、“应付”、“总账”系统。启用日期为 2012-01-01。（基本信息→系统启用。）

2. 用户及权限资料

用户及权限详细资料如表 2-1 所示。

表 2-1 用户及权限详细资料

编号	姓名	口令	所属部门	角色
001	操作人姓名	001	财务部	账套主管
002	宋岚	002	财务部	会计主管
003	赵红兵	003		一般用户

（1）编号001，操作人姓名（口令：001）。角色：账套主管，负责财务业务一体化管理系统环境的建立，负责各项初始设置工作，负责总账管理系统的凭证审核、记账、账簿查询、月末结账等工作，负责报表管理及其财务工作，具有财务系统所有模块的全部权限。

（2）编号002，宋岚（口令：002）。角色：主办会计，拥有“总账”、“共用目录设置”、“应收”和“应付”中的所有权限。

（3）编号003，赵红兵（口令：003）。角色：一般用户。在实际工作中，一个业务由多步流程构成，不同人员分工各异，因此在本实验中，可认为“赵红兵”为实际工作中各个分工人员的代表。

2.3　系统管理实验指导

2.3.1　系统管理平台

1. 进入系统管理平台

操作步骤：

（1）选择“开始”→“程序”→“用友ERP-U8”→“系统服务”→“系统管理”命令，如图2-1所示。

图2-1　进入系统管理

（2）打开“用友ERP-U8【系统管理】”窗口，如图2-2所示。

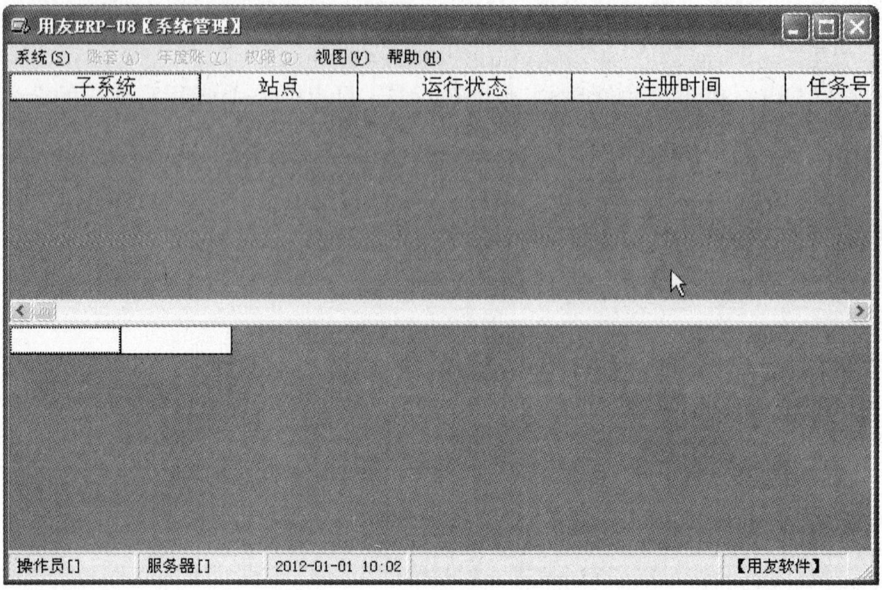

图 2-2　系统管理界面

2. 注册系统管理平台

操作步骤：

（1）选择“系统（S）”→“注册（R）”命令，打开“登录”对话框，如图 2-3 所示。

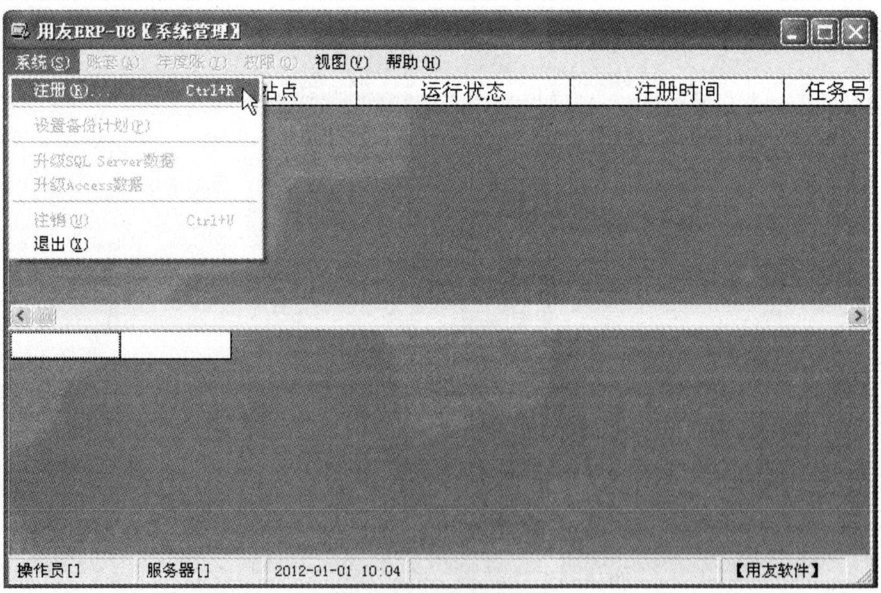

图 2-3　登录注册系统管理平台

（2）系统预设的系统管理员为 admin。第一次运行时在“操作员”文本框中输入“admin”，密码为空，单击“确定”按钮，即可以系统管理员的身份进入系统管理，如图 2-4

所示。

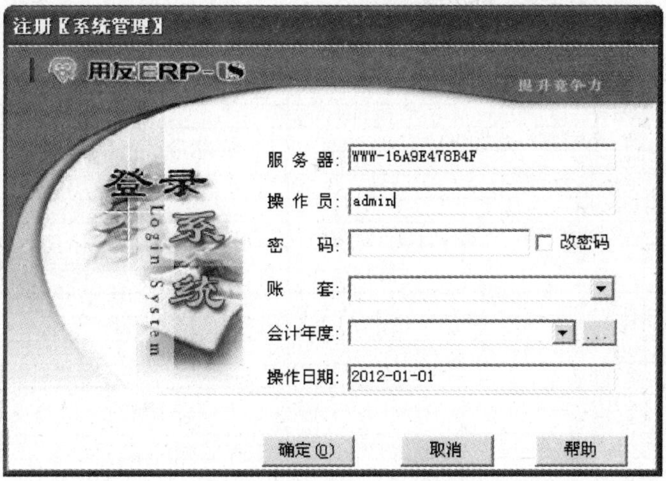

图2-4 系统管理登录

注意：

系统只允许两种角色——系统管理员（Admin）和账套主管登录系统管理平台。初次使用本系统时，必须以系统管理员的身份注册系统管理，在建立账套并指定了相应账套主管后，才可以以账套主管的身份注册系统管理。

2.3.2 角色管理

角色是在企业管理中拥有某一类职能的组织。这个角色组织既可以是实际的部门，也可以是由拥有同一类职能的人员构成的虚拟组织。而用户是有权登录系统，对应用系统进行操作的人员，即“操作员”。角色和用户的设置可以不分先后，如果按角色→分配权限→用户设置的顺序进行，可以自动让用户具有该角色的权限，包括功能权限和数据权限。

1. 增加角色

操作步骤：

（1）选择“权限”→“角色”命令，打开“角色管理”对话框，如图2-5所示。用友系统已设置了几十种常规职位，如果还不能满足企业要求，可以进行增加或修改。

（2）如果想要增加角色，选择“角色管理”上方的工具栏中的【增加】按钮，弹出“增加角色”对话框，如图2-6所示。

2. 修改角色权限

新增的角色需要授权。选中角色进入角色管理界面，单击【修改】按钮。

3. 删除角色

删除角色前必须先删除它的权限。如果某角色已经被用户引用或授权，则必须先修改所属用户或授权，然后才能进行角色删除。单击【删除】按钮可以删除角色，对弹出的提示信息进行确认后即可删除。

图 2-5 角色管理

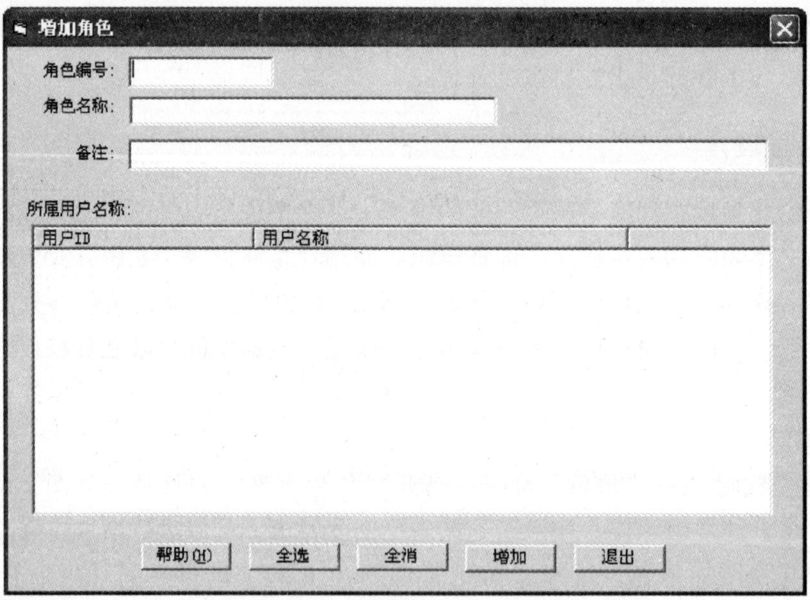

图 2-6 “增加角色”对话框

2.3.3 用户管理

1. 增设用户

操作步骤：

（1）以系统管理员的身份注册进入系统管理后，选择“权限”→“用户”命令，打开“用户管理”窗口，如图 2-7 所示。

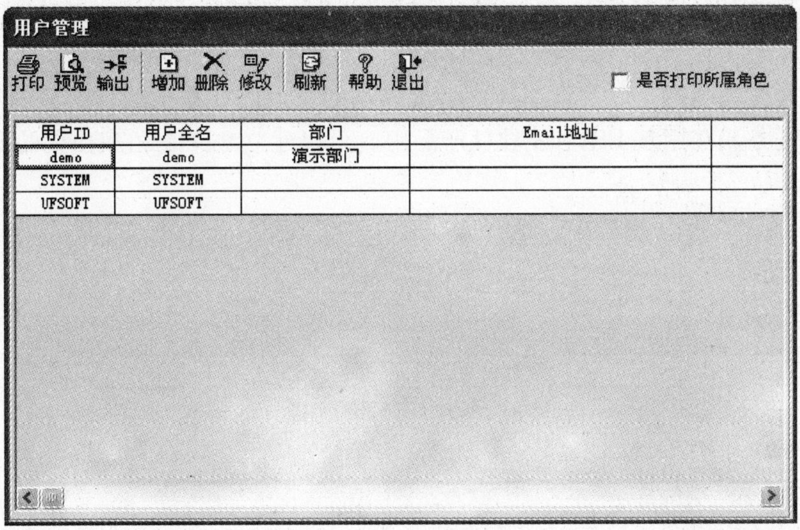

图 2-7 用户管理

（2）本实验要求增加三个用户，具体如表 2-2 所示。

表 2-2 增加用户

编 号	姓 名	口 令	所属部门	角 色
001	操作人姓名	001	财务部	账套主管
002	宋岚	002	财务部	会计主管
003	赵红兵	003		一般人员

单击【增加】按钮，打开“增加用户”对话框，输入编号、姓名、口令、所属部门、Email 地址、手机号等内容，并在“所属角色”栏中选中新增用户的所属角色，如图 2-8 所示。

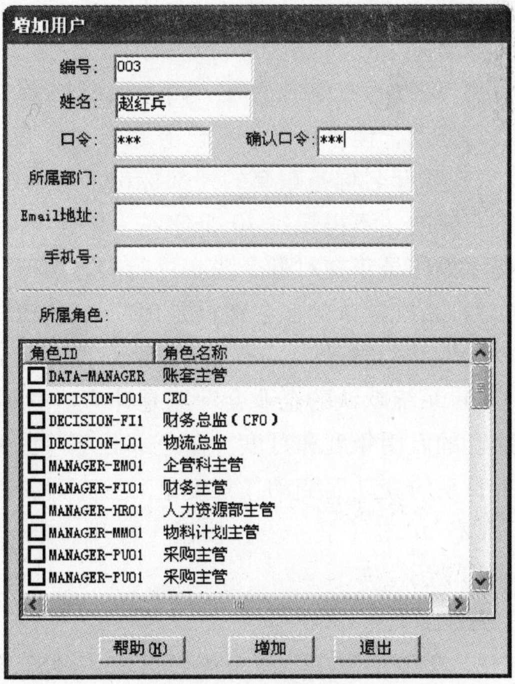

图 2-8 增加用户

2. 修改用户

如果用户信息变更，可以单击【修改】按钮，打开“修改用户信息”对话框进行修改。若停止使用该用户，可以单击【注销当前用户】按钮，之后按钮会变为【启用当前用户】。

3. 删除用户

若要删除用户信息，单击【删除】按钮，系统会弹出提示信息，要求先删除用户角色信息。注意，已启用的用户是不能删除的。

2.3.4 建立账套

企业的数据在系统内是以会计主体的形式体现的，因此在系统运行前，创建好企业的财务账套是首要任务。在用友 ERP-U8 软件产品中，可以建立 999 个相互独立的账套。

操作步骤：

（1）在“系统管理”窗口中，选择“账套”→“建立”命令，打开“创建账套”对话框，如图 2-9 所示。

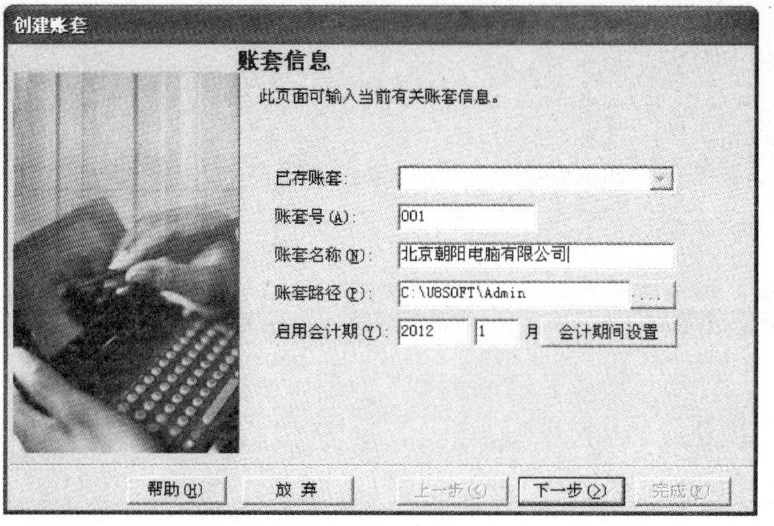

图 2-9 创建账套

注意：

1）账套号是账套的唯一内部标识，由三位数字构成。系统提供默认的账套号，用户可以自行修改，但不可与系统已有账套号重复。

2）账套名称是账套的外部标识，用户可以自行设置，也可由账套主管在修改账套功能中进行修改，不得超过 40 个字符。该名称将与账套号一起显示在系统正在运行的屏幕上，以提示操作员正在对哪个账套进行操作。

3）系统默认的账套路径是用友 ERP-U8 系统的安装路径 C：\ U8SOFT \ Admin，可以利用“…”自行修改。

4）系统默认的企业会计期是计算机的系统时间，可以单击【会计期间设置】按钮，设置账套的启用年度和月度。蓝色部分不可以修改，灰色部分可以修改，每月起始日期随上月结束日期的变动而变动，年度最后一个月份的截止日不变。

（2）单击【下一步】按钮，打开“单位信息”对话框，按照实验资料输入完成后，如图 2-10 所示。

注意：

1）单位信息中只有单位名称是必须输入的，以便打印单据。

2）单位简称可以与单位名称相同。

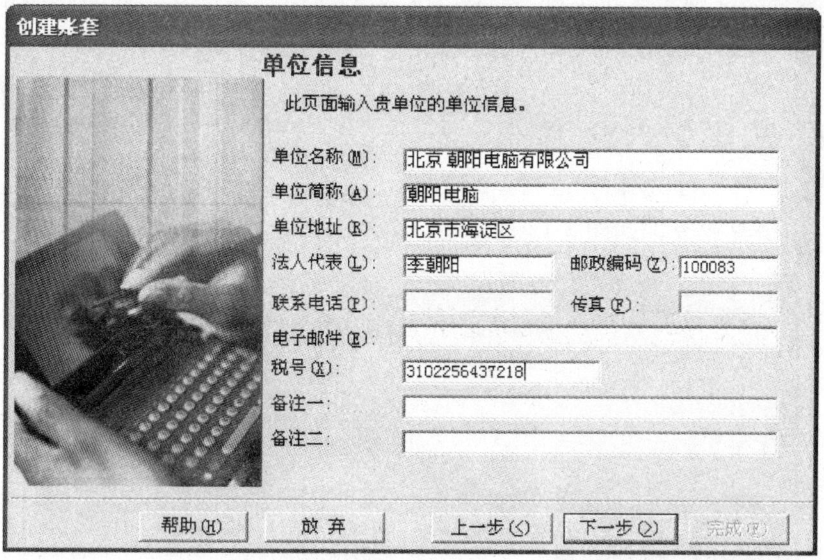

图 2-10 单位信息

3）备注栏中主要输入用户认为有用的该单位的其他信息，如“所有制信息”等。

（3）单击【下一步】按钮，进行核算类型设置。核算类型用于记录本单位的基本核算信息，包括本币代码、本币名称、账套主管、行业性质、企业类型、是否按行业性质预置科目等内容，如图 2-11 所示。

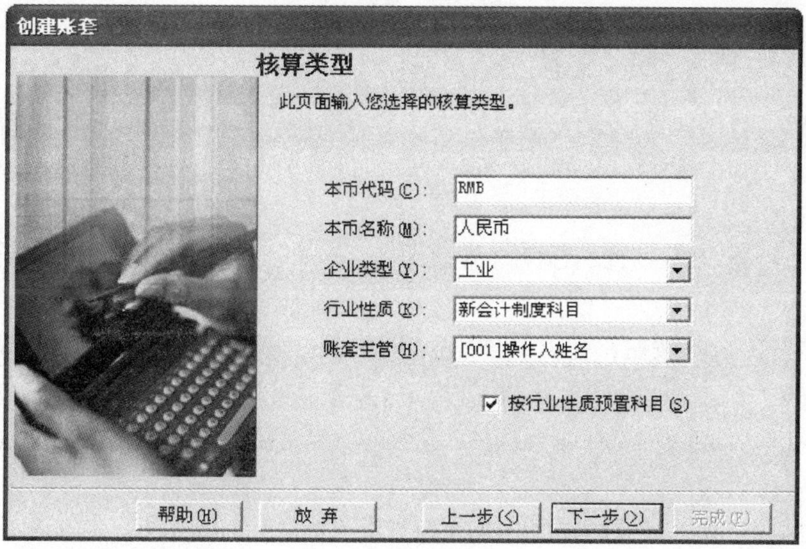

图 2-11 核算类型

注意：

1）系统默认人民币为记账本位币，如果以外币为记账本位币，修改本币代码和本币名称即可。

2）企业类型的区别主要在于供应链管理系统的使用，如果选择商业企业可以处理受托代销业务，而工业企业可以处理产成品入库、限额领料等业务。

3）之前在用户设置时已经将操作人姓名设为账套主管，因此在“账套主管”下拉菜单中，选择“操作人姓名”。

（4）单击【下一步】按钮，进行基础信息设置。对存货、客户、供应商进行分类处理，本实验中有外币核算业务，如图 2-12 所示。

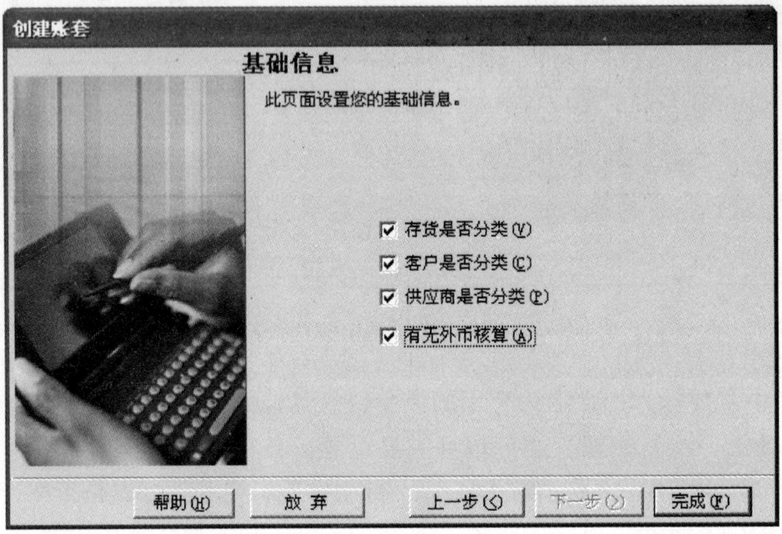

图 2-12　基础信息

注意：

1）如果单位的存货、客户和供应商数量较多，可以选择对它们进行分类管理。如果确定进行分类，则在企业门户中进行基础信息设置时，必须先设置相应的分类，然后才能设置档案。

2）一般而言，即使暂时没有外币核算，也最好先设置为有外币核算，以便满足将来业务拓展的需要。

（5）单击【完成】按钮，弹出“创建账套”对话框，单击【是】按钮。账套建立需要一段时间，在建账完成后，自动弹出“分类编码方案”对话框，按实验资料修改分类编码方案，如图 2-13 所示。

注意：

1）在建立账套时，如果设置存货（客户、供应商）不需分类，则在此不能进行相应分类的编码方案设置。

2）设置编码分级，主要是为了更有效、更系统的管理。待建账完毕后，在“企业门户”→“基础信息”→“基本信息”中，可以根据企业的实际情况进行修改。

（6）单击【确认】按钮，弹出“数据精度定义”对话框，如图 2-14 所示。其中，所有数据的精度都采用系统默认值 2。

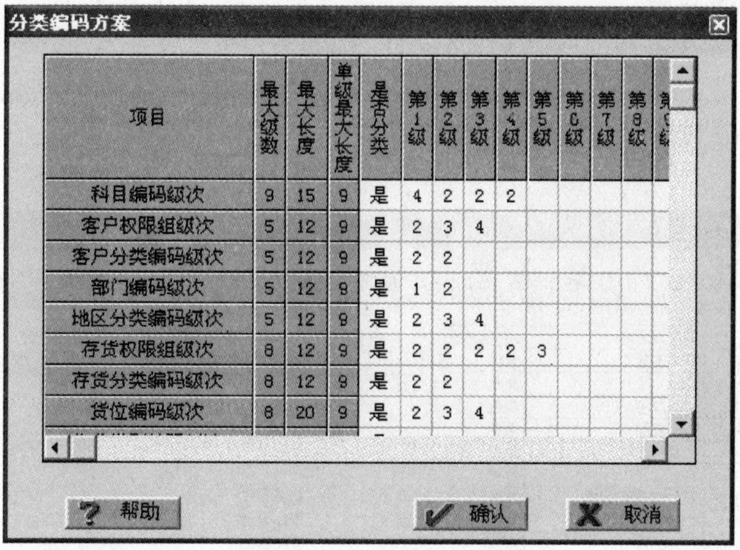

图 2-13 分类编码方案

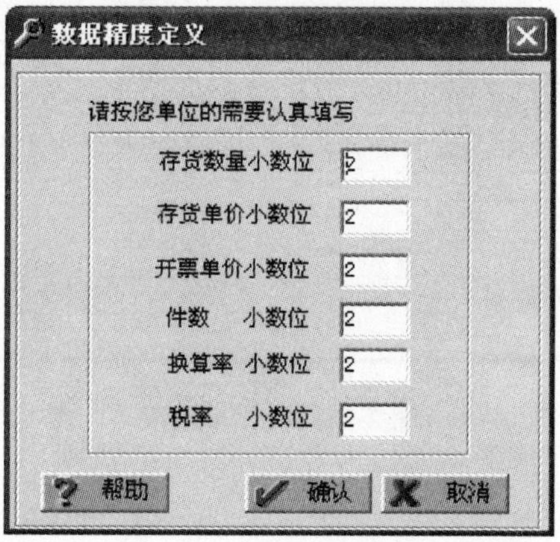

图 2-14 数据精度定义

注意：

除税率小数位可以输入 0 ~ 8 之间的整数外，其他小数位只能输入 0 ~ 6 之间的整数。所有数据精度的系统默认值均为 2。

（7）设置完成后，单击【确定】按钮，弹出“现在进行系统启用的设置?”提示。单击【否】按钮，此时结束建账过程，以后可以从“企业门户”内启动相关子系统；当然，这时也可以选择【是】按钮，即可直接进入“系统启用”的设置界面。

2.3.5 权限管理

权限管理是对“企业门户”的操作人员（“系统管理”平台的用户）操作权限的控制，一般可以分为角色授权、账套主管授权和一般操作人员三类来进行设置。

1. 增加和调整权限

操作步骤：

以系统管理员（Admin）的身份注册进入“系统管理”，选择“权限”→“权限”命令，弹出“操作员权限”对话框，如图2-15所示。

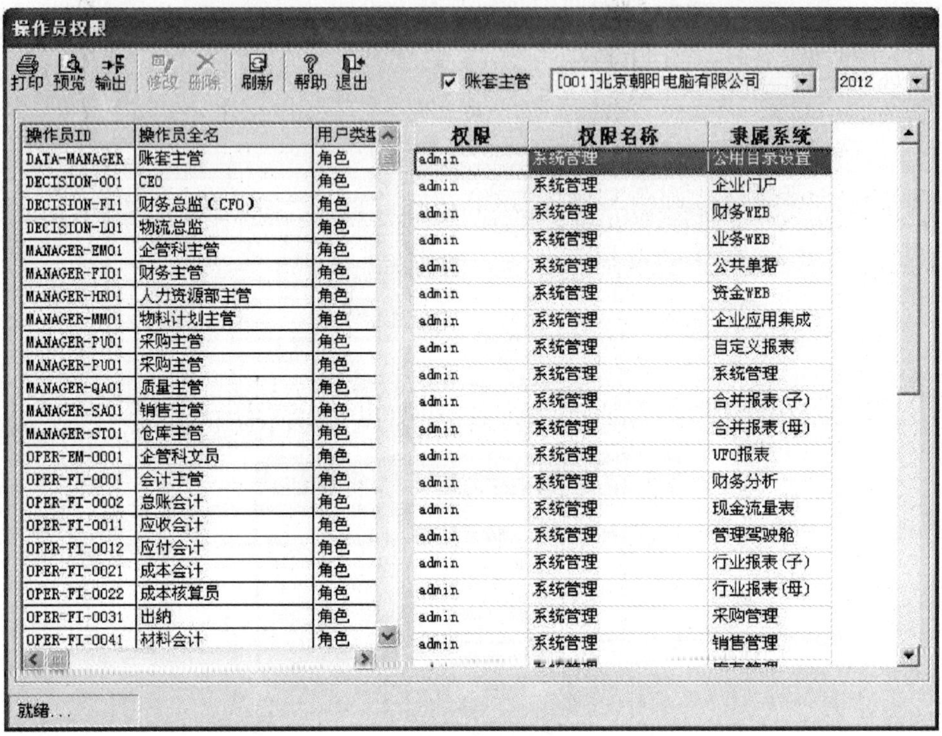

图2-15　操作员权限

注意：

1）系统默认弹出的是账套主管的权限，因为在建账时已经指定操作人姓名是账套主管。不过，账套主管也可以在这一对话框弹出后，查看“操作人姓名”是否为001账套的账套主管。可以看到，“账套主管”复选框为选中状态。

2）设置权限时，应注意分别选中“用户”和相应的“账套”。

3）账套主管拥有该账套的所有权限，因此无需为账套主管另外赋权。同时需注意，由于账套主管的权限很大，因此在设置账套主管时要极为慎重。

4）如果在“角色管理”或“用户管理”中已将“用户”归属于“账套管理”角色，则该操作员已被定义为系统内所有账套的账套主管。而如果在“权限管理”中指定某个“用户”为某账套的账套主管，则该用户只是该账套的账套主管。

2. 赋权

宋岚拥有“总账”、“公用目录设置”、“应收”和“应付”中的所有权限，赵红兵拥有“公用目录设置”、“采购管理”、“销售管理”、“库存管理”和“存货核算”中的所有权限。

操作步骤：

（1）在“操作员权限”窗口中选中“002 宋岚”，选择“[001] 北京朝阳电脑有限公司账套”。

（2）单击【修改】按钮，在右侧对话框中进行修改。

（3）选中“总账”、“公用目录设置”、“应收”和“应付”复选框，如图 2-16 所示，单击【确定】按钮。

（4）同理，将“003 赵红兵”的权限也设置清楚，如图 2-17 所示。

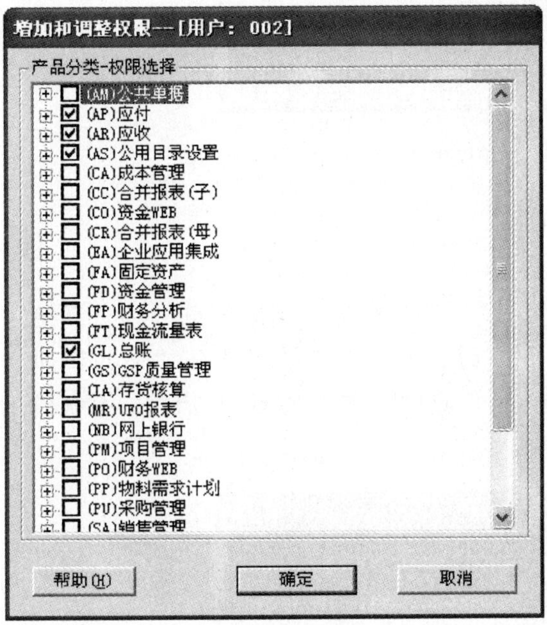

图 2-16　为 002 赋权

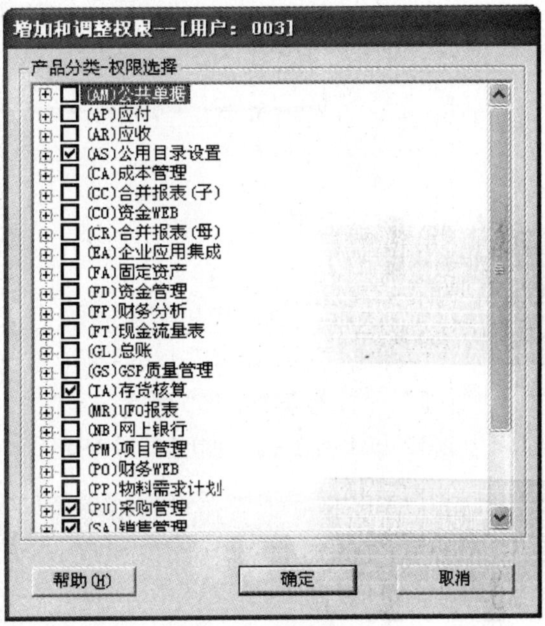

图 2-17　为 003 赋权

2.3.6　系统启用

由于 ERP 软件是按照多模块功能设计的，因此，企业在建设 ERP 系统时，必须根据企业的现实情况，选择相应的模块进行组合应用，也就是进行系统启用。

用友 ERP-U8 系统有两种启用方式：①在“系统管理”中创建账套时；②在“企业门户”中进行。

1. 登录企业信息平台

操作步骤：

（1）选择“开始”→“程序”→“用友 ERP-U8”→“企业门户”命令，以账套主管 001 操作员的身份注册进入，如图 2-18 所示。

（2）单击【确定】按钮，打开“企业门户”窗口。

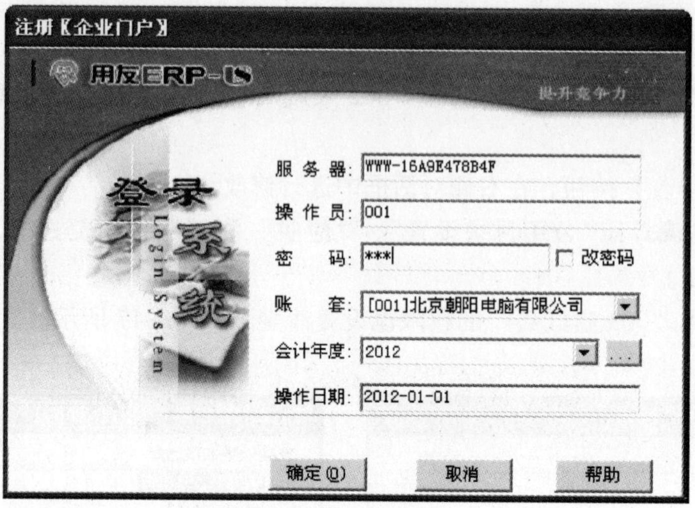

图 2-18　登录企业门户

2. 进行系统启用

操作步骤：

在“企业门户”窗口中单击左侧的“基础信息”，之后双击“基本信息”→“系统启用”选项，弹出“系统启用”对话框。选择系统编码，进行供应链系统（“采购管理”、“销售管理”、“库存管理”、“存货核算”、“应收”、“应付”和“总账”）启用，系统启用时间为2012年1月1日，如图2-19所示。

图 2-19　系统启用

2.3.7 账套备份

备份账套的操作功能主要有输出、引入和删除账套。

1. 输出账套

操作步骤：

（1）在“系统管理”窗口中，选择“账套”→“输出”命令，打开“账套输出”对话框，选择需要输出的账套001，单击【确认】按钮，过一段时间，系统会提示“请选择账套备份途径”，如图2-20、图2-21和图2-22所示。

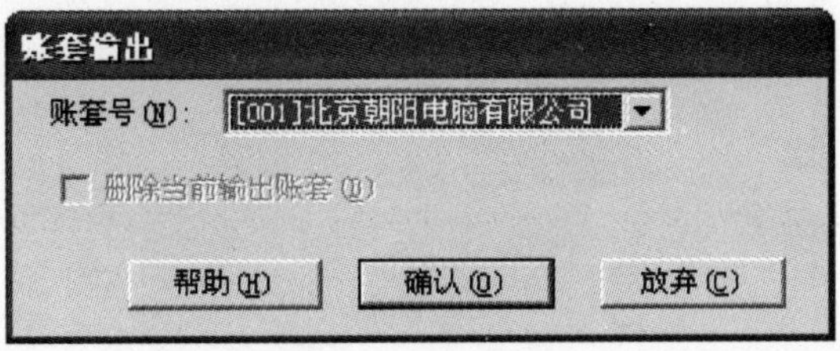

图2-20 账套输出

图2-21 账套输出过程

图2-22 新建文件夹，备份账套

（2）当系统提示账套“输出成功”，单击【确认】按钮。

注意：

1）只有系统管理员有权输出账套。

2）一个目录下只能存放一个账套备份数据。如果备份时所选的文件夹中已有账套备份，则新备份账套的数据就会覆盖原有备份账套的数据。

2. 引入账套

操作步骤：

（1）以系统管理员（Admin）的身份进入“系统管理”。

（2）选择“账套”→“引入”命令，弹出“引入账套数据”对话框，如图 2-23 所示。

图 2-23　引入账套数据

注意：

1）在第（2）步后，会弹出“是否更改账套存放路径”对话框，选择【否】即可。

2）接下来，会弹出“是否覆盖现有账户”对话框，选择【是】即可。

（3）账套引入成功后，系统提示“账套［001］引入成功!”单击【确定】按钮，如图 2-24 所示。

图 2-24　账套引入成功

3. 删除账套

操作步骤：

（1）以系统管理员（Admin）的身份进入“系统管理”。

（2）选择“账套”→“输出”命令，弹出“账套输出”对话框。

（3）在“账套号（N）”下拉列表框中选择需要删除的账套。

（4）选中“删除当前输出账套（D）”复选框，如图 2-25 所示。

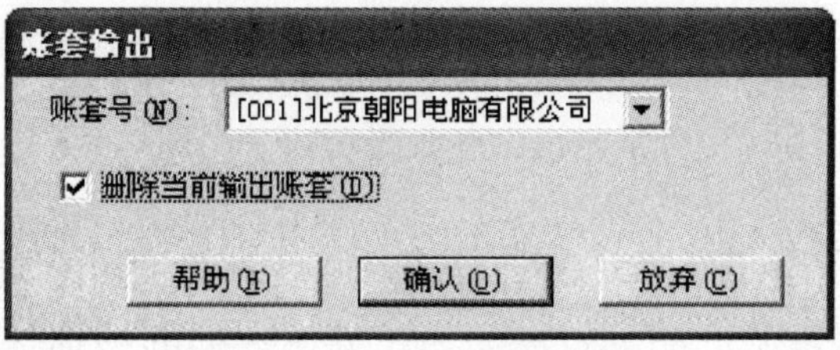

图 2-25　删除账套

（5）由于本实验是在 001 账套的基础上操作的，因此这里不再对账套进行进一步的实质删除行为。

第 3 章　基础档案及期初设置

基础档案及期初设置是供应链管理系统运行的基本条件。企业常用的基础档案有部门、人员、客户、供应商、存货、产品等资料。为了方便数据的统计与引用，ERP 系统对这些资料进行了简单的数据结构处理，如会计中的多级科目设置、存货供应商和客户的分类等。基础档案及期初设置的目的就是要建立标准的数据管理体系，包括物料编码、供应商编码、客户编码、仓库编码等。㊀

用友 ERP-U8 软件中的企业门户为各个子系统提供了一个公共平台，可以对整个系统的公共任务进行统一管理，如企业基本档案的设置、企业账套的管理，企业管理系统中任何产品的独立运行都必须以此为基础。通过企业门户，系统使用者能够从单一入口访问其所需的个性化信息，定义自己的业务工作，并设计自己的工作流程。㊁

基础档案及期初设置需要分三步完成：①基础档案的设置；②对各个子系统的参数设置；③录入各子系统的期初数据。只有在系统期初数据录入完成之后，企业的供应链管理系统才能运行。本章就是按照这样的设置步骤对基础档案及期初信息进行设置的。

3.1　基础档案及期初设置实验

3.1.1　实验准备

已经完成第 2 章实验的操作，并分析了企业业务流程、管理要求和会计核算要求，将系统时间调整为 2012 年 1 月 1 日。

3.1.2　实验要求

1. 整体要求

（1）掌握供应链管理系统基础数据的整理与输入功能。

（2）掌握供应链管理子系统参数设置的技能。

（3）学会供应链管理系统期初参数的整理及操作。

（4）理解各个部门基础数据资料、参数设置及各子系统期初设置的意义。

2. 具体要求

（1）建立部门档案和职员档案。

（2）建立客户、供应商分类和客户档案。

㊀ 郑荆陵，李俊辉，宋永刚．用友 ERP 供应链管理实训教程［M］. 北京：清华大学出版社，2009.

㊁ 刘星．ERP 综合实验教程［M］．重庆：重庆大学出版社，2010.

（3）建立存货分类、计量单位和存货档案。
（4）建立仓库档案。
（5）设置结算方式。
（6）设置开户银行。
（7）设置收发类别。
（8）设置采购类型和销售类型。
（9）设置费用项目。
（10）设置发运方式。

3.1.3 实验资料

基础档案资料如下：

（1）机构设置资料——部门职员档案（见表 3-1）。

表 3-1 部门职员档案

一级部门编码和名称	二级部门编码和名称	职员编码和姓名	性别	人员类别	起始时间	使用 ERP 功能模块
1 生产部	101 生产一部	10101 王月	女	在职人员	2012 年 1 月 1 日	
	102 生产二部	10201 林元庆	男	在职人员	2012 年 1 月 1 日	
2 采购部	无	20001 倪雪	女	在职人员	2012 年 1 月 1 日	采购管理
3 仓储部	无	30001 肖遥	女	在职人员	2012 年 1 月 1 日	库存管理
4 运输部	无	40001 王冰	男	在职人员	2012 年 1 月 1 日	
5 销售部	501 销售总部	50101 李飞	男	在职人员	2012 年 1 月 1 日	销售管理
	502 批发部	50201 雷磊	男	在职人员	2012 年 1 月 1 日	
	503 门市部	50301 何亮	男	在职人员	2012 年 1 月 1 日	
6 财务部	无	60001 操作人姓名		在职人员	2012 年 1 月 1 日	存货核算、应收款管理、应付款管理、总账管理
		60002 宋岚	女	在职人员	2012 年 1 月 1 日	

（2）往来单位资料——客户和供应商分类及档案（见表 3-2）。

表 3-2 客户和供应商分类及档案

类别名称	一级分类编码和名称	客户和供应商编码和名称	税号	属性/开户银行及账号
供应商	01 原料供应商	0001 益达公司	313546844	货物
	02 成品供应商	0002 兴华公司	310821385	货物
		0003 建昌公司	314825705	货物
	03 委外供应商	0004 泛美商行	318478223	委外
	04 其他	0005 艾德公司	310488008	服务
客户	01 批发	0001 华宏公司	310003154	工商银行 112
		0002 昌新贸易公司	310108777	中国银行 567
	02 零售	0003 国豪公司	310003145	中国银行 225
	03 代销	0004 利氏公司	315452453	招商银行 763
	04 专柜	0005 精益公司	315000123	建设银行 158

（3）往来单位资料——地区分类（见表3-3）。

表3-3 地区分类

地区编码	地区
01	北京
02	上海

（4）存货资料。具体包括以下内容：

1）计量单位档案（见表3-4）。

表3-4 计量单位档案

计量单位组编码	计量单位组名称	计量单位编码	计量单位名称	计量单位组类别	换算率
01	无换算	1	台	无换算	—
01	无换算	2	只	无换算	—
01	无换算	3	个	无换算	—
01	无换算	4	条	无换算	—
01	无换算	5	片	无换算	—
01	无换算	6	次	无换算	—
02	换算一组	7	条	固定换算率	1
02	换算一组	701	盒	固定换算率	10
02	换算一组	702	箱	固定换算率	200

2）存货分类和存货档案（见表3-5）。

表3-5 存货分类和存货档案

存货分类		存货编码及名称	计量单位组	计量单位	税率	属性
一级	二级					
01 商品	01 产成品	01 计算机（P3）	无换算	台	17%	自制/销售
		02 计算机（P4）	无换算	台	17%	自制/销售
	02 半成品	03 机箱	无换算	个	17%	外购/销售/生产耗用
		04 主机（P3）	无换算	台	17%	自制/销售/生产耗用
		05 主机（P4）	无换算	台	17%	自制/销售/生产耗用
	03 外购品	06 显示器	无换算	台	17%	外购/销售/生产耗用
		07 鼠标	无换算	个	17%	外购/销售/生产耗用
		08 键盘	无换算	个	17%	外购/销售/生产耗用
		09 内存条	无换算	条	17%	外购/销售/生产耗用
		10 硬盘	无换算	个	17%	外购/销售/生产耗用
		11 喷墨打印机	无换算	台	17%	外购/销售/生产耗用
		12 激光打印机	无换算	台	17%	外购/销售/生产耗用
	04 原材料	13 金属板（1m×2m）	无换算	片	17%	外购/生产耗用
		14 金属板（1m×3m）	无换算	片	17%	外购/生产耗用
02 劳务	01 劳务费用	15 运输费	无换算	次	7%	外购/销售/应税劳务

（5）财务资料。具体包括以下内容：

1）会计科目。修改会计科目“应收账款”、“应收票据”和“预收账款”辅助核算为“客户往来”，受控于“应收系统”；修改会计科目“应付账款”、“应付票据”和“预付账款”辅助核算为“供应商往来”，受控于“应付系统”。

2）凭证类别。仅选用“记账凭证”一类。

3）外币设置。本实验采用固定汇率进行核算。

（6）收付结算资料。具体包括以下内容：

1）结算方式（见表3-6）。

表3-6 结算方式

结算方式编码	结算方式名称
1	现金结算
2	支票结算
3	汇票结算

2）开户银行。中国工商银行北京分行海淀支行，账号为120076584898。

（7）业务资料。具体包括以下内容：

1）仓库档案（见表3-7）。

表3-7 仓库档案

仓库编码	仓库名称	计价方式	参与MRP运算
01	产成品仓库	全月平均法	是
02	半成品仓库	全月平均法	是
03	外购品仓库	移动平均法	是
04	原材料仓库	移动平均法	是

2）收发类别（见表3-8）。

表3-8 收发类别

收/发	类别编码	类别名称
收	1	正常入库
	11	采购入库
	12	半成品入库
	13	产成品入库
	14	调拨入库
	2	非正常入库
	21	盘盈入库
	22	其他入库

（续）

收/发	类别编码	类别名称
发	3	正常出库
	31	销售出库
	32	生产领用
	33	调拨出库
	4	非正常出库
	41	盘亏出库
	42	其他出库

3）采购类型（见表3-9）。

表3-9 采购类型

采购类型编码	采购类型名称	入库类别
01	普通采购	11（采购入库）

4）销售类型（见表3-10）。

表3-10 销售类型

销售类型编码	销售类型名称	出库类别
01	经销	销售出库
02	代销	销售出库

5）费用项目（见表3-11）。

表3-11 费用项目

费用项目编码	费用项目名称
01	运输费
02	装卸费
03	包装费
04	业务招待费

6）发运方式（见表3-12）。

表3-12 常用发运方式

发运方式编码	发运方式名称
01	公路运输
02	铁路运输
03	水路运输
04	航空运输

3.2　基础档案及期初设置实验指导

操作步骤：

（1）以系统管理员（Admin）的身份登录“系统管理”平台，将“E：\ 北京朝阳电脑有限公司—1”引入系统。

（2）以操作员“001，账套主管，操作人姓名”的身份输入口令“001”，选择账套“［001］北京朝阳电脑有限公司”，登录“企业门户”，开始基础数据管理实训。

3.2.1　机构设置

1. 部门档案

部门档案用于设置部门相关信息，包括部门编码、名称、负责人、编码属性等。

操作步骤：

（1）在“企业门户”窗口中，双击“基础档案”窗格，选择“机构设置”→“部门档案”命令，打开“部门档案”窗口。窗口分为左右两部分，左窗口显示部门结构，右窗口显示新增部门明细资料。

（2）单击【增加】按钮，在右边输入表3-1中关于部门档案的资料。如要修改，单击【修改】按钮，即可修改相关信息，如图3-1所示。

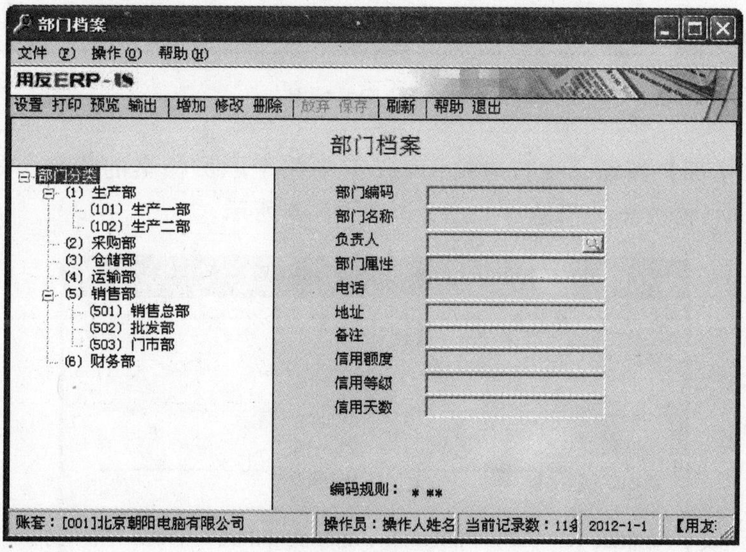

图3-1　部门档案

（3）单击【保存】按钮进行保存。

注意：

1）“部门编码”和“部门名称”必须录入，其他信息可以为空。

2）“负责人”必须在设置职员档案之后，在“修改”状态下才能参照输入。

3）在部门档案设置中，如果存在多级部门，必须先建立上级部门，才能增加其下级部门。下级部门编码应包含上级部门编码。

2. 职员档案

操作步骤：

（1）在“企业门户”窗口中，双击“基础档案”窗格，选择“机构设置”→“职员档案”命令，打开“职员档案”窗口。窗口分为左右两部分，左窗口显示现有的部门结构，右窗口显示某一部门内人员的状况明细，如图 3-2 所示。

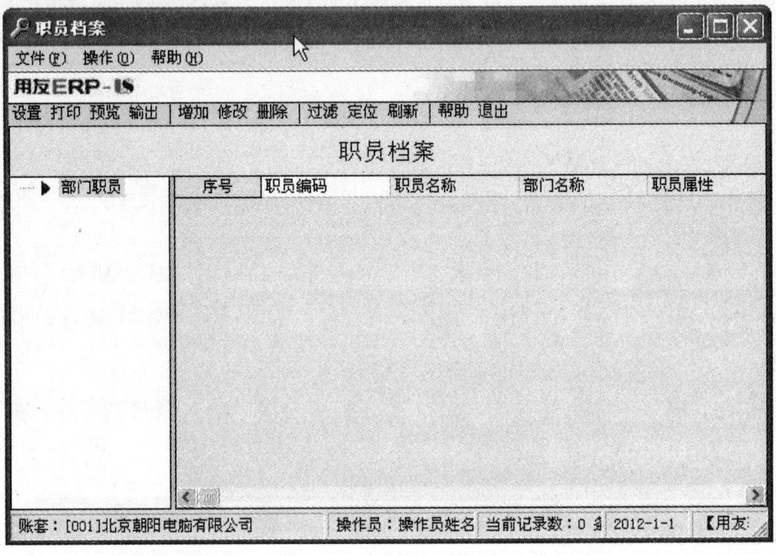

图 3-2　职员档案

（2）单击【增加】按钮，在右边输入表 3-1 中关于职员档案的资料。如要修改，单击【修改】按钮，即可修改相关信息，如图 3-3 和图 3-4 所示。

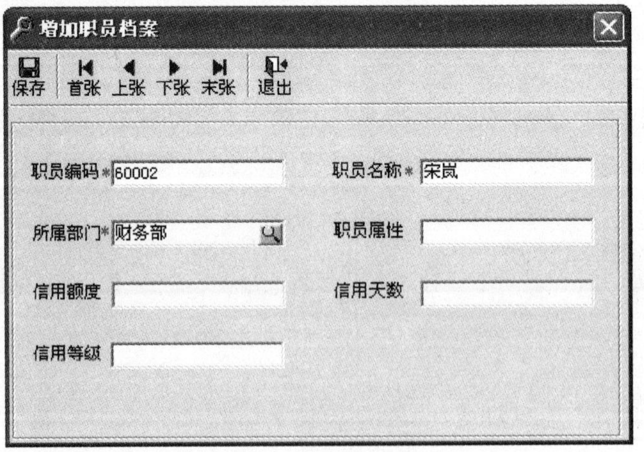

图 3-3　增加职员档案

（3）单击【保存】按钮进行保存。

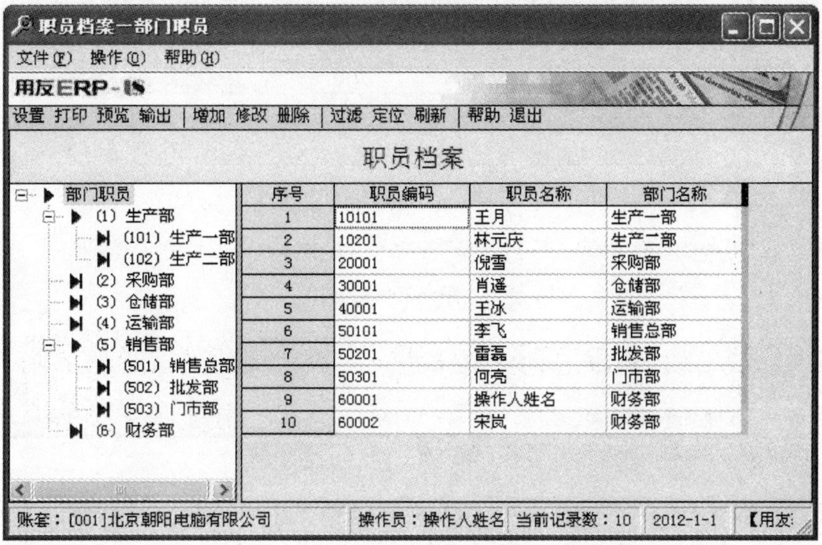

图 3-4　职员档案

3. 2. 2　往来单位

供应链管理不局限于企业内部的采购、生产、销售等生产经营活动，还包括企业下游的供应商和上游的客户。如果企业的供应商和客户较多，分布较广，则不仅需要对供应商和客户进行分类，还需要对其地区进行分类，以便于管理。

客户或供应商分类是指按照客户或供应商的某种属性或特征，将客户或供应商进行分类管理。如果建账时选择了客户/供应商分类，则必须先进行分类，才能增加客户/供应商档案；如果建账时没有选择客户/供应商分类，则可以直接建立客户/供应商档案。⊖

1. 客户分类及档案

操作步骤——客户分类：

（1）在“企业门户”窗口中，双击“基础档案”窗格，选择“往来档案”→“客户分类”命令，打开“客户分类”窗口。

（2）单击【增加】按钮，在右边输入表 3-2 中关于客户分类的资料。如要修改，单击【修改】按钮，即可修改相关信息，如图 3-5 所示。

（3）单击【保存】按钮进行保存。

操作步骤——客户档案：

（1）在“企业门户”窗口中，双击“基础档案”窗格，选择“往来档案”→“客户档案”命令，打开“客户档案”窗口。

（2）单击【增加】按钮，在右边输入表 3-2 中关于客户档案的资料。如要修改，单击【修改】按钮，即可修改相关信息，如图 3-6 和图 3-7 所示。

⊖ 赵建新，宋郁，周宏．新编 ERP 供应链管理系统实验教程［M］．北京：清华大学出版社，2009.

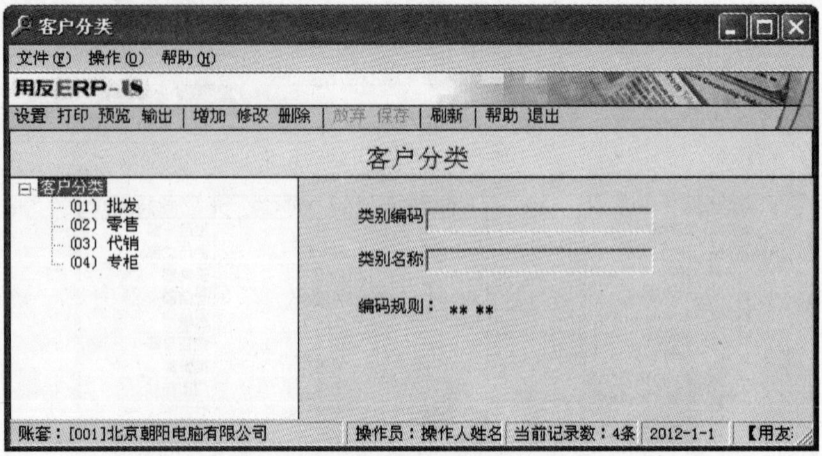

图 3-5 客户分类

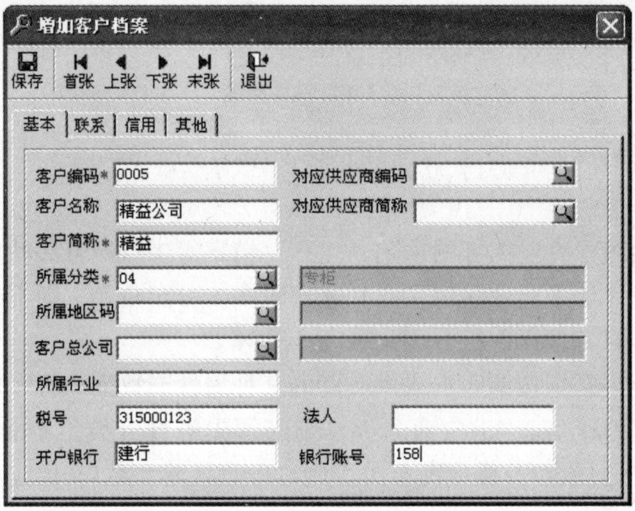

图 3-6 增加客户档案

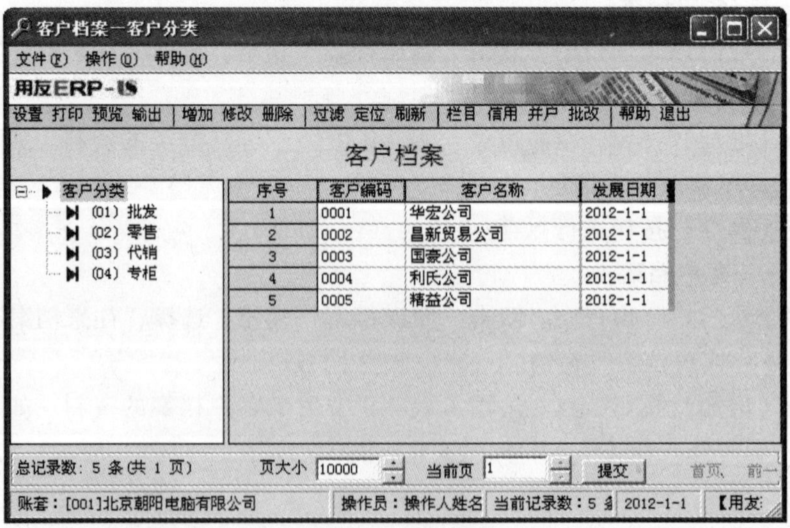

图 3-7 客户档案

（3）单击【保存】按钮进行保存。

注意：

1）图 3-7 中，对应供应商编码及名称的作用是设置客户档案和供应商档案的对应关系，这种对应关系必须是一一对应的，主要是为了处理既是客户又是供应商的往来单位。

2）如果需要开具销售专用发票，则必须要输入税号、开户银行、银行账号等信息，否则只能开具普通发票。

3）如果要输入客户的所属地区编码，则需要先在“基础档案”中的“地区分类”中设置地区分类信息。

2. 供应商分类及档案

操作步骤——供应商分类：

（1）在“企业门户”窗口中，双击“基础档案”窗格，选择“往来档案”→“供应商分类”命令，打开“供应商分类”窗口。

（2）单击【增加】按钮，在右边输入表 3-2 中关于供应商分类的资料。如要修改，单击【修改】按钮，即可修改相关信息，如图 3-8 所示。

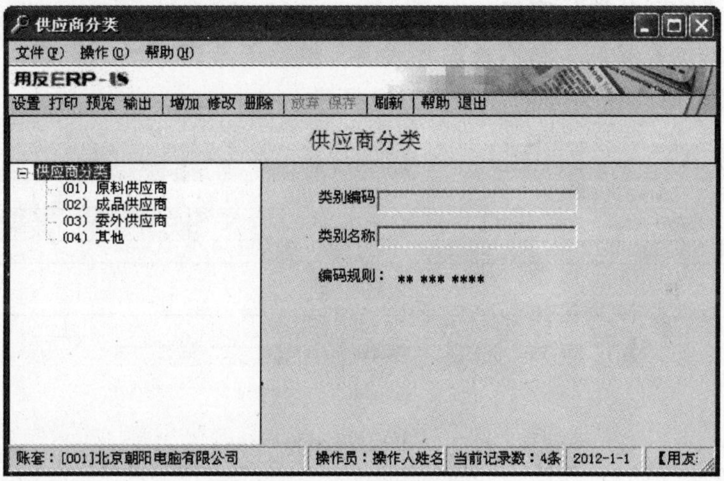

图 3-8　供应商分类

（3）单击【保存】按钮进行保存。

操作步骤——供应商档案：

（1）在“企业门户”窗口中，双击“基础档案”窗格，选择“往来档案”→“供应商档案”命令，打开“供应商档案”窗口。

（2）单击【增加】按钮，在右边输入表 3-2 中关于供应商档案的资料。如要修改，单击【修改】按钮，即可修改相关信息，如图 3-9 所示。

（3）单击【保存】按钮进行保存。

3. 地区分类

操作步骤：

（1）在“企业门户”窗口中，双击“基础档案”窗格，选择“往来档案”→“地区分

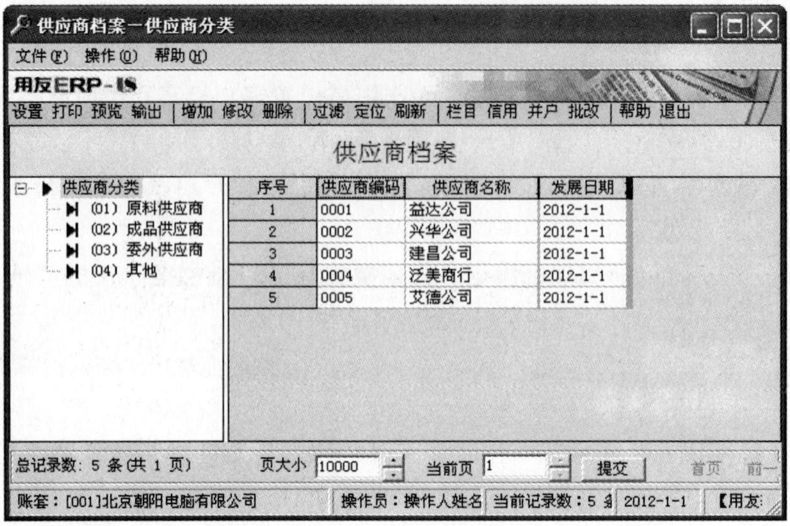

图 3-9 供应商档案

类”命令，打开“地区分类”窗口。

（2）单击【增加】按钮，在右边输入表 3-3 中关于地区分类的资料。如要修改，单击【修改】按钮，即可修改相关信息，如图 3-10 所示。

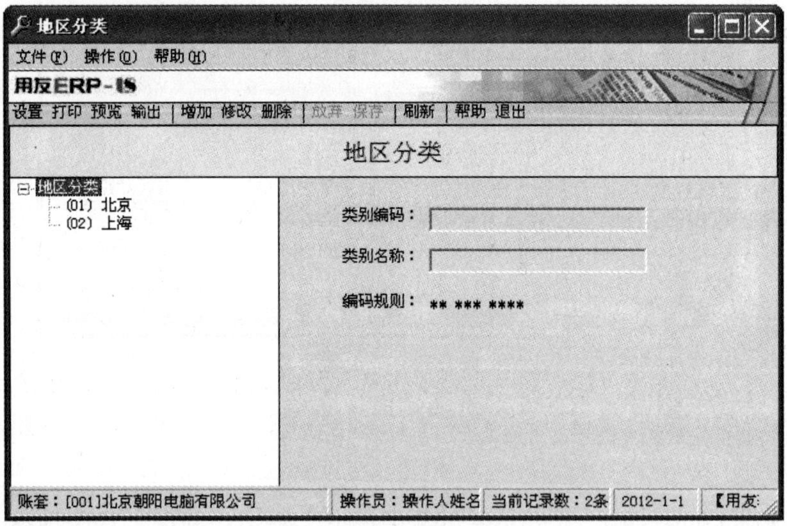

图 3-10 地区分类

（3）单击【保存】按钮进行保存。

3.2.3 存货

存货是企业的一项重要经济资源，它涉及企业供应链管理的整个流程，是企业物流管理和财务核算的主要对象。

1. 存货分类

操作步骤：

（1）在“企业门户”窗口中，双击“基础档案”窗格，选择“存货”→“存货分类”命令，打开“存货分类”窗口。

（2）单击【增加】按钮，在右边输入表 3-5 中关于存货分类的资料。如要修改，单击【修改】按钮，即可修改相关信息，如图 3-11 所示。

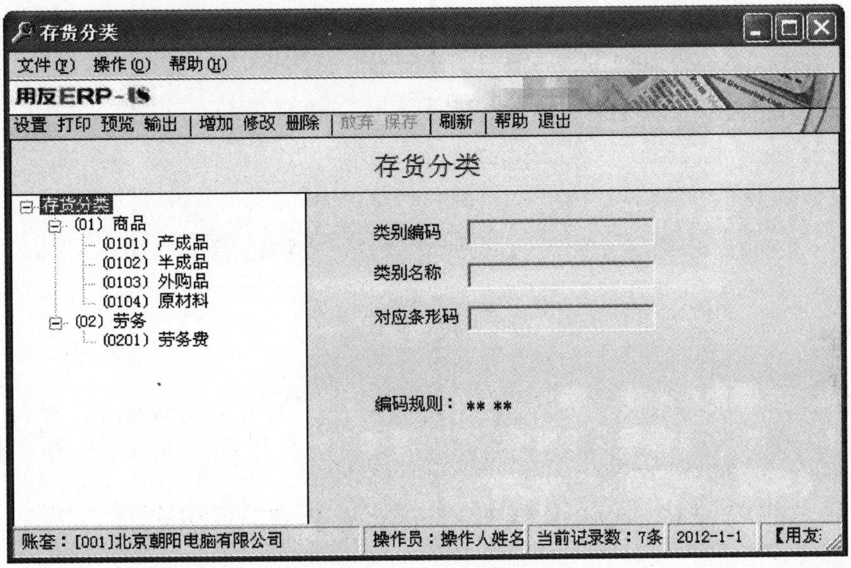

图 3-11　存货分类

（3）单击【保存】按钮进行保存。

注意：

1）存货分类编码必须符合编码规则。

2）存货分类编码和存货分类名称必须输入。

2. 计量单位

企业的存货种类繁多，不同的存货具有不同的计量单位；同一种存货用于不同业务，其计量单位也可能不同。因此，在基础设置时，定义好存货的计量单位至关重要。

存货的计量单位可以分为“无换算”、“固定换算”和“浮动换算”三类。“无换算”计量单位一般是指自然单位、度量衡单位等。“固定换算”计量单位是指各个计量单位之间存在着不变的换算比率，这种计量单位之间的换算关系即为固定换算率，这些单位即为固定换算单位。“浮动换算”计量单位则是指计量单位之间无固定换算率，这种不固定换算率称为浮动换算率，这些单位也称为浮动换算单位。一般将最小的计量单位设置成为主计量单位。

操作步骤：

（1）在“企业门户”窗口中，双击“基础档案”窗格，选择“存货”→“计量单位”命令，打开“计量单位”窗口。

（2）单击【分组】按钮，打开“计量单位分组”窗口。

（3）单击【增加】按钮，按照表 3-4 输入计量单位组编码、名称、类别等信息，如图 3-12 所示。

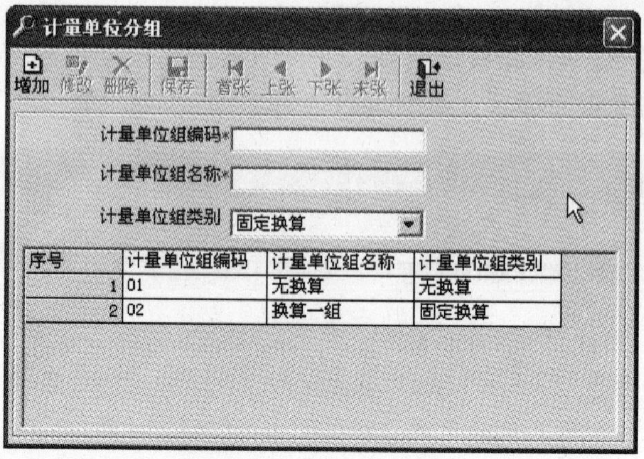

图 3-12　计量单位分组

（4）退出“计量单位分组”窗口，显示计量单位组列表。

（5）选中“（01）无换算＜无换算＞”计量单位组，单击【单位】按钮，打开“计量单位—（01）无换算＜无换算＞”对话框。

（6）单击【增加】按钮，输入单位编码、单位名称、单位组编码、计量单位组名称、计量单位组类别等信息。

（7）单击【保存】按钮，保存计量单位信息，如图 3-13 所示。

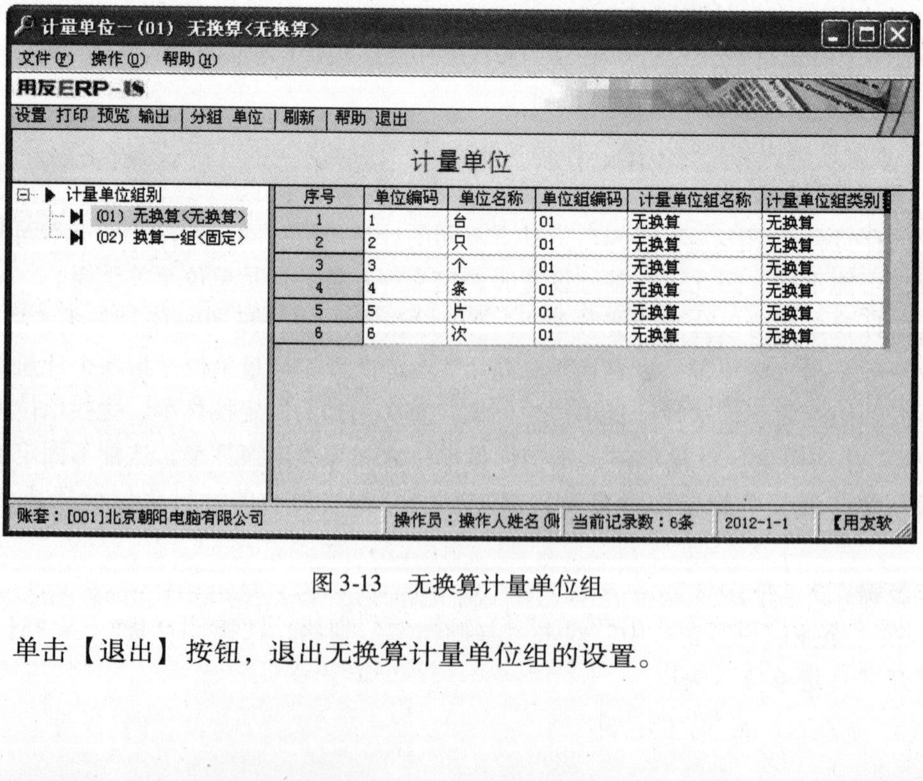

图 3-13　无换算计量单位组

（8）单击【退出】按钮，退出无换算计量单位组的设置。

（9）选中“（02）换算一组 < 固定 >”计量单位组，单击【单位】按钮，打开“计量单位—（02）换算一组 < 固定 >”对话框。

（10）单击【增加】按钮，输入计量单位编码“7”，计量单位名称“条”，如图 3-14 所示。

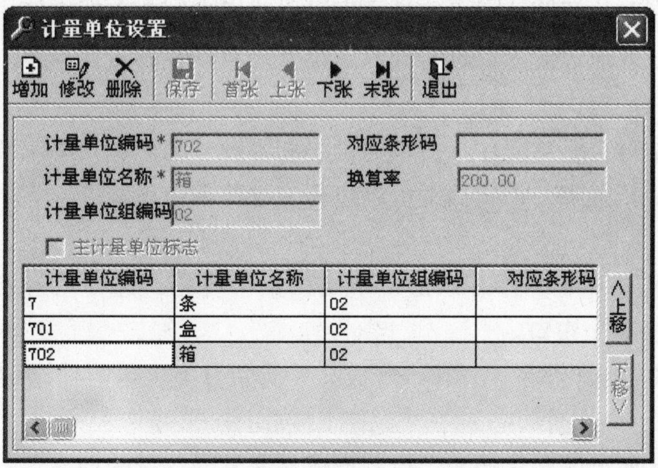

图 3-14　固定换算计量单位组

注意：

此时设置的是换算一组的第一种计量单位的主计量单位。通常将最小的计量单位作为主计量单位。

（11）单击【保存】按钮进行保存，再输入计量单位编码“701”，计量单位名称“盒”，在“换算率”文本框中输入“10”，单击【保存】按钮进行保存；再输入计量单位编码“702”，计量单位名称“箱”，在“换算率”文本框中输入“200”，单击【保存】按钮进行保存，如图 3-15 所示。

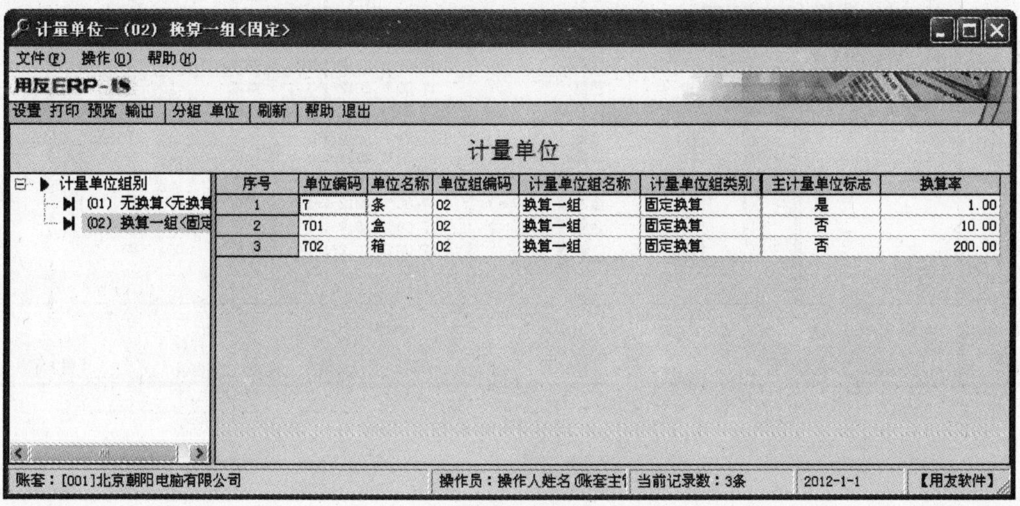

图 3-15　换算一组

注意：

1）先建立计量单位组，再建立计量单位。

2）主计量单位的换算率为1，本计量单位组的其他单位以此为依据，按照折算率折合。

3）浮动换算计量单位组可以修改为固定换算计量单位组。浮动换算的计量单位只能包括两个计量单位。同时，其辅计量单位换算率可以为空，则在单据中使用该浮动换算率时需要手工输入换算率，或通过输入数量和件数，由系统自动计算出换算率。㊀

3. 存货档案

存货档案主要是对企业全部存货目录的设立和管理，随同发货单或发票一起开具的应税劳务也应设置在存货档案中。存货档案可以进行多计量单位设置。

操作步骤：

（1）在“企业门户”窗口中，双击“基础档案”窗格，选择“存货”→“存货档案”命令，打开“存货档案”窗口。

（2）选中“（01）商品—（0101）产成品”存货分类，单击【增加】按钮，打开“增加存货档案”窗口。

（3）根据表3-5所给的存货档案，填制产成品及其他存货的档案。

（4）单击【保存】按钮，保存存货档案信息。

（5）重复上述步骤，输入全部存货档案，如图3-16所示。

图3-16 存货档案—存货分类

㊀ 赵建新，宋郁，周宏．新编ERP供应链管理系统实验教程［M］．北京：清华大学出版社，2009.

注意：

1）存货编码必须唯一且必须输入，可以用 0 ~ 9 或字符 A ~ Z 表示。

2）存货名称必须输入。

3）计量单位组合主计量单位可以参照输入。根据已选的计量单位组，带出主计量单位。如果要修改，则需要先删除该主计量单位，再输入其他计量单位。

4）采购、销售、库存默认单位和成本默认辅计量单位是在设置各子系统默认时使用的计量单位。

5）税率是存货的增值税税率。销售该存货时，此税率为专用发票或普通发票上该存货默认的销项税税率；采购该存货时，此税率为专用发票、运费发票等可以抵扣的进项发票上默认的进项税税率。税率不能小于零。

6）同一存货可以设置多个属性。

3.2.4　财务

1. 会计科目

操作步骤：

（1）在“企业门户”窗口中，打开“基础设置”选项，选择“基础设置”→“财务”→“会计科目”命令，打开“会计科目”对话框。

（2）在“会计科目”对话框中，双击“1131 应收账款”，或者选中“1131 应收账款”后单击【修改】按钮，打开“会计科目_修改”对话框。

（3）在“会计科目_修改”对话框中，单击【修改】按钮。

（4）选中“客户往来”复选框，默认受控系统为“应收系统”，如图 3-17 所示。

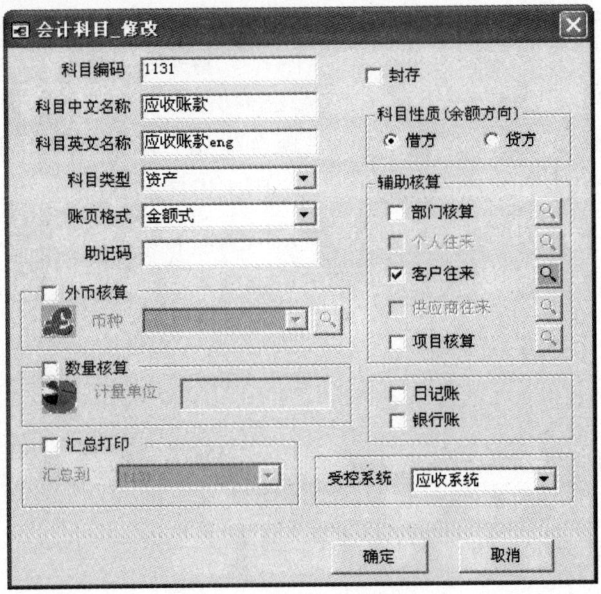

图 3-17　会计科目_修改

（5）单击【确定】按钮，并以此方法修改其他会计科目。

2. 凭证类别

操作步骤：

（1）在“企业门户”窗口中，打开“基础设置”选项，选择“基础设置”→“财务”→“凭证类别”命令，打开“凭证类别”对话框。

（2）在“凭证类别”对话框中，单击【记账凭证】按钮。

（3）单击【确定】按钮，打开“凭证类别”窗口，无修改内容，如图3-18所示。

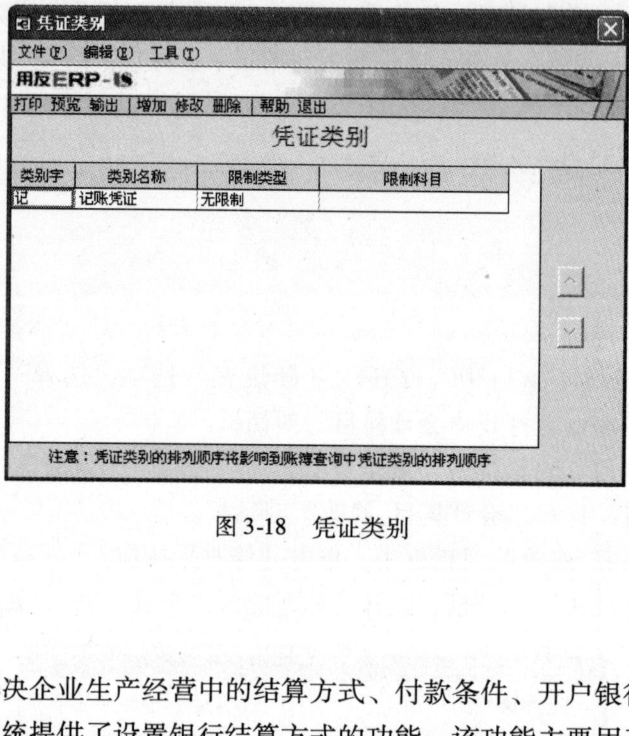

图3-18 凭证类别

3.2.5 收付结算

收付结算主要解决企业生产经营中的结算方式、付款条件、开户银行等问题。为了提高银行对账的效率，系统提供了设置银行结算方式的功能。该功能主要用于建立和管理用户在经营活动中涉及的结算方式。而付款条件则是现金折扣，用于设置企业在经营过程中与往来单位协议规定的收、付折扣优惠方式。开户银行用于设置本企业在收付结算中对应的各个开户银行信息，系统支持多个开户银行和账号。在供应链管理系统中，如果需要开具增值税专用发票，则需要设置开户银行信息。同时，在客户档案中还必须输入客户的开户银行信息和税号信息。⊖

1. 结算方式

操作步骤：

（1）在“企业门户”窗口中，打开“基础设置”选项，选择“基础设置”→“收付结算”→“结算方式”命令，打开“结算方式”对话框。

（2）在“结算方式”对话框中，单击【增加】按钮。

⊖ 赵建新，宋郁，周宏．新编ERP供应链管理系统实验教程［M］．北京：清华大学出版社，2009.

(3) 按照表 3-6 所给的资料增加结算方式，单击【保存】按钮，如图 3-19 所示。

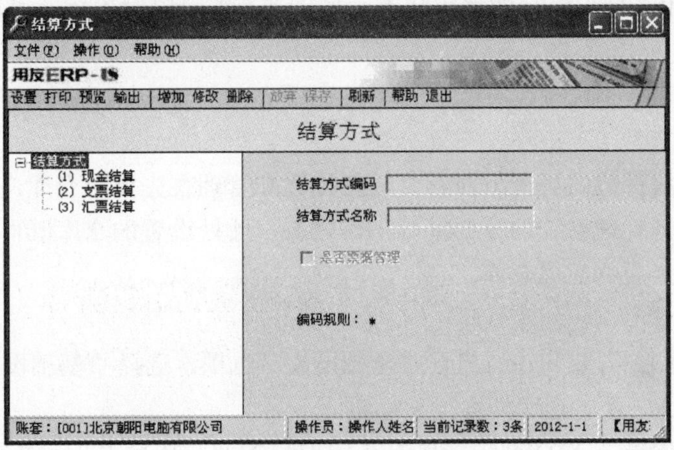

图 3-19　结算方式

注意：

1) 结算方式编码和结算方式名称必须输入且要符合编码规则。

2) 票据管理标志是为出纳对银行结算票据的管理而设置的功能，需要进行票据登记的结算方式需要选择此项功能。

2. 开户银行

操作步骤：

(1) 在"企业门户"窗口中，打开"基础设置"选项，选择"基础设置"→"收付结算"→"开户银行"命令，打开"开户银行"对话框。

(2) 在"开户银行"对话框中，单击【增加】按钮。

(3) 输入资料后，单击【保存】按钮进行保存，如图 3-20 所示。

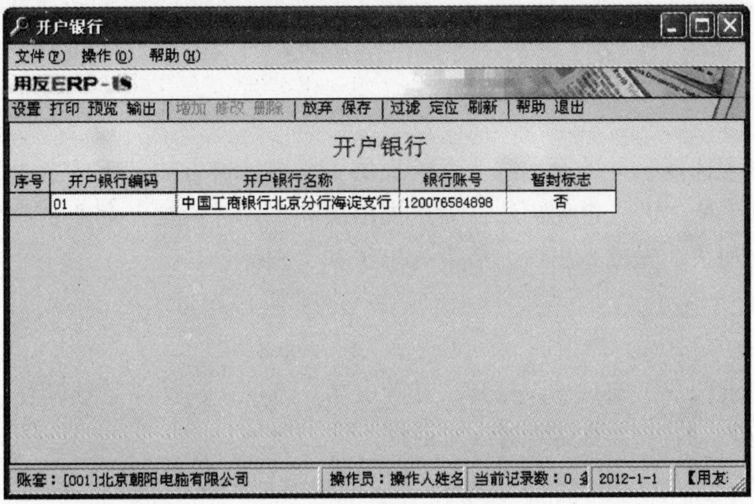

图 3-20　开户银行

注意：

“暂封标志”用于标识银行的适用状态。如果某个账号临时不用，可以设置暂封标志。

3.2.6 业务

1. 仓库档案

仓库是用于存放存货的场所，对存货进行核算和管理首先要对仓库进行管理，因此，设置仓库档案是供应链管理系统的重要基础工作之一。此处设置的仓库既可以是企业实际拥有的仓库，也可以是企业的虚拟仓库。

操作步骤：

（1）在“企业门户”窗口中，打开“基础设置”选项，选择“基础设置”→“业务”→“仓库档案”命令，打开“仓库档案”对话框。

（2）在“仓库档案”对话框中，单击【增加】按钮，按照表3-7输入仓库档案资料。

（3）单击【保存】按钮进行保存，如图3-21所示。

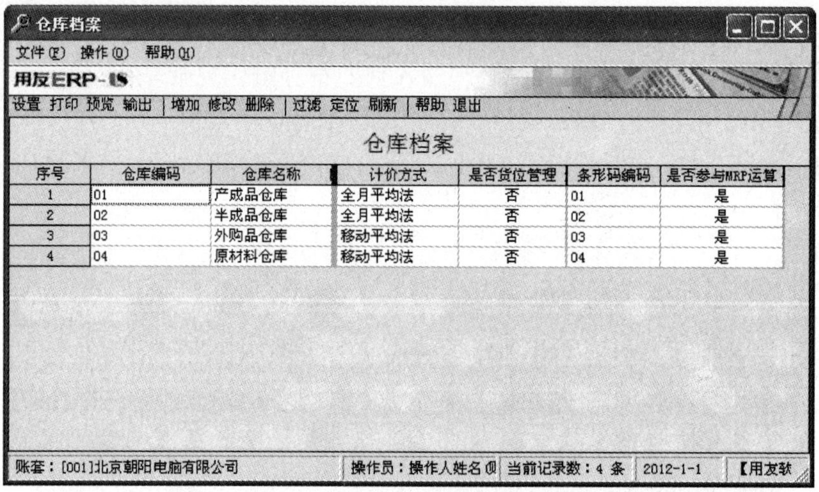

图3-21 仓库档案

注意：

每个仓库必须选择一种计价方式。系统提供了六种计价方法：工业企业为计划价法、全月平均法、移动平均法、先进先出法、后进先出法和个别计价法；商业企业为售价法、全月平均法、移动平均法、先进先出法、后进先出法和个别计价法。

2. 收发类别

操作步骤：

（1）在“企业门户”窗口中，打开“基础设置”选项，选择“基础设置”→“业务”→“收发类别”命令，打开“收发类别”对话框。

（2）在“收发类别”对话框中，单击【增加】按钮，按照表3-8输入收发类别资料。

（3）单击【保存】按钮进行保存，如图3-22所示。

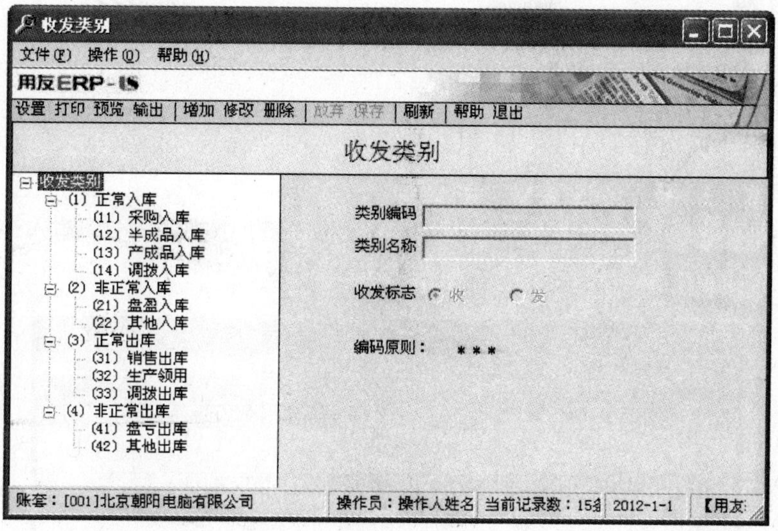

图 3-22　收发类别

3. 采购类型

操作步骤：

(1) 在“企业门户”窗口中，打开“基础设置”选项，选择“基础设置”→“业务”→“采购类型”命令，打开“采购类型”对话框。

(2) 在“采购类型”对话框中，单击【增加】按钮，按照表3-9输入采购类型资料。

(3) 单击【保存】按钮进行保存，如图3-23所示。

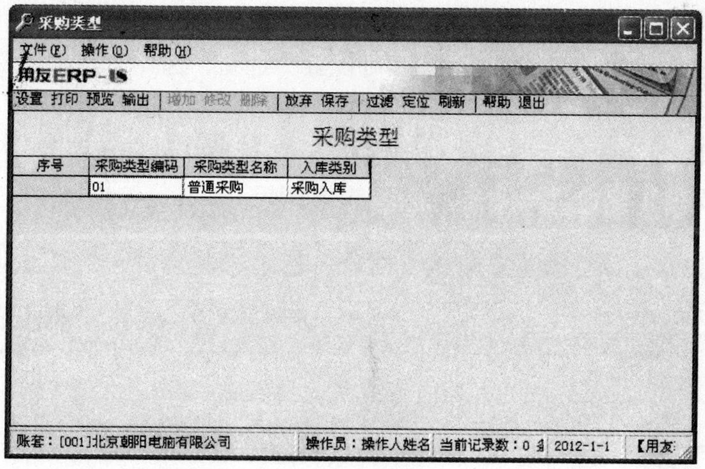

图 3-23　采购类型

注意：

1）“入库类别”是指设定在采购系统中填制采购入库单时，输入采购类型后，系统默认的入库类别。

2）“是否默认值”是指设定某个采购类型作为填制单据时默认的采购类型。只能设定一种类型为默认值。

4. 销售类型

操作步骤：

（1）在“企业门户”窗口中，打开“基础设置”选项，选择“基础设置”→“业务”→“销售类型”命令，打开“销售类型”对话框。

（2）在“销售类型”对话框中，单击【增加】按钮，按照表3-10输入销售类型资料。

（3）单击【保存】按钮进行保存，如图3-24所示。

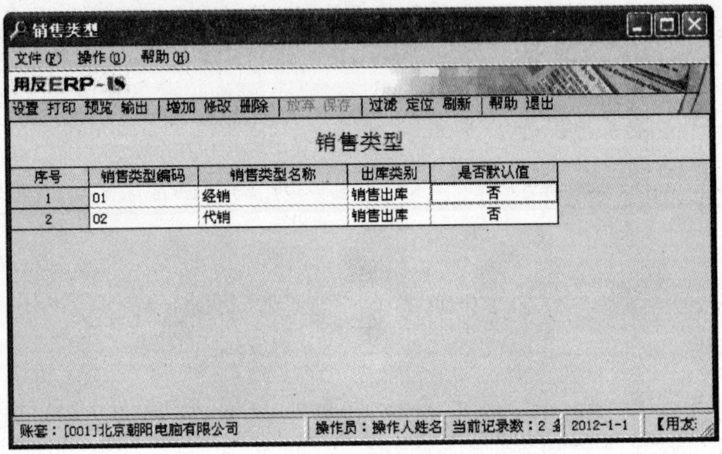

图3-24 销售类型

5. 费用项目

操作步骤：

（1）在“企业门户”窗口中，打开“基础设置”选项，选择“基础设置”→“业务”→“费用项目”命令，打开“费用项目”对话框。

（2）在“费用项目”对话框中，单击【增加】按钮，按照表3-11输入费用项目资料。

（3）单击【保存】按钮进行保存，如图3-25所示。

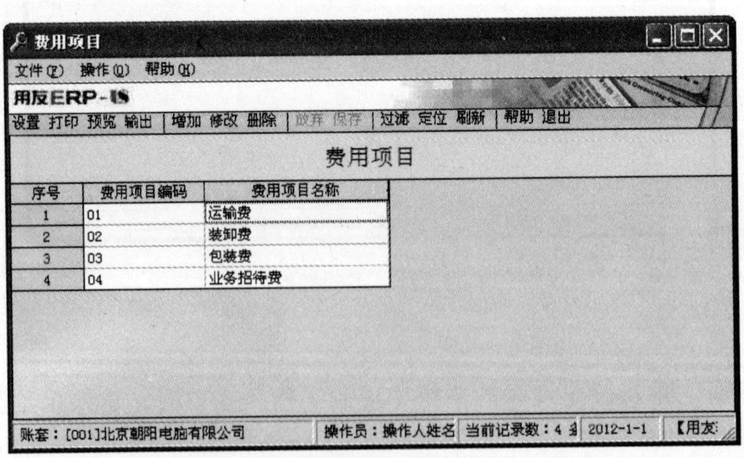

图3-25 费用项目

6. 发运方式

操作步骤：

（1）在“企业门户”窗口中，打开“基础设置”选项，选择“基础设置”→“业务”→“发运方式”命令，打开“发运方式档案”对话框。

（2）在“发运方式档案”对话框中，单击【增加】按钮，按照表3-12输入发运方式资料。

（3）单击【保存】按钮进行保存，如图3-26所示。

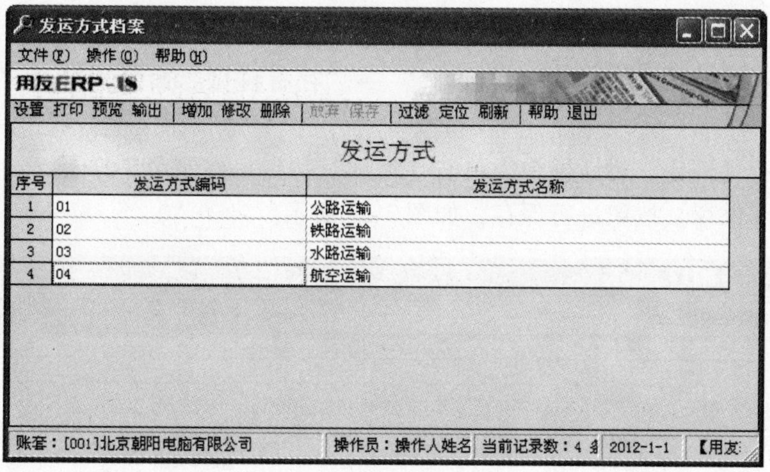

图3-26 发运方式档案

3.3 系统参数设置实验及指导

系统参数设置是对采购管理子系统、销售管理子系统、库存管理子系统和存货核算子系统的业务处理规则进行设定。系统参数的设置将影响各子系统的业务流程。

3.3.1 采购管理系统参数设置

默认系统设置。

3.3.2 销售管理系统参数设置

默认系统设置。

3.3.3 库存管理系统参数设置

默认系统设置。

3.3.4 存户核算参数设置

1. 设置存货科目

存货科目资料如表3-13所示。

表 3-13　存货科目资料

存货分类	对应科目
原材料	原材料（1211）
半成品	自制半成品（1241）
产成品	库存商品（1243）
外购品	库存商品（1243）

操作步骤：

（1）在“企业门户”窗口中，打开“供应链”选项，选择“供应链”→“存货核算”→“系统菜单”→“初始设置”→“科目设置”→“存货科目”命令，打开“存货科目”对话框。

（2）在“存货科目”对话框中，单击【增加】按钮，按照表 3-13 输入存货科目资料。

（3）单击【保存】按钮进行保存，如图 3-27 所示。

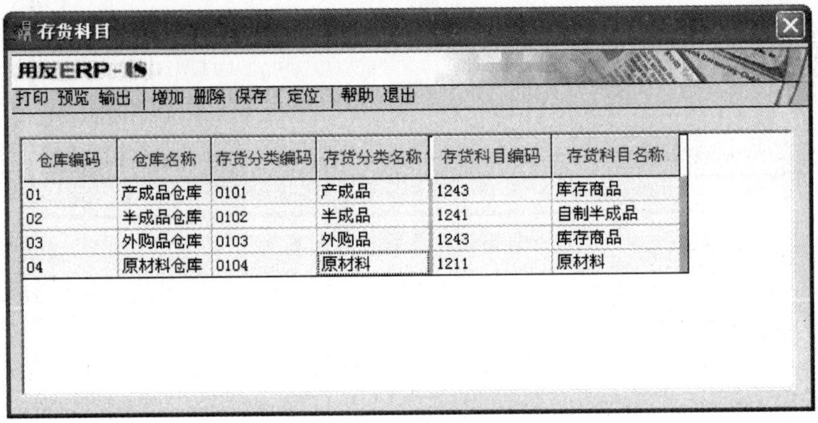

图 3-27　存货科目

2. 设置存货的对方科目

存货的对方科目如表 3-14 所示。

表 3-14　存货的对方科目

收发类别	对应科目	暂估科目
采购入库	物资采购（1201）	物资采购（1201）
产成品入库	基本生产成本（410101）	
盘盈入库	待处理流动资产损溢（191101）	
销售出库	主营业务成本（5401）	
生产领用	基本生产成本（410101）	

操作步骤：

（1）在“企业门户”窗口中，打开“供应链”选项，选择“供应链”→“存货核算”→

“系统菜单”→“初始设置”→“科目设置”→“对方科目”命令，打开“对方科目设置”对话框。

（2）在“对方科目设置”对话框中，单击【增加】按钮，按照表3-14输入存货的对方科目资料。

（3）单击【保存】按钮进行保存，如图3-28所示。

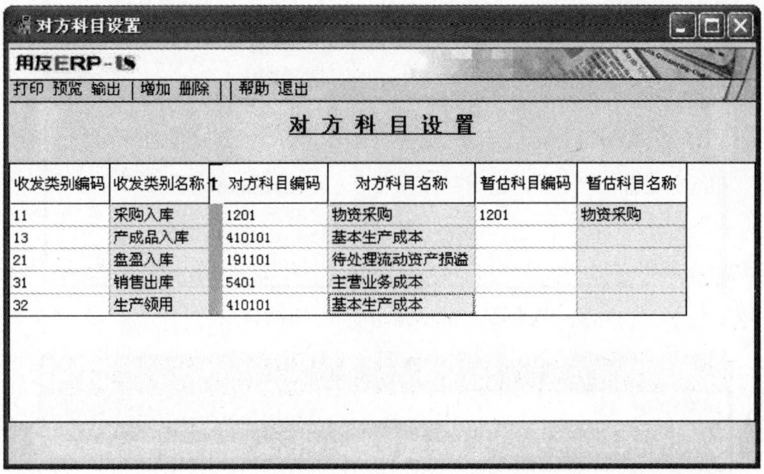

收发类别编码	收发类别名称	对方科目编码	对方科目名称	暂估科目编码	暂估科目名称
11	采购入库	1201	物资采购	1201	物资采购
13	产成品入库	410101	基本生产成本		
21	盘盈入库	191101	待处理流动资产损溢		
31	销售出库	5401	主营业务成本		
32	生产领用	410101	基本生产成本		

图3-28　对方科目设置

3.3.5　应收款系统设置

应收款系统设置资料：

（1）基本科目设置：应收科目为1131，预收科目为2131，销售收入科目为5101，应交增值税科目为21710105。

（2）结算方式科目设置：现金结算对应1001，支票结算对应1002，汇票结算对应1002。

（3）调整应收系统的选项：将坏账处理方式设置为“应收余额百分比法”。

（4）坏账准备期初设置：坏账准备科目为1141，期初余额为10000元，提取比为0.5%。

操作步骤：

（1）在“企业门户”窗口中，打开“财务会计”选项，选择“财务会计”→“应收款管理”→“系统菜单”→“初始设置”命令，打开“初始设置”对话框。

（2）在“初始设置”对话框中，按照上述应收款系统设置资料输入信息。

（3）单击【保存】按钮进行保存，如图3-29和图3-30所示。

（4）在“应收款系统”中，选择“系统菜单”→“设置”→“选项”命令，打开“账套参数设置”对话框。按照上述应收款系统资料输入信息——修改坏账处理方式为“应收余额百分比法”，如图3-31和图3-32所示。

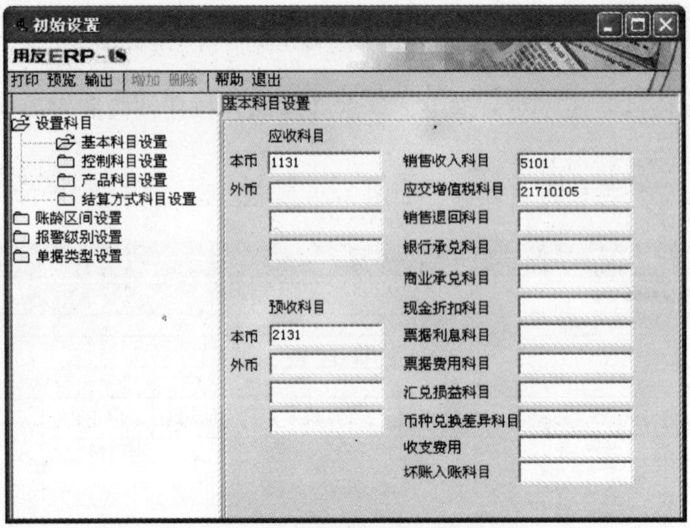

图 3-29 应收款系统的初始设置

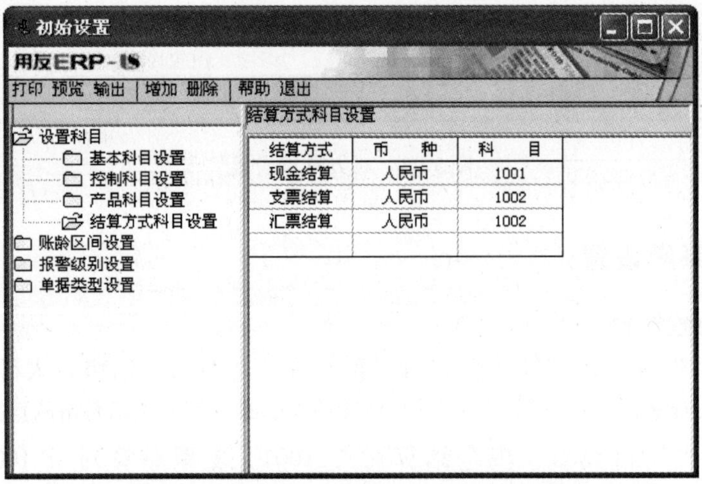

图 3-30 应收款系统的结算方式科目设置

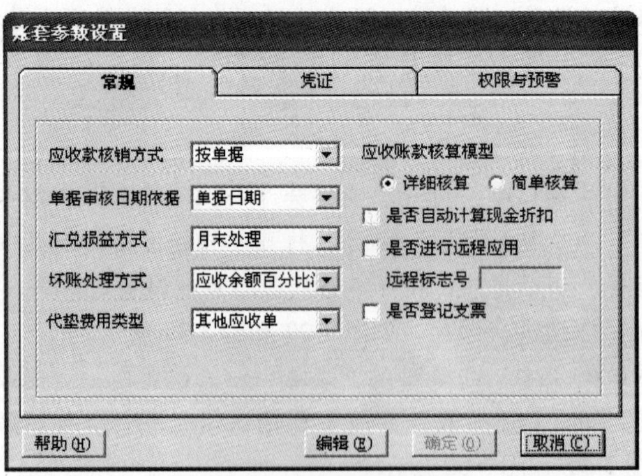

图 3-31 账套参数设置

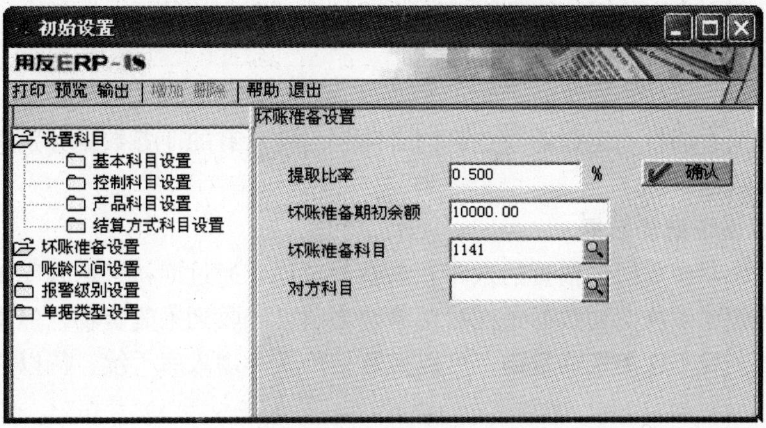

图3-32 坏账准备设置

3.3.6 应付款系统设置

应付款系统设置资料：

（1）基本科目设置：应付科目为2121，预付科目为1151，采购科目1201，应交增值税科目为21710101。

（2）结算方式科目设置：现金结算对应1001，支票结算对应1002，汇票结算对应1002。

操作步骤：

（1）在“企业门户”窗口中，打开“财务会计”选项，选择“财务会计”→“应付款管理”→“系统菜单”→“初始设置”命令，打开“初始设置”对话框。

（2）在“初始设置”对话框中，单击【增加】按钮，按照上述应付款系统设置资料输入信息。

（3）单击【保存】按钮进行保存，如图3-33和图3-34所示。

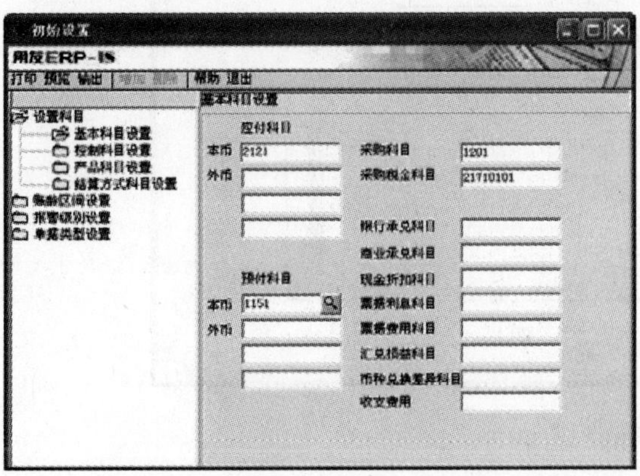

图3-33 应付款系统的初始设置

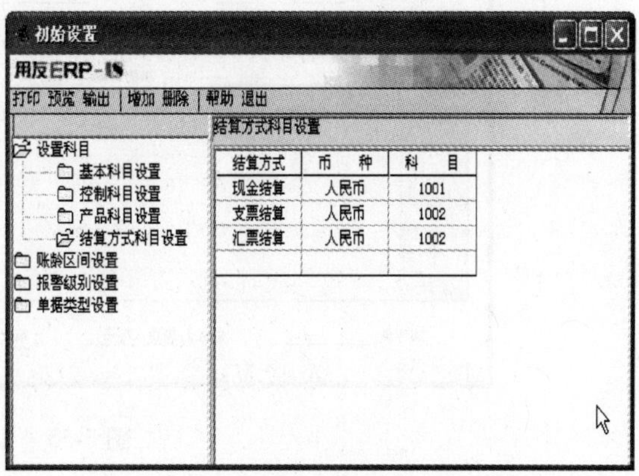

图3-34 应付款系统的结算方式设置

3.4 系统期初数据实验及指导

在供应链管理系统投入运行前，各部门必须将当前所有的业务数据分别录入各自的子系统中，作为期初数据。

1. 采购管理系统期初数据

采购管理系统期初数据包括暂估入库和在途等数据，通过期初采购入库单和采购发票录入系统中。采购管理系统期初数据是在启用系统之前已经收到采购货物，但尚未收到对方开具的发票的数据。对于这类采购货物，可以按暂估价先办理入库手续，待以后收到发票再进行采购结算。

实验资料：

2012 年 12 月 25 日，收到兴华公司提供的硬盘 100 个，单价为 800 元。商品已验收入原料仓库，至今尚未收到发票。

操作步骤：

（1）在供应链系统中打开采购管理模块。

（2）在系统菜单下，选择“系统菜单”→“业务”→“入库”→“入库单”命令，打开“期初采购入库单”窗口。

（3）单击【增加】按钮，按实验资料要求录入期初采购入库单信息，如图 3-35 所示。

（4）单击【保存】按钮，保存期初采购入库单信息。

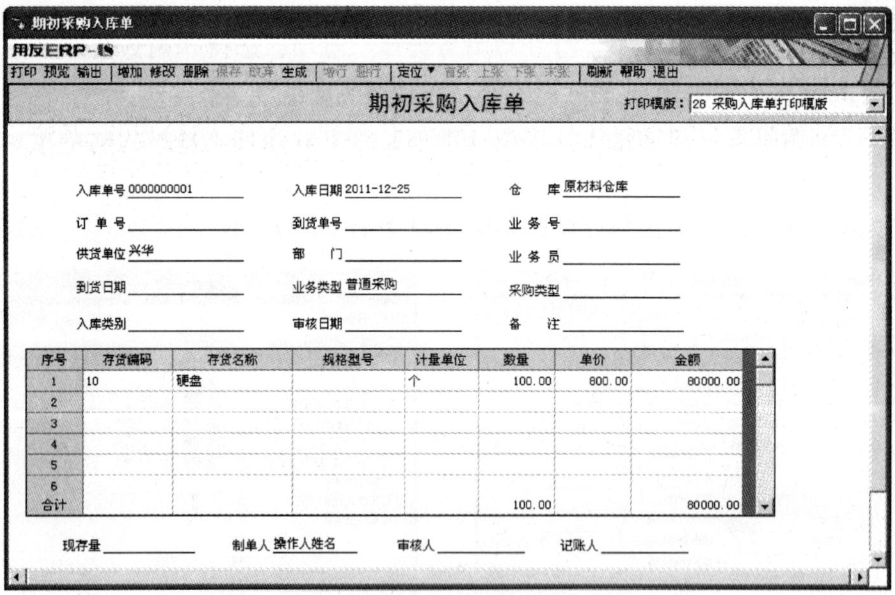

图 3-35 期初采购入库单

注意：

1）在采购管理系统期初记账前，采购管理系统的“采购入库”只能录入期初入库单；

期初记账后，采购入库单需要在库存系统录入或生成。

2）采购管理系统期初记账前，期初入库单可以修改、删除；期初记账后，入库单不允许修改和删除。

（5）在系统菜单下，选择“系统菜单”→“设置”→“采购期初记账”命令，打开“期初记账”对话框，如图 3-36 所示。

（6）单击【记账】按钮，弹出系统提示“期初记账完毕”，再单击【确定】按钮，完成期初记账。

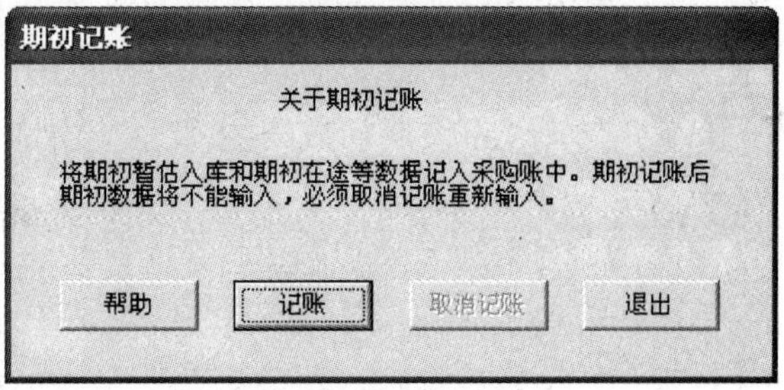

图 3-36　期初记账

2. 销售管理系统期初数据

销售管理系统期初数据是指录入期初已经发货、出库，但尚未开具发票的业务的数据，包括普通销售和分期收款发货单。

实验资料：

2012 年 12 月 28 日，销售总部向昌新贸易公司出售计算机（P3）10 台，报价为 6500 元，由成品仓库发货。该发货单尚未开具发票。

操作步骤：

（1）在供应链系统中打开销售管理模块。

（2）在系统菜单下，选择“系统菜单”→“设置”→“期初录入”→“期初发货单”命令，打开“期初发货单”窗口。

（3）单击【增加】按钮，按实验资料要求录入期初发货单信息，如图 3-37 所示。

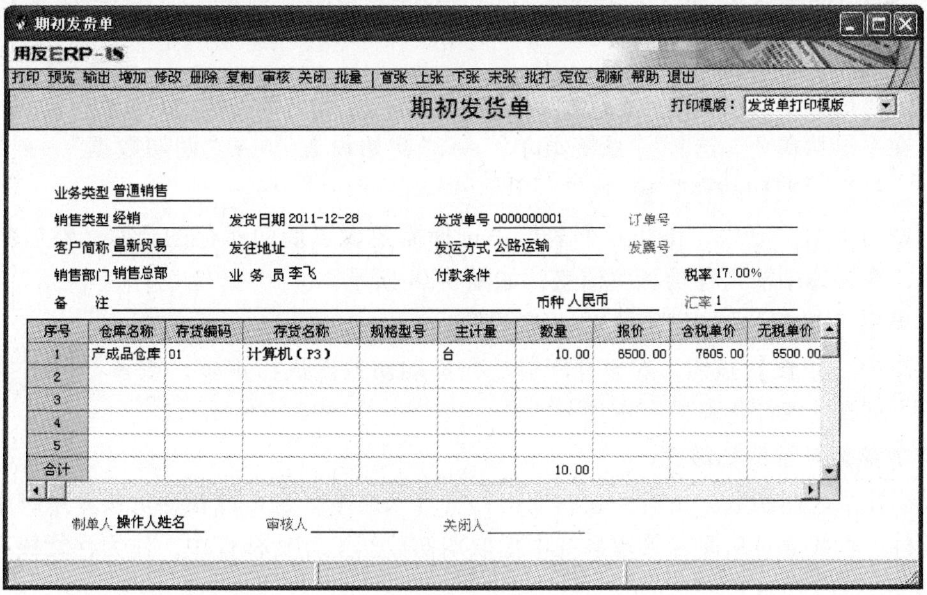

图 3-37　期初发货单

（4）单击【保存】按钮进行保存，保存期初发货单信息。

（5）单击【审核】按钮，审核确认发货单信息。只有审核后的发货单才可用于销售发票录入时参照。

3. 库存管理系统期初数据

库存管理系统期初数据是指在启动“库存管理”系统前，各仓库存货的期初结存情况，如表 3-15 所示。

表 3-15 库存管理系统期初数据

仓　库	存货编码	存货名称	计量单位	数　量	单价/元
产成品	01	计算机（P3）	台	100	3000
	02	计算机（P4）	台	150	4800
半成品	03	机箱	个	220	1000
	04	主机（P3）	台	70	2500
	05	主机（P4）	台	40	3200
外购品	06	显示器	台	300	500
	07	鼠标	个	420	20
	08	键盘	个	480	60
	09	内存条	条	530	100
	10	硬盘	个	620	300
	11	喷墨打印机	台	230	200
	12	激光打印机	台	180	300
原料库	13	金属板（1m×2m）	片	50	8
	14	金属板（1m×3m）	片	50	13

操作步骤：

（1）在供应链系统中打开库存管理模块。

（2）在系统菜单下，选择“系统菜单”→“初始设置”→“期初数据”→“期初结存”命令，打开“期初结存”窗口。

（3）在右上角“仓库”的下拉列表框中选择需要设置期初库存的仓库，然后单击【修改】按钮，在表体中输入存货相关信息，如图 3-38 所示。

（4）单击【保存】按钮进行保存，完成输入。

（5）单击【审核】按钮，对该仓库每笔存货期初数据进行审核，或者单击【批审】按钮，对图中所有的库存物料进行审核。

4. 存货核算系统期初数据

存货核算系统期初数据是对各仓库期初存货计入成本，也可以在存货核算系统中输入库存成本资料。本部分是从库存管理系统中提取期初数据至存货核算中，作为存货核算的期初数据。

序号	仓库	仓库编码	存货编码	存货名称	计量单位	数量	制单人	审核人	审核日期
1	外购品仓库	03	06	显示器	台	300.00	操作人姓名		
2	外购品仓库	03	07	鼠标	个	420.00	操作人姓名		
3	外购品仓库	03	08	键盘	个	480.00	操作人姓名		
4	外购品仓库	03	09	内存条	条	530.00	操作人姓名		
5	外购品仓库	03	10	硬盘	个	620.00	操作人姓名		
6	外购品仓库	03	11	喷墨打印机	台	230.00	操作人姓名		
7	外购品仓库	03	12	激光打印机	台	180.00	操作人姓名		
8									
9									
10									
11									
12									
13									
14									
15									
16									
17									
合计						2 760.00			

图 3-38　库存期初数据录入

操作步骤：

（1）在供应链系统中打开存货核算模块。

（2）在系统菜单下，选择“系统菜单”→“初始设置”→“期初数据”→“期初余额”命令，打开“期初余额”窗口。

（3）在左上角“仓库”下拉列表框中选择需要设置期初余额的仓库。

（4）单击【取数】按钮，将自动从库存管理系统中读取期初结存数据，也可以添加或修改期初金额，如图 3-39 所示。

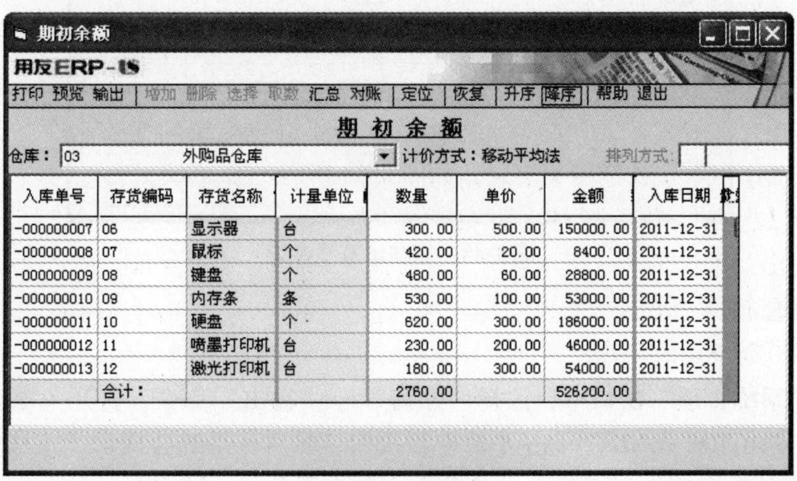

入库单号	存货编码	存货名称	计量单位	数量	单价	金额	入库日期
-000000007	06	显示器	台	300.00	500.00	150000.00	2011-12-31
-000000008	07	鼠标	个	420.00	20.00	8400.00	2011-12-31
-000000009	08	键盘	个	480.00	60.00	28800.00	2011-12-31
-000000010	09	内存条	条	530.00	100.00	53000.00	2011-12-31
-000000011	10	硬盘	个	620.00	300.00	186000.00	2011-12-31
-000000012	11	喷墨打印机	台	230.00	200.00	46000.00	2011-12-31
-000000013	12	激光打印机	台	180.00	300.00	54000.00	2011-12-31
	合计：			2760.00		526200.00	

图 3-39　期初余额

(5) 所有的仓库余额取数完毕后，单击【记账】按钮，完成期初数据的记账。

注意：

期初数据记账完成后，存货核算模块中显示出业务核算模块。

5. 总账期初数据

总账期初数据是指系统运行前企业的总账期初余额数据，如表3-16所示。

表3-16 总账期初数据

科目编码	科目名称	方向	期初余额/元
1131	应收账款	借	25000
1201	物资采购	借	80000
1211	原材料	借	1050
1241	自制半成品	借	523000
1243	库存商品	借	1596200
2121	应付账款	贷	5000
3101	实收资本	贷	2210250
1141	坏账准备	贷	10000

其中，期初应收款涉及华宏公司的25000元，而应付款涉及兴华公司的5000元。

操作步骤：

(1) 在财务会计系统中打开总账模块。

(2) 在系统菜单下，选择“系统菜单”→“设置”→“期初余额”命令，打开“期初余额”窗口，按照表3-16所给内容输入资料。

(3) 单击【试算】按钮，生成“期初试算平衡表”，如图3-40所示。

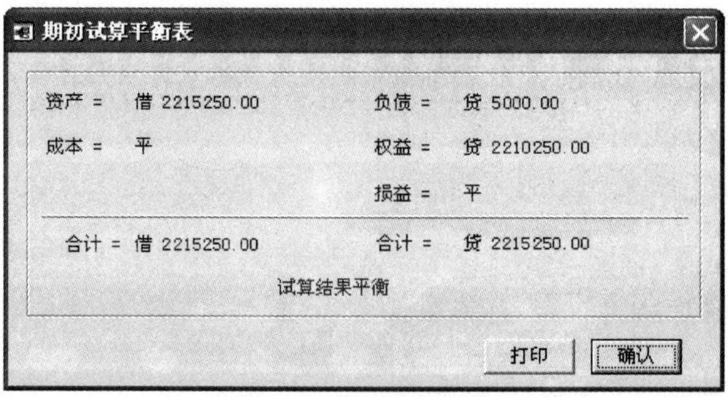

图3-40 期初试算平衡表

6. 输出账套

操作步骤：

(1) 在“系统管理”窗口中，选择“账套”→“输出”命令，打开“账套输出”对话框。选择需要输出的账套001，单击【确定】按钮，然后，系统会提示“请选择账套备份途径”，将第3章的账套输出到“E:\ 北京朝阳电脑有限公司—3”内。

(2) 当系统提示账套“输出成功”后，单击【确定】按钮，完成账套的输出。

第4章　采购管理

用友 ERP-U8 管理系统通过普通采购、直运采购、受托代销采购等采购流程，对不同的采购业务进行有效的控制和管理，以便帮助企业降低采购成本，提升竞争力。通过采购管理系统，可以对供应商进行有效管理，严格管理采购价格，选择采购流程，及时进行采购结算，也可对采购执行情况进行分析。

本章的学习目的与要求是：运用采购管理系统对普通采购业务、受托代销业务、直运采购业务、退货业务和暂估业务等进行处理，及时进行采购结算；能够与应付款管理系统和总账系统集成使用，以便及时处理采购款项，并对采购业务进行相应的账务处理；通过学习，能够掌握采购业务的处理流程和处理方法，深入了解采购管理系统与供应链系统的其他子系统、ERP 系统中的相关子系统之间的紧密联系和数据传递关系，以便正确处理采购业务和与采购相关的其他业务。㊀

4.1　采购管理概述

采购形式因企业所属行业和生产类型的不同而千差万别。采购管理是北京朝阳电脑有限公司供应链系统中的子项目，帮助企业对采购业务的全部流程进行管理，提供请购、订货、到货、入库、开票和结算的完整采购流程，帮助企业降低采购成本，提升竞争力。在 ERP 信息工具环境下，执行标准的采购业务过程，将使销售与采购、采购与库存的物料流信息、商流信息和资金流信息透明化，使物料的数量、成本和资金都清晰起来，同时也能让销售与采购之间的“协调”更理性化、科学化。㊁总之，采购管理是企业为完成生产及销售计划，从合适的供应商那里，以合适的成本、合适的质量、合适的条件，在合适的地点、合适的时间，购入必需数量的物品所采取的一切管理活动。

4.2　采购管理应用模式

常见的采购业务可分为以下三种类型：

1. 普通采购业务

普通采购业务支持所有正常的采购业务，适用于大多数企业的一般采购业务。它主要提供对采购请购、订货、到货、入库、开票和结算的完整采购流程管理。本章实验从采购订单、收货、采购入库单到资金的付出，最终形成成本的转化过程，体验采购的物流、商流和资

㊀ 赵建新，宋郁，周宏．新编 ERP 供应链管理系统实验教程［M］．北京：清华大学出版社，2009.

㊁ 郑荆陵，李俊辉，宋永刚．用友 ERP 供应链管理实训教程［M］．北京：清华大学出版社，2009.

金流的形成过程。ERP 信息系统的应用，一方面是采集、存储、处理传递这些活动的信息；另一方面还要求企业按照规定的业务流程操作，才能确保这些活动信息的及时性与准确性。

2. 受托代销业务

受托代销业务是一种先销售后结算的采购模式。委托方和受托方应先签订合同或协议，确定委托代销的商品品种、价格、代销方式、代销手续费标准和结算办法等，明确双方的经济利益和经济责任。

业务处理流程如下：

（1）受托方接受货物，填制受托代销入库单。

（2）受托方售出代销商品后，手工开具代销商品清单交于委托方。

（3）委托方开具发票。

（4）受托方进行委托代销结算，计算机自动生成受托代销发票和委托代销结算单⊖。

3. 直运业务

直运业务是指产品无需入库即可完成的购销业务，由供应商直接将商品发给企业的客户；结算时，由购销双方分别与企业进行结算。直运业务包括直运销售业务和直运采购业务，没有实物的出入库，货物流向是直接从供应商到客户，财务结算通过直运销售发票、直运采购发票分别与企业结算。

4.3 普通采购业务流程

采购业务流程如图 4-1 所示。

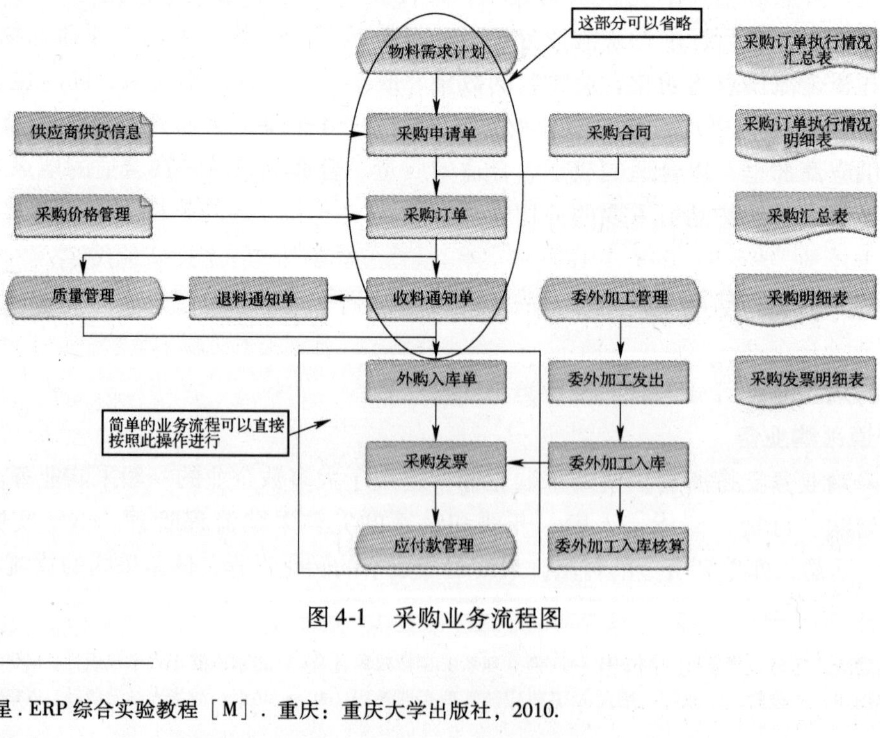

图 4-1　采购业务流程图

⊖ 刘星. ERP 综合实验教程［M］. 重庆：重庆大学出版社，2010.

从信息管理系统的技术角度看，采购业务流程分为三种信息：物料流动信息、价值流动信息和资金流动信息。具体分析如表 4-1 所示。

表 4-1 采购业务流程表

流动信息	具体内容	备注	产生单据及部门
物料流动信息	（1）请购。企业内部其他部门向采购部门提出采购申请，或采购部门汇总企业内部的采购需求列出采购清单 （2）订货。企业与供应商签订采购合同或采购协议，确定货物需求 （3）到货处理。采购订货和采购入库的中间环节，由采购业务员根据供货方通知或送货单填写，确认对方所送货物、数量、价格等信息 （4）入库处理。将供应商提供的货物经检验确认合格后，存入指定仓库的过程 （5）采购发票。供应商开出的销售货物的凭证，系统根据采购发票确认采购成本，并据以登记应付账款	（1）采购业务的起点，为采购订单提供建议内容，如供应商、订货日期等 （2）供应商依据采购订单组织货源，企业依据采购订单验收货物 （3）最后以到货单形式传递到仓库，作为仓库保管员收货的依据 （4）入库业务可在不同模块内进行，采购管理模块与库存管理模块集成应用时，在库存管理模块进行处理；反之，则在采购管理模块内进行 （5）按发票类型分为增值税专用发票、普通发票和运费发票	（1）采购请购单 企业内部 （2）采购订单 采购部门 （3）采购到货单 采购部门 （4）采购入库单 仓储部门 （5）采购发票 采购部门 财务部门
价值流动信息	采购成本核算过程。从入库处理开始，商流过程也开始了。包括：存货核算（记账）→生成记账凭证→成本记账凭证	无	采购结算单 财务部门
资金流动信息	采购付款结算过程。在取得采购发票后，进行付款单据处理→应付款、已付款记账凭证→总账的审核等	采购管理系统提供各种账表及查询功能，实现对采购业务的事中、事后分析	各种采购账表及总账 财务部门

4.4 采购管理系统构成及工作原理

采购管理系统有狭义与广义之分。狭义的采购管理系统，是对采购申请、采购订单、仓库入库、采购发票等综合运用的管理系统。而从企业产品经营的整体层面看，采购管理系统一定要与成本管理系统、财务管理系统进行连接，才能构成一个完整的采购业务过程。

本章采购管理系统是一个广义的概念，包括采购管理、库存管理、存货核算、应付款管理和总账五个子系统，覆盖采购部门、仓储部门、成本管理部门和财务部门的日常业务作业。

4.5 采购管理实验及指导

4.5.1 实验准备

已经完成第 3 章实验的操作。将系统时间调整为各实验的日期，以“操作人姓名”操作员（口令 001）的身份登录 001 账套的“企业门户”平台。

4.5.2 实验要求

(1) 掌握企业在日常业务中如何通过软件来处理采购业务及进行相关账表的查询。

(2) 掌握普通采购业务的物流处理、成本核算、应付款和总账归集的技能。

(3) 理解一些特殊采购业务的 ERP 处理过程。

4.5.3 普通采购业务

业务一资料：

(1) 2012 年 1 月 1 日，业务员倪雪向建昌公司询问键盘的价格（50 元/个，不含税单价），觉得价格合适，随后向公司上级主管提出请购要求，请购数量为 300 个。业务员据此填制请购单。

(2) 2012 年 1 月 2 日，上级主管同意向建昌公司订购键盘 300 个，单价为 50 元，要求到货日期为 2012 年 1 月 3 日。

(3) 2012 年 1 月 3 日收到所订购的键盘 300 个，填制到货单。

(4) 2012 年 1 月 3 日将所收到的货物验收入原材料仓库，填制采购入库单。

(5) 当天收到该笔货物的专用发票一张。

(6) 业务部门将采购发票交给财务部门，财务部门确认此业务所涉及的应付账款及采购成本。

操作步骤：

(1) 填制并审核请购单。

1) 进入采购管理系统，选择“请购”→“请购单”命令，进入“采购请购单”窗口。

2) 单击【增加】按钮，输入日期“2012-01-01”，选择部门“采购部”、业务员“倪雪”、存货编码“08”，输入数量“300”、供应商“建昌”，如图 4-2 所示。

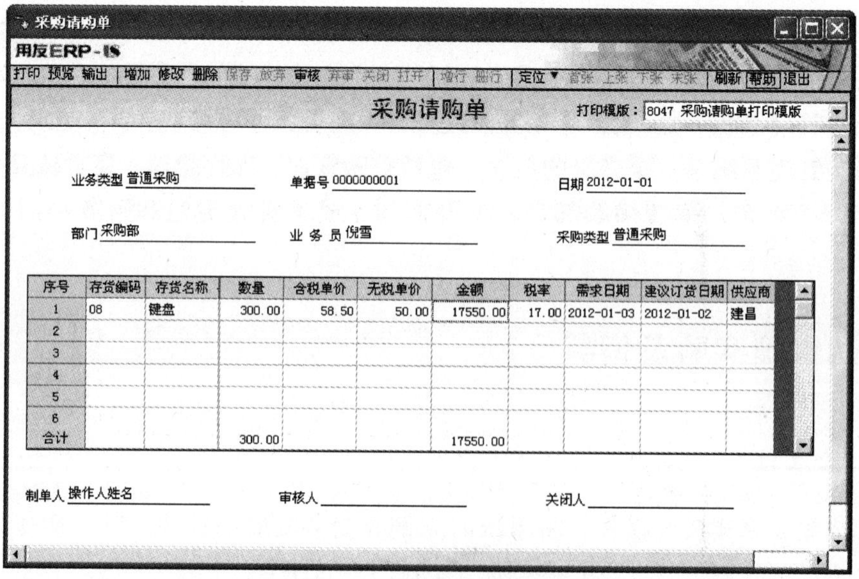

图 4-2 采购请购单录入

3）单击【保存】按钮进行保存，然后单击【审核】按钮对内容进行审核。

4）最后单击【退出】按钮退出。

注意：

1）请购单的制单人与审核人可以为同一人。

2）审核后的请购单不能直接修改。如果要修改审核后的请购单，需要先“弃审”，再“修改”，修改后单击【保存】按钮，保存修改信息。

3）没有审核的请购单可以直接删除；已经审核的请购单需要先“弃审”，然后才能删除。

4）可以在“采购请购单列表”里查询请购单信息。选择“部门编码：采购部”过滤条件，单击【过滤】按钮，进入“采购请购单列表”窗口，如图 4-3 所示。

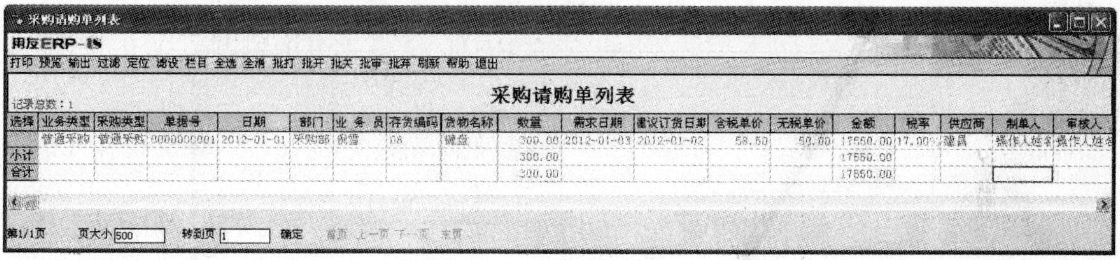

图 4-3　采购请购单列表

（2）填制并审核采购订单。

1）进入采购管理系统，选择“订货”→“采购订单”命令，进入“采购订单”窗口。

2）单击【增加】按钮，再单击鼠标右键，选择“拷贝采购请购单”选项（见图 4-4），打开“过滤条件”对话框。

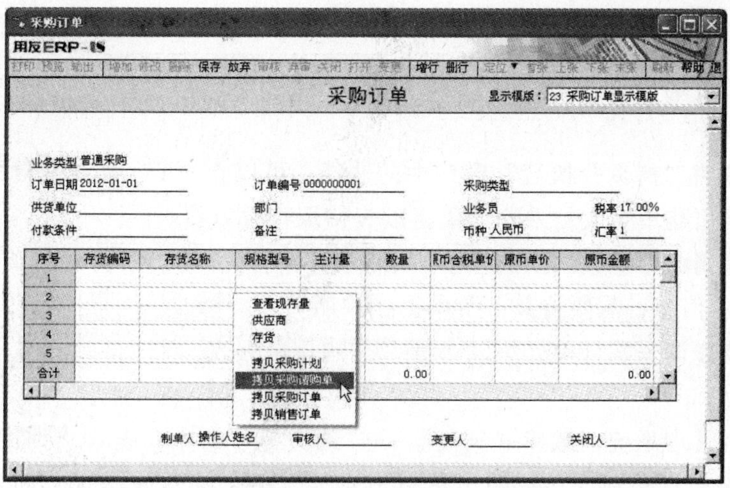

图 4-4　采购请购单（一）

3）单击【过滤】按钮，进入“生单选单列表”窗口，如图 4-5 所示。

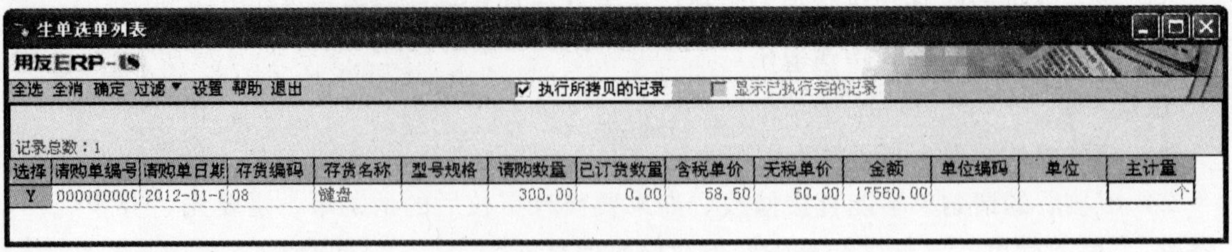

图 4-5　生单选单列表（一）

4）双击需要参照的采购请购单的“选择”栏，单击【OK】按钮，将采购请购单相关信息带入采购订单。单击【保存】按钮进行保存，如图 4-6 所示，然后单击【审核】按钮对内容进行审核，订单底部显示审核人姓名。

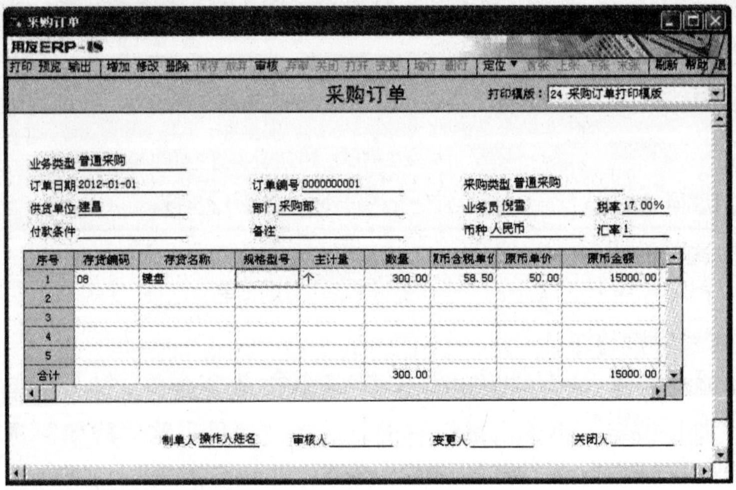

图 4-6　采购订单（一）

5）最后单击【退出】按钮退出。

注意：

1）如果要取消“拷贝并执行”窗口中的选择，可以在“Y”处双击鼠标左键取消。

2）拷贝采购请购单生成的采购订单可以直接保存并审核。

3）拷贝采购请购单生成的采购订单如果已经生成到货单或采购入库单，也不能直接修改、删除采购订单信息，需要将其下游单据删除后，才能修改。

4）如果需要查询采购订单，可以查看“采购订单列表”。

（3）填制到货单。

1）进入采购管理系统，选择“到货”→“到货单”命令，进入“到货单”窗口。

2）单击【增加】按钮，然后单击鼠标右键，选择“拷贝采购单”选项，打开“过滤条件”对话框。单击【过滤】按钮，进入“采购到货单”窗口。

3）双击需要参照的采购订单的“选择”栏，单击【确定】按钮，将采购订单相关信息带入到货单，如图 4-7 所示。

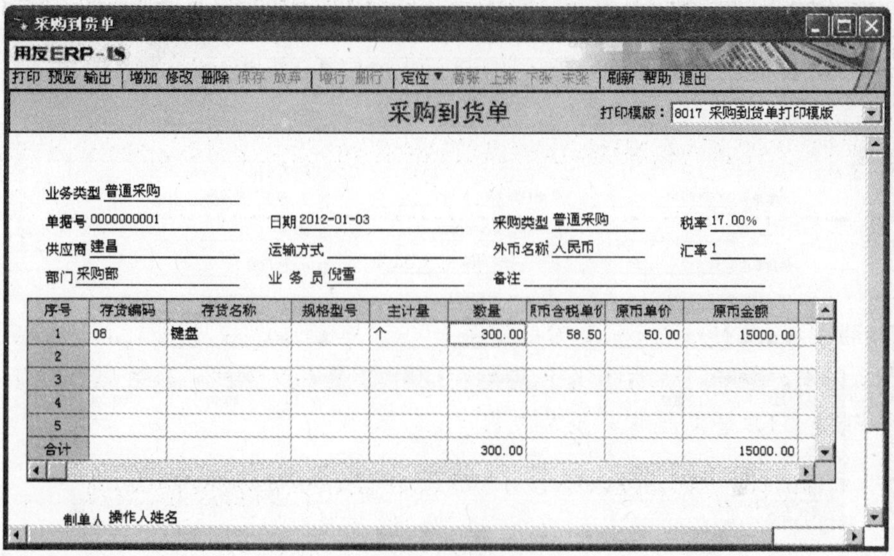

图 4-7 采购到货单

4）单击【保存】按钮进行保存，最后单击【退出】按钮退出。

注意：

1）采购到货单既可以手工录入，也可以拷贝采购订单生成到货单。

2）采购到货单不需审核。

3）没有生成下游单据的采购到货单可以直接删除。

（4）填制并审核采购入库单。

1）进入库存管理系统，选择“入库”→“入库单”命令，进入“采购入库单”窗口。

2）单击【生单】按钮，进入“选择采购订单或到货单”窗口。

3）打开“采购到货单”窗口，单击【过滤】按钮，选择需要参照的采购到货单，选择入库仓库“原材料仓库”，单击【确定】按钮，生成采购入库单，如图 4-8 所示。

4）单击【审核】按钮，系统出现“该单据审核成功！”信息框，单击【确定】按钮退出。

注意：

1）当采购管理模块与库存管理模块集成应用时，入库业务在库存管理模块进行；当采购管理模块不与库存管理模块集成应用时，入库业务在采购管理模块进行。

2）采购入库单审核后，进入专用采购发票和存货核算流程。

3）在库存管理系统中录入或生成的采购入库单，可以在采购管理系统中查看，但不能修改或删除。

4）如果在采购选项中设置了“普通业务必有订单”，则采购入库单不能手工录入，只能参照生成。如果需要手工录入采购入库单，则应先取消“普通业务必有订单”选项。

5）采购入库单可以拷贝采购订单生成，也可以拷贝采购到货单生成。如果拷贝采购订单生成，则单击【生单】按钮，打开“过滤条件选择”对话框，选择单据后单击【确定】按钮，即可生成采购入库单。

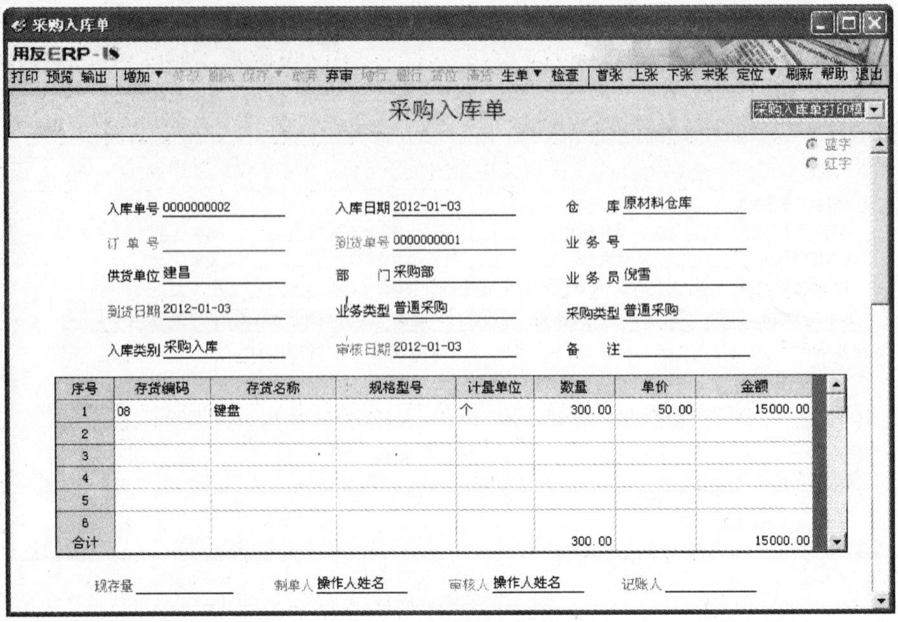

图 4-8 采购入库单（一）

（5）填制采购发票。

1）进入采购管理系统，选择“采购发票”→“专用采购发票”命令，进入“专用采购发票”窗口。

2）单击【增加】按钮，在表体处单击鼠标右键，选择“拷贝采购入库单”选项，打开“过滤条件”对话框。单击【过滤】按钮，进入“采购发票拷贝采购入库单”窗口。

3）选择需要参照的采购入库单，单击【确定】按钮，将采购入库单相关信息带入采购专用发票，输入发票号，如图 4-9 所示。单击【保存】按钮进行保存，采购专用发票填制完成。

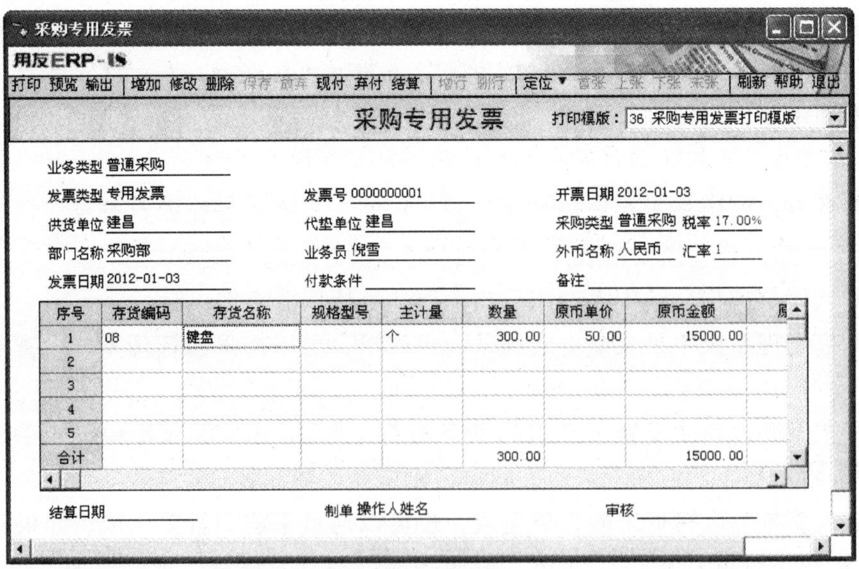

图 4-9 采购专用发票（一）

4）单击【结算】按钮，专用发票已结算，或者做自动结算业务，如图 4-10 所示。

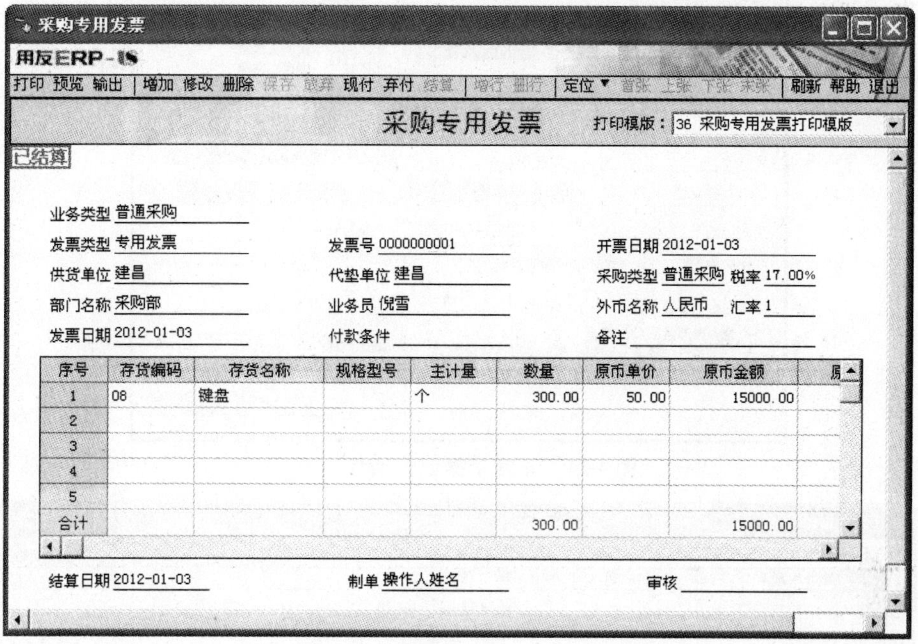

图 4-10　已结算采购专用发票（一）

（6）采购结算。采购结算就是采购报账，是采购人员根据采购入库单和采购发票核算采购入库成本。采购结算生成采购结算单，它是加载采购入库单记录与采购发票记录对应关系的结算对照表。采购结算分为自动结算和手工结算两种方式。

采购自动结算是由系统将符合条件的采购入库单记录和采购发票记录进行结算。系统按照三种结算模式进行自动结算：入库单和发票结算、红蓝入库单结算、红蓝发票结算。

注意：

1）执行采购结算后的单据不能进行修改、删除操作。

2）如果需要删除已经结算的发票或采购入库单，可以在“结算单列表”中打开该结算并删除，这样才能对采购发票或采购入库单执行相关的修改和删除。

3）在第（5）步中，已经对实验一的专用发票进行了手工结算操作。

（7）采购成本核算。采购成本的核算在存货核算系统中进行。只有存货核算系统记账后，才能确认采购商品的采购成本。

1）在存货核算系统中，选择“业务核算”→“正常单据记账”命令，打开“正常单据记账条件”窗口。

2）选中“仓库”中的“原材料仓库”复选框，如图 4-11 所示。

3）单击【确认】按钮，打开“正常单据记账”窗口。

4）单击要选择的单据，如图 4-12 所示。

5）单击【记账】按钮，采购入库单显示记账。

6）单击【退出】按钮退出。

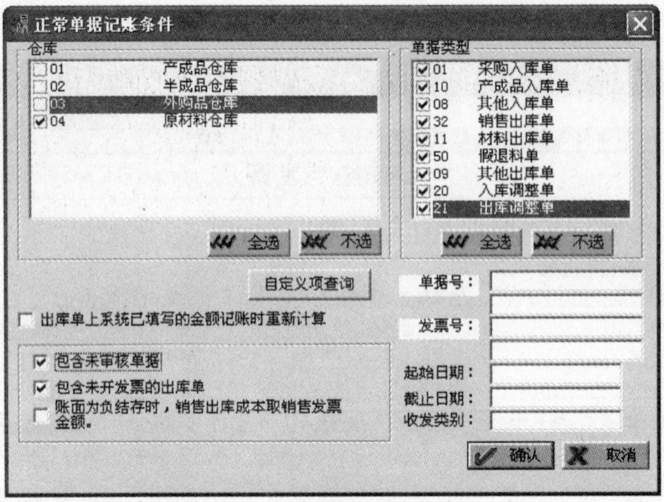

图 4-11 正常单据记账条件（一）

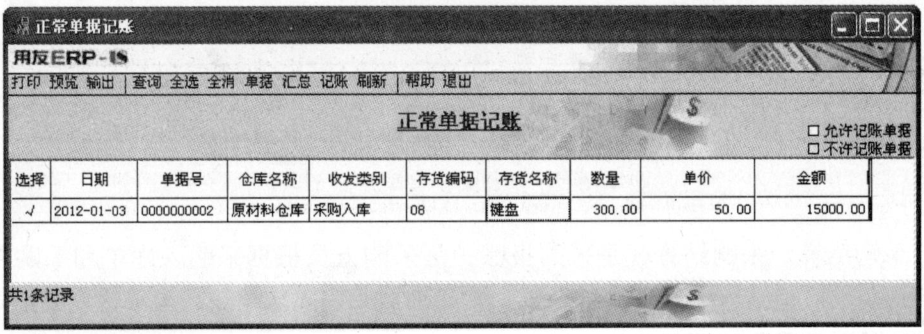

图 4-12 正常单据记账（一）

7）选择“财务核算”→“生成凭证”命令，打开“生成凭证”窗口。

8）单击【选择】按钮，打开“查询条件”对话框。

9）选中“（01）采购入库单（报销记账）”复选框，如图 4-13 所示。

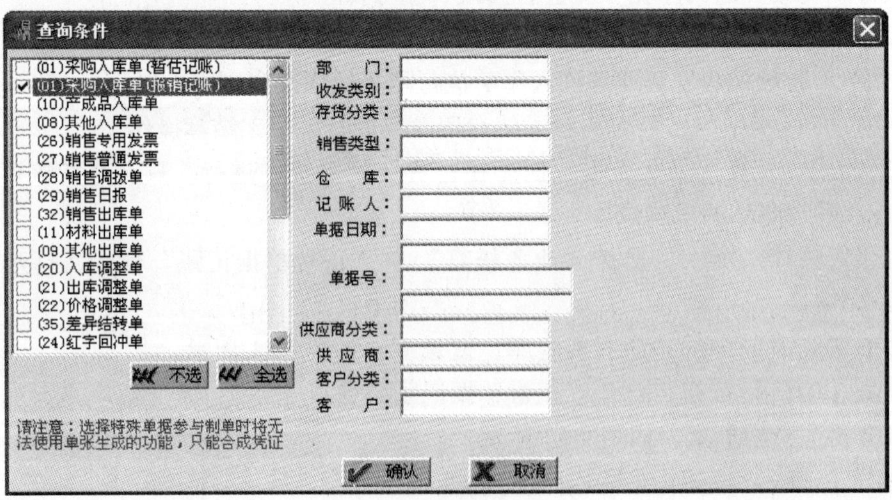

图 4-13 查询条件（一）

10）单击【确认】按钮，打开“未生成凭证单据一览表”窗口，如图4-14所示。

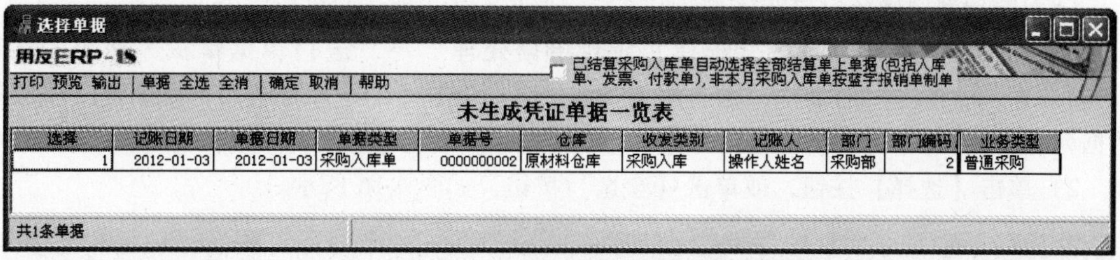

图4-14　未生成凭证单据一览表

11）单击“选择”栏或单击【全选】按钮，选中待生成凭证的单据，单击【确定】按钮。

12）单击【生成】按钮，生成一张记账凭证。修改凭证日期为“2012-01-03”。

13）单击【保存】按钮进行保存，如图4-15所示。

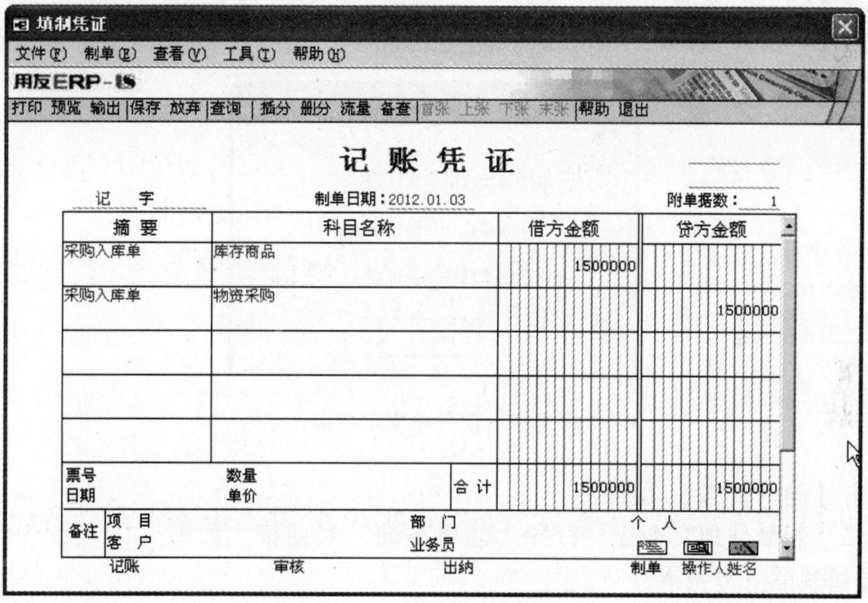

图4-15　存货入库的记账凭证

14）单击【退出】按钮退出。

注意：

1）采购业务成本核算有多种情况，本章以采购入库单计算成本。

2）如果存货核算记账出错，可以进行恢复记账处理：

选择“存货核算”→“业务核算”→“恢复记账”命令，进入“恢复单据记账条件”窗口。单击【确定】按钮，进入“恢复记账”窗口；单击【选择】和【恢复】按钮，回到“正常单据记账”窗口。

3）选择“财务会计”→“总账”→“凭证”→“查询凭证”命令，可以在弹出的

“凭证查询”对话框中选择凭证类别及月份，查询凭证。

（8）财务部门确认应付账款。

1）进入应付款管理系统，选择“应付单据处理”→“应付单据审核”命令，打开“应付单据过滤条件”对话框，输入相关查询条件。单击【确定】按钮后，系统弹出“应付单据列表”窗口。

2）单击【选择】按钮，或单击【全选】按钮，如图 4-16 所示。

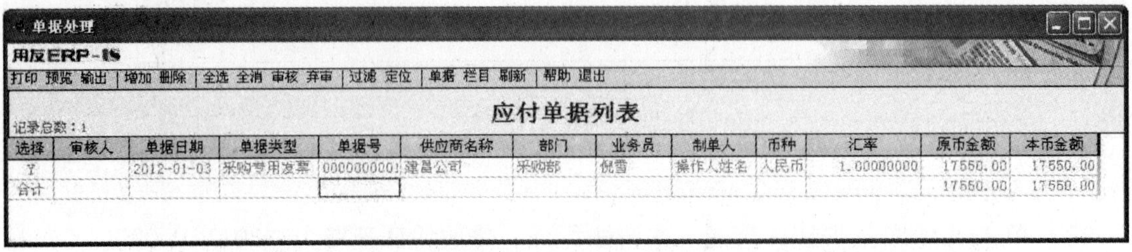

图 4-16 应付单据列表

3）单击【审核】按钮，系统完成审核并给出审核报告，如图 4-17 所示。

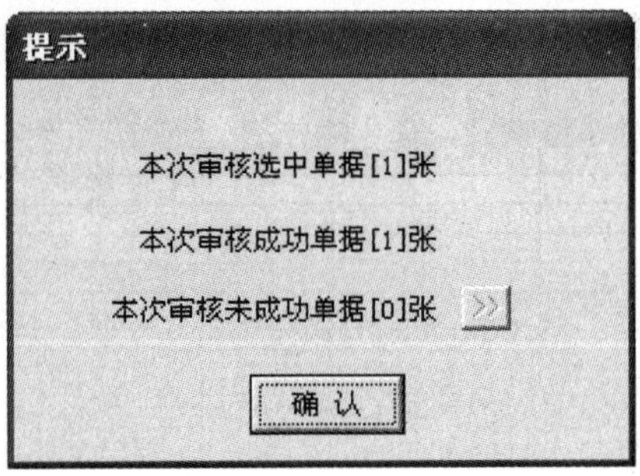

图 4-17 应付单据审核报告

4）单击【确认】按钮退出。

5）选择“制单处理”命令，打开“制单查询”对话框，如图 4-18 所示。在对话框左侧选中“发票制单”复选框。

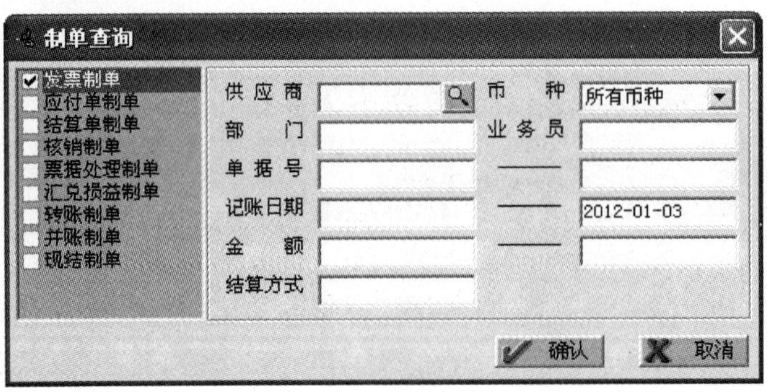

图 4-18 制单查询

6）单击【确认】按钮，打开“制单”窗口。

7）凭证类别选择“记账凭证”，制单日期为“2012-01-03”，再单击【全选】按钮，选中要制单的“采购入库单”，如图4-19所示。

图4-19 采购发票制单

8）单击【制单】按钮，即生成一张记账凭证，如图4-20所示。

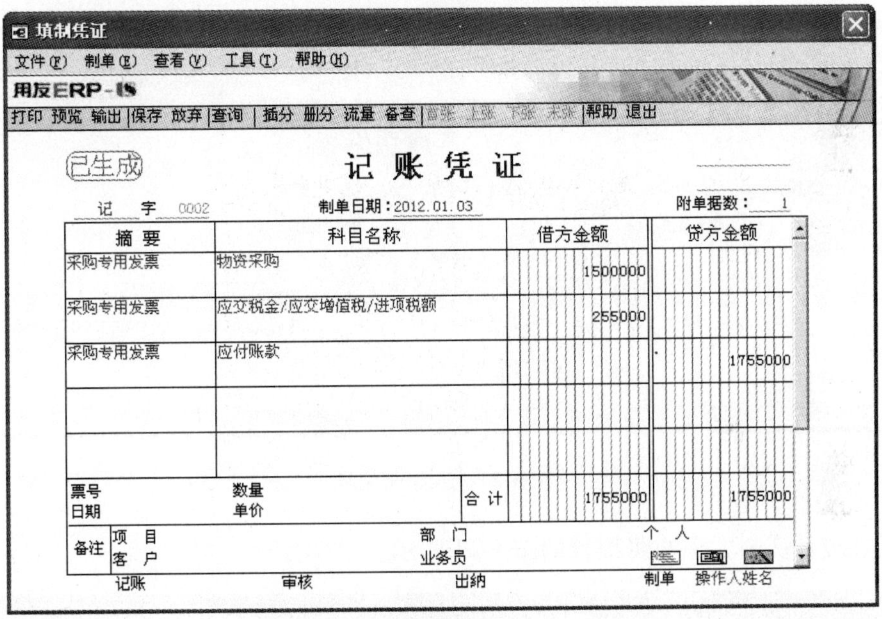

图4-20 采购专用发票生成记账凭证

（9）账表查询。

1）在采购系统中，订单执行统计表如图4-21所示。

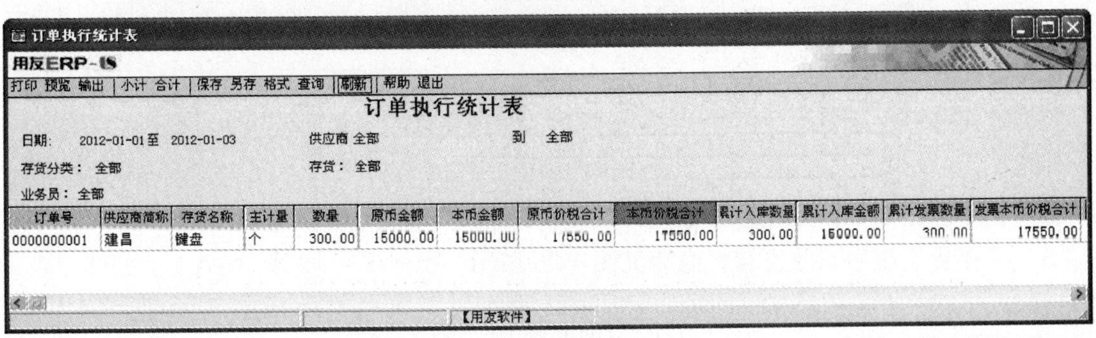

图4-21 订单执行统计表（一）

2）在采购系统中，到货明细表如图 4-22 所示。

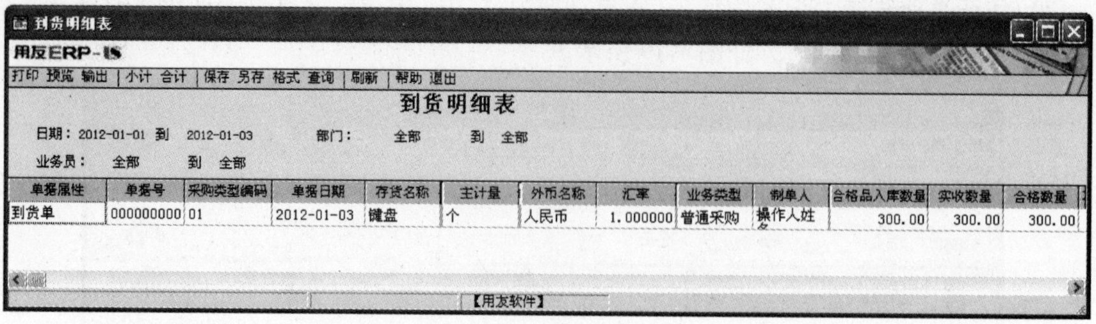

图 4-22 到货明细表

3）在采购系统中，入库明细表如图 4-23 所示。

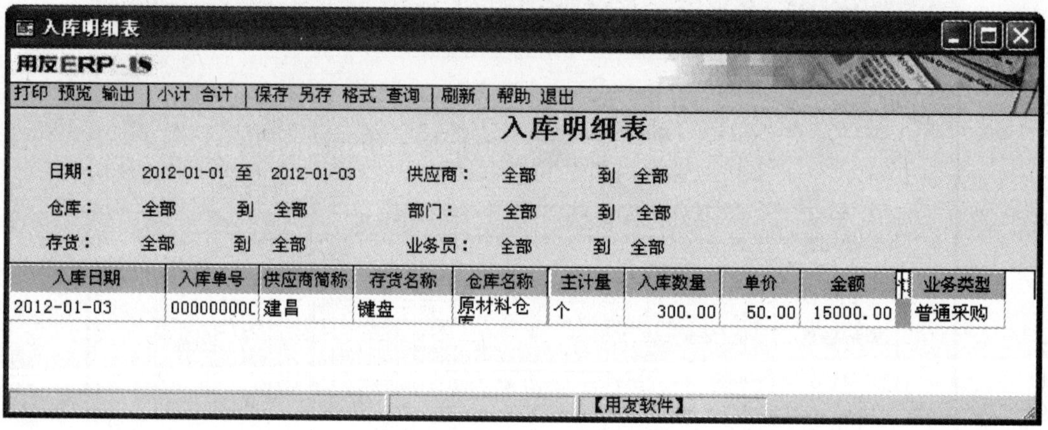

图 4-23 入库明细表

4）在采购系统中，采购明细表如图 4-24 所示。

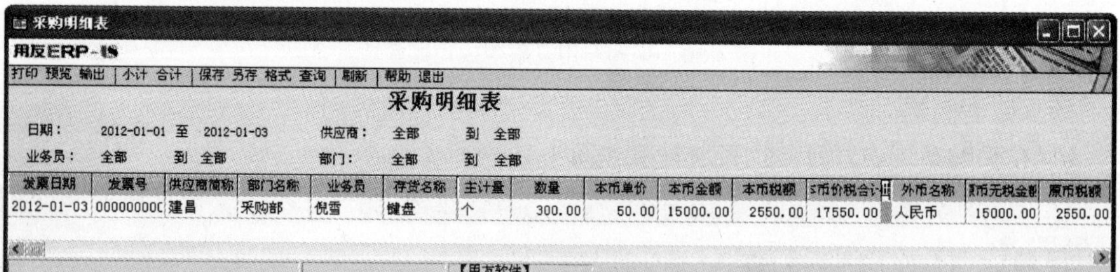

图 4-24 采购明细表

5）在库存系统中，库存台账如图 4-25 所示。

6）在存货系统中，收发存汇总表如图 4-26 所示。

（10）账套备份。在 E:\“北京朝阳电脑有限公司”文件夹中新建“4—业务一”文件夹，将账套输出至其中。

库存台账

分类：外购品　编码：08　名称：键盘　代码：　规格：

单位：个　辅计量单位：　安全库存：　最高库存：　最低库存：

单据日期	审核日期	单据号	摘　要	换算率	收入件数	收入数量	发出件数	发出数量	结存件数	结存数量
			期初结存						0.00	480.00
2012-01-03	2012-01-03	0000000002	原材料仓库		0.00	300.00			0.00	780.00
			本月合计		0.00	300.00	0.00	0.00	0.00	780.00
			本年累计		0.00	300.00	0.00	0.00	0.00	780.00

当前页：1 总页数：1

图 4-25　库存台账

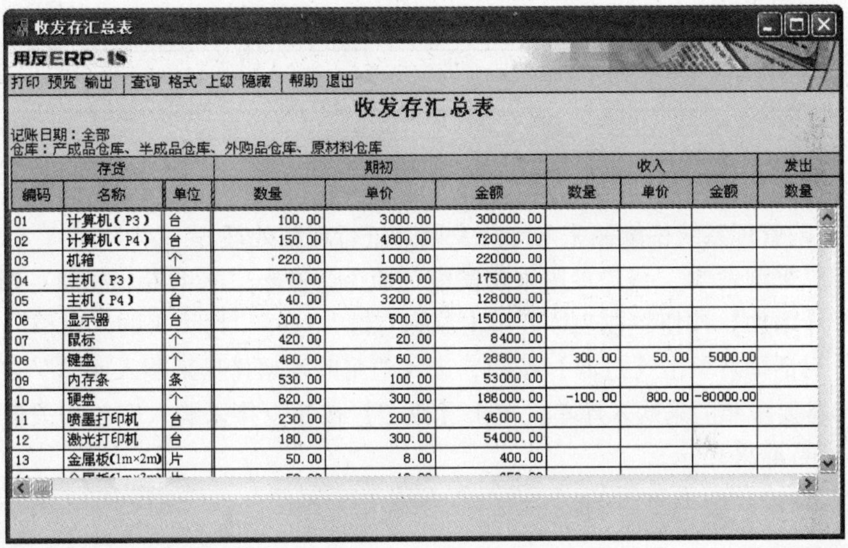

收发存汇总表

记账日期：全部

仓库：产成品仓库、半成品仓库、外购品仓库、原材料仓库

存货			期初			收入			发出
编码	名称	单位	数量	单价	金额	数量	单价	金额	数量
01	计算机(P3)	台	100.00	3000.00	300000.00				
02	计算机(P4)	台	150.00	4800.00	720000.00				
03	机箱	个	220.00	1000.00	220000.00				
04	主机(P3)	台	70.00	2500.00	175000.00				
05	主机(P4)	台	40.00	3200.00	128000.00				
06	显示器	台	300.00	500.00	150000.00				
07	鼠标	个	420.00	20.00	8400.00				
08	键盘	个	480.00	60.00	28800.00	300.00	50.00	5000.00	
09	内存条	条	530.00	100.00	53000.00				
10	硬盘	个	620.00	300.00	186000.00	-100.00	800.00	-80000.00	
11	喷墨打印机	台	230.00	200.00	46000.00				
12	激光打印机	台	180.00	300.00	54000.00				
13	金属板(1m×2m)	片	50.00	8.00	400.00				

图 4-26　收发存汇总表

4.5.4　现付采购款业务

业务二资料：

2012 年 1 月 5 日向建昌公司购买鼠标 300 个，单价为 50 元，验收入原料仓库。同时收到专用发票一张，立即以支票形式支付货款。

操作步骤：

(1) 在库存管理系统中直接填制并审核采购入库单。

1) 选择“入库业务”→“采购入库单”命令，进入“采购入库单”窗口。

2) 单击【增加】按钮，输入入库日期“2012-01-05”，选择仓库“原材料仓库”、入库类型“采购入库”、供货单位“建昌”、采购类型“普通采购”、存货名称“鼠标”，输入数量“300”、单价“50”。如图 4-27 所示。

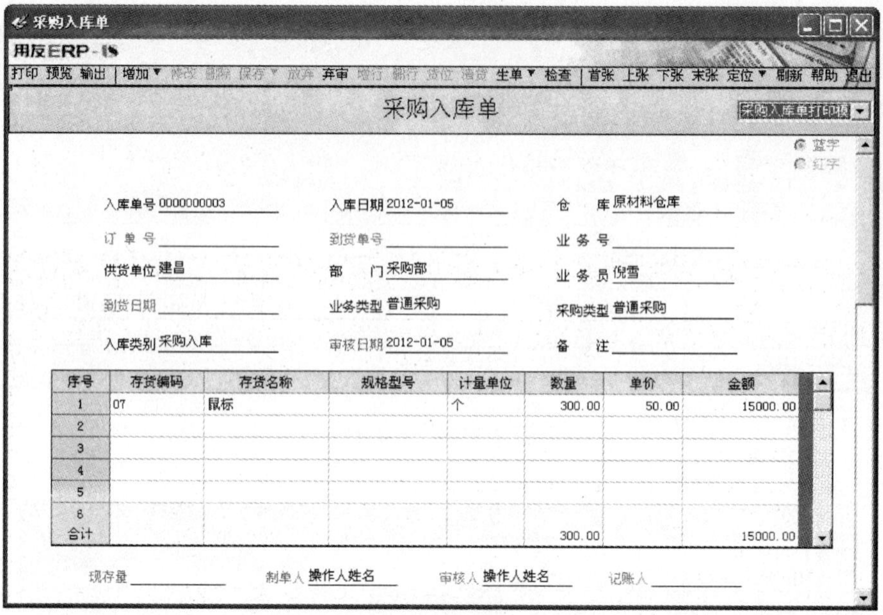

图 4-27 采购入库单（二）

3）单击【保存】按钮进行保存，再单击【审核】按钮，完成该单据的审核。

（2）在采购管理系统中填制采购专用发票并进行现结处理。

1）选择“采购发票”→“专用采购发票”命令，进入“采购专用发票”窗口。

2）单击【增加】按钮，在表体处单击鼠标右键，选择“拷贝采购入库单”选项，打开“过滤条件”对话框。单击【过滤】按钮，进入“采购发票拷贝采购入库单”窗口。

3）选择需要参照的采购入库单，单击【确定】按钮，将采购入库单相关信息带入采购专用发票，如图 4-28 所示。

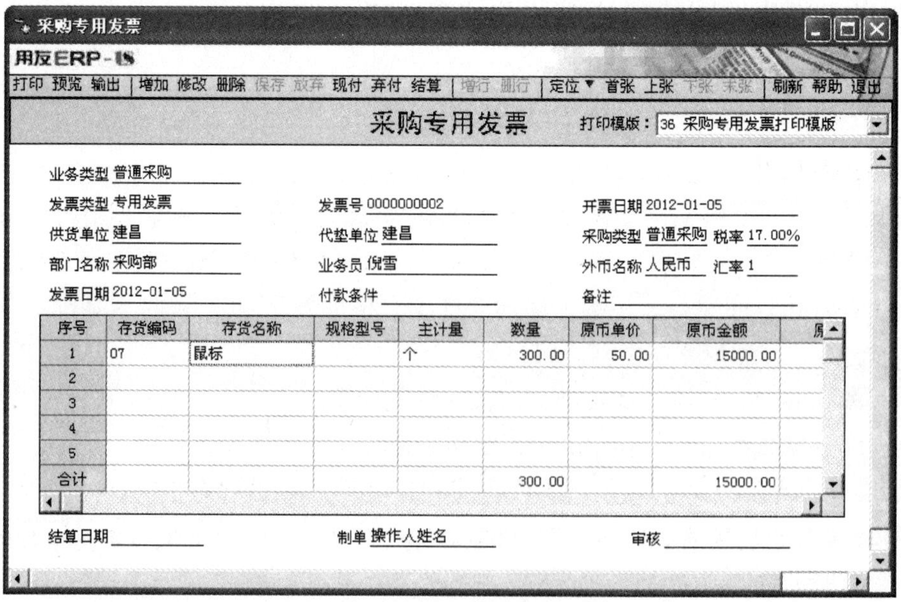

图 4-28 采购专用发票（二）

4）单击【保存】按钮进行保存，再单击【现付】按钮，打开“采购现付”对话框。

5）“结算方式”选择“支票结算”，输入金额“17550”、银行账号等，单击【确定】按钮，发票左上角显示“已现付”标志。

6）在采购管理系统中，选择“采购结算”→“自动结算”命令，发票左上角显示“已结算”标志，如图4-29所示。

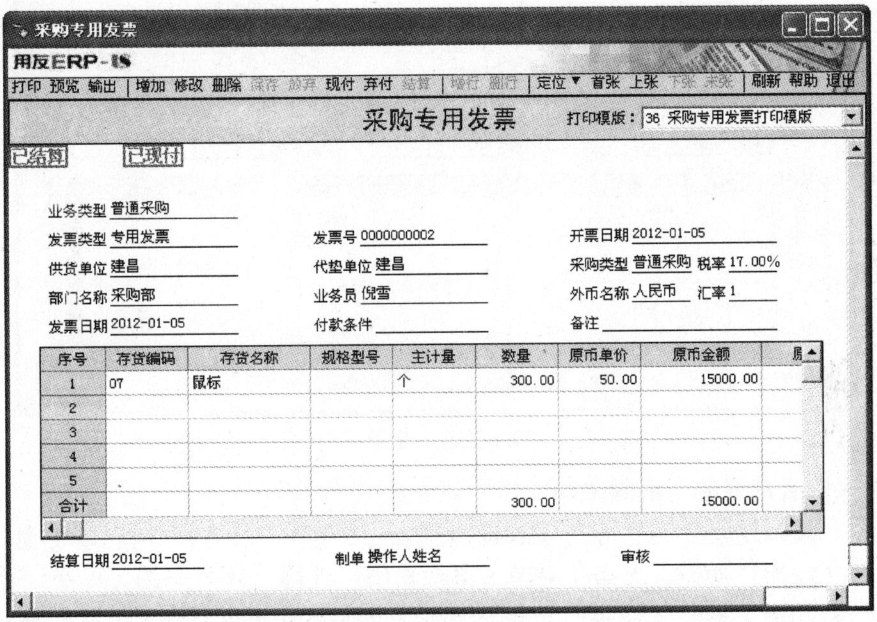

图4-29 已结算采购专用发票（二）

（3）账套备份。在E：\“北京朝阳电脑有限公司”文件夹中新建“4—业务二”文件夹，将账套输出至其中。

4.5.5 采购业务运费处理

业务三资料：

2012年1月6日向建昌公司购买硬盘200个，单价为800元，验收入原料仓库。同时收到专用发票一张。另外，在采购的过程中发生了一笔运输费200元，税率为7%，收到相应的运费发票一张。

操作步骤：

（1）在库存管理系统中直接填制并审核采购入库单。

1）选择“入库业务”→“采购入库单”命令，进入“采购入库单”窗口。

2）单击【增加】按钮，输入入库日期“2012-01-06”，选择仓库“原材料仓库”、入库类别“采购入库”、供货单位“建昌”、采购类型“普通采购”、存货名称“硬盘”，输入数量“200”、单价“800”。

3）单击【保存】按钮进行保存，再单击【审核】按钮，完成该单据的审核。如图4-30

所示。

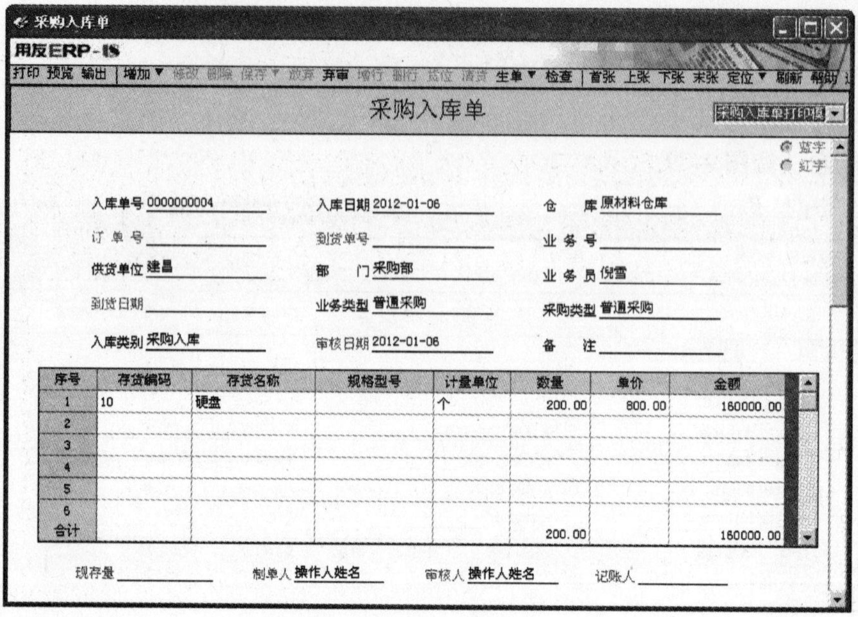

图 4-30 采购入库单（三）

（2）在采购管理系统中填制采购专用发票。

1）选择“采购发票”→“专用采购发票”命令，进入“采购专用发票”窗口。

2）单击【增加】按钮，在表体处单击鼠标右键，选择“拷贝采购入库单”选项，打开“过滤条件”对话框。单击【过滤】按钮，进入“采购发票拷贝采购入库单”窗口。

3）选择需要参照的采购入库单，单击【确定】按钮，将采购入库单相关信息带入采购专用发票，单击【保存】按钮进行保存，如图 4-31 所示。

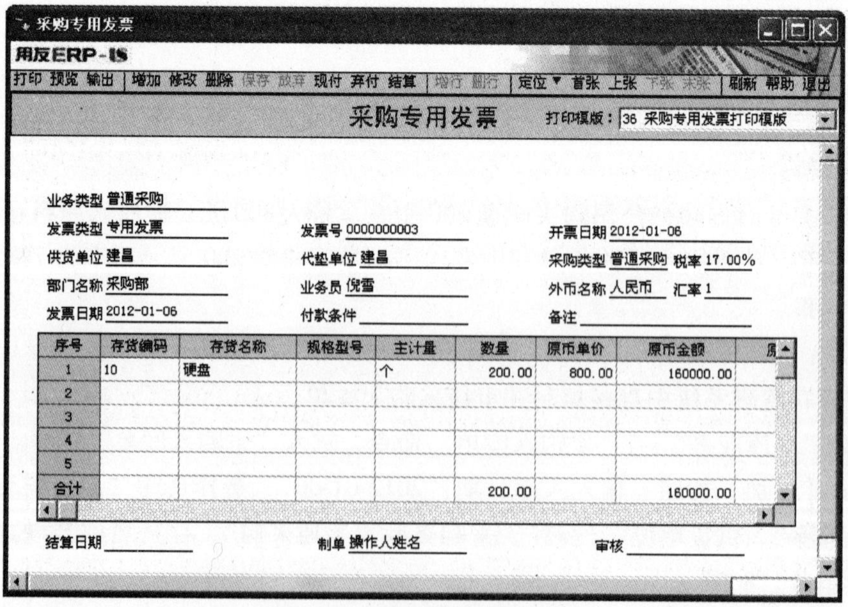

图 4-31 采购专用发票（三）

（3）在采购管理系统中填制运费发票。

在采购管理系统中，选择“采购发票”→“运费发票”命令，单击【增加】按钮，手工输入一张运费发票。输入表体内容，存货名称为“运输费”，单击【保存】按钮进行保存，如图4-32所示。

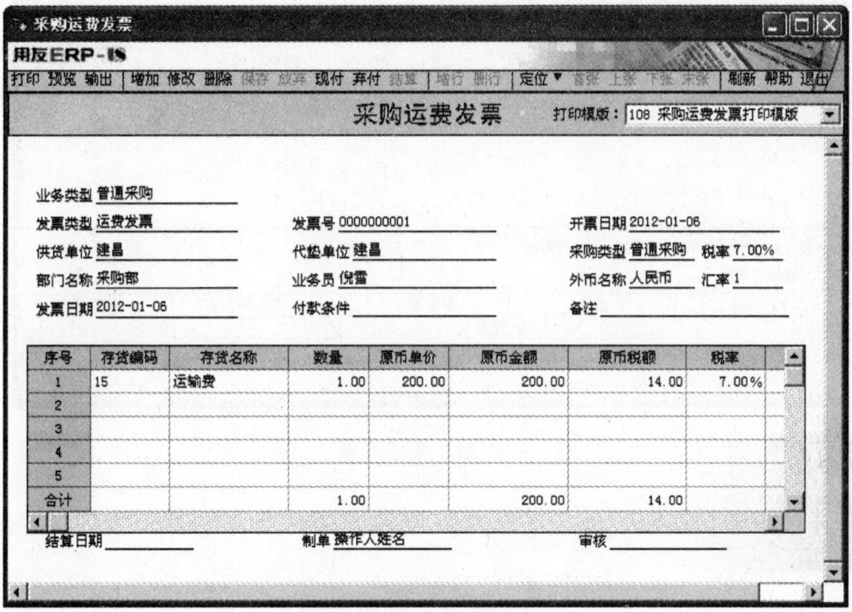

图4-32 采购运费发票

（4）手工结算单据。

1）在采购管理系统中，选择“采购结算”→“手工结算”命令，打开“手工结算”窗口。

2）单击【选单】按钮，再单击【刷入】按钮和【刷票】按钮，选择采购入库单、采购发票和运费发票，如图4-33所示。

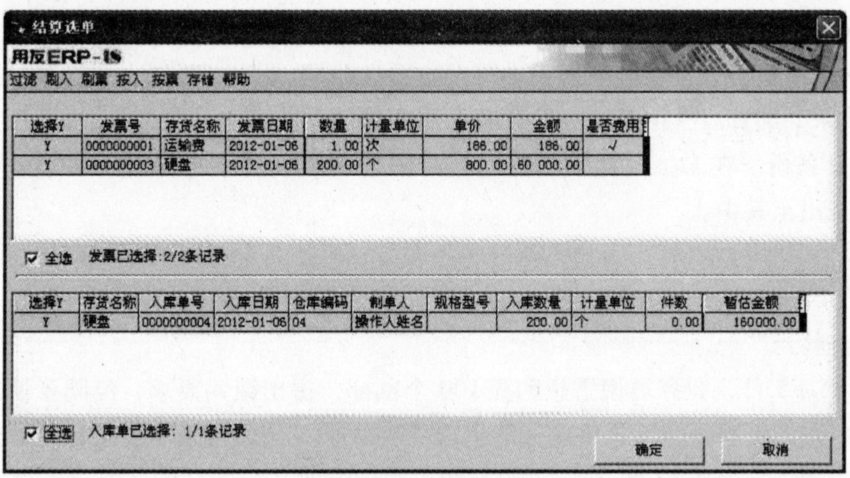

图4-33 结算选单（一）

3）单击【确定】按钮，结果如图 4-34 所示。

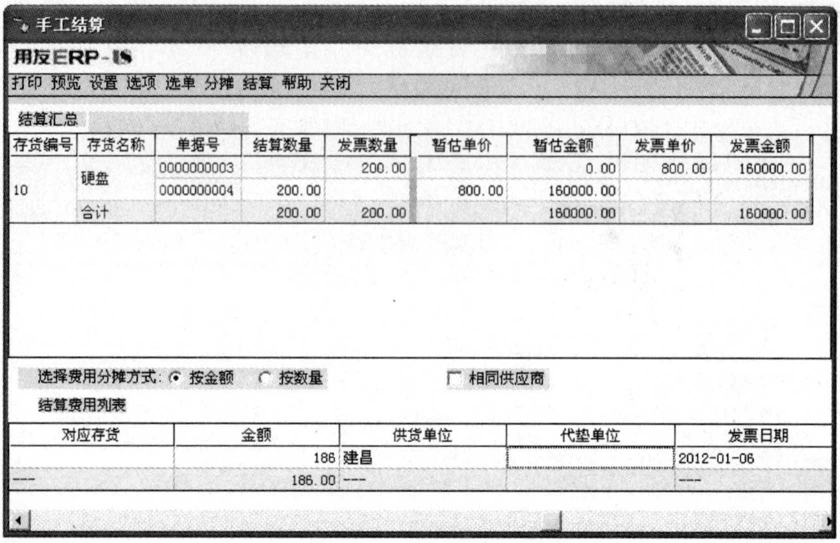

图 4-34　手工结算

4）选中【按数量】按钮，单击【分摊】按钮，再单击【结算】按钮，系统弹出“完成结算”信息提示框。

5）单击【确定】按钮，完成采购入库单、采购发票和运费发票之间的结算。

6）查询结算单列表，可以查询到硬盘结算单。运行“采购结算”→“结算单列表”命令，打开“采购结算单过滤条件”窗口。暂估单价为 800，结算单价为 800.93，即为分摊运费后的单价。

7）单击【退出】按钮退出。

注意：

1）采购运费发票只能手工录入，并将运输费用视为一项“存货”。

2）采购入库单、采购发票与运费发票之间只能通过手工完成采购结算。

3）采购运费既可以按金额分摊，也可以按数量分摊。

4）完成采购结算后，由系统自动计算入库存货的采购成本。

（5）账套备份。在 E:\“北京朝阳电脑有限公司”文件夹中新建“4—业务三”文件夹，将账套输出至其中。

4.5.6 采购比价

业务四资料：

2012 年 1 月 5 日，业务员倪雪想购买 100 个鼠标，提出请购要求，经同意填制并审核请购单。根据以往的资料得知，提供鼠标的供应商有两家，分别为兴华公司和建昌公司，他们的报价分别为 25 元/个和 30 元/个。通过比价，决定向兴华公司订购，要求到货日期为 2012 年 1 月 6 日。假定 2012 年 1 月 6 日尚未收到该货物，向兴华公司发出催货函。

操作步骤：

（1）在采购系统中，定义供应商存货对照表。

1）选择“采购管理”→“编码档案”→“供应商存货对照表”命令，输入供应商及存货信息后如图4-35所示。

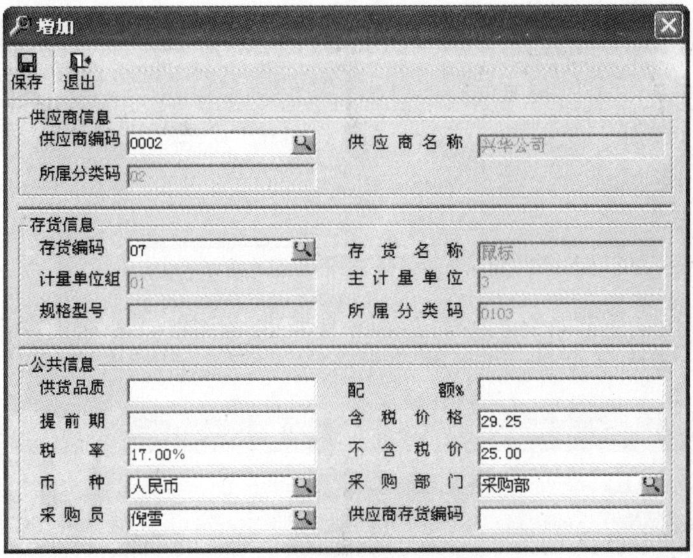

图4-35 增加供应商存货对照表

2）单击【保存】按钮进行保存，单击【退出】按钮退出。

（2）在采购系统中，填制并审核请购单。

1）进入采购管理系统，选择“请购”→“请购单”命令，进入“采购请购单”窗口。

2）单击【增加】按钮，输入日期“2012-01-05”，选择部门“采购部”、业务员“倪雪”、存货编码“07”，输入数量“100”，供应商处为空，如图4-36所示。单击【保存】按钮进行保存。

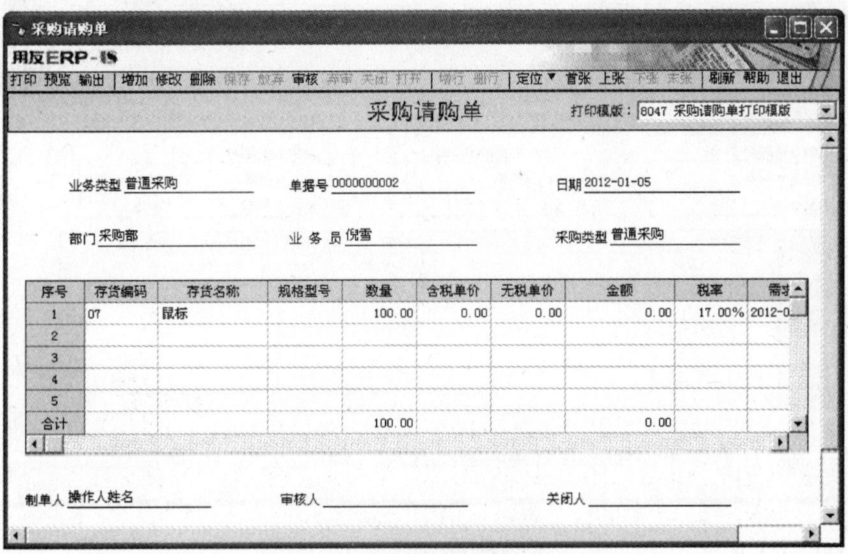

图4-36 采购请购单（二）

3）单击【审核】按钮进行审核，再单击【退出】按钮退出。

（3）在采购系统中，执行请购比价生成订单功能。

1）选择“采购管理”→“采购订货”→“请购比价生单”命令，此时如图4-37所示，在供应商编码处无显示。

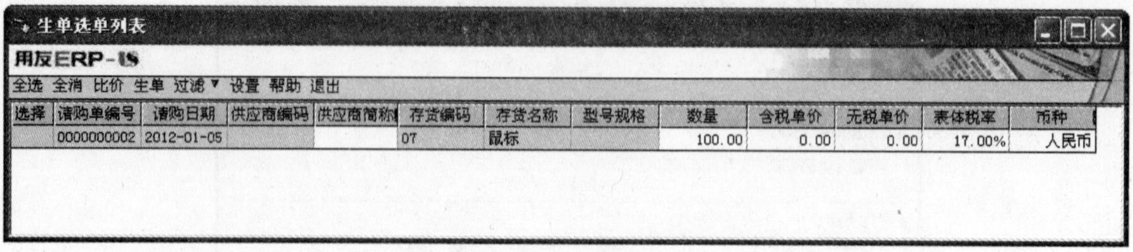

图4-37 生单选单列表（二）

2）选中请购单，单击【比价】按钮，如图4-38所示，供应商简称出现“兴华”，说明经过系统筛选，决定采购兴华公司的货物。

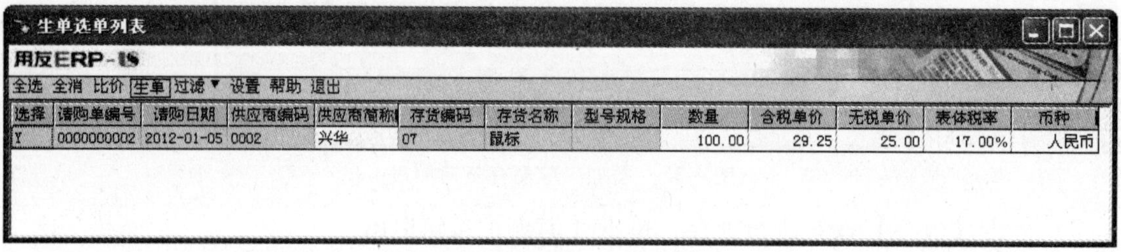

图4-38 系统筛选出供应商

3）单击【生单】按钮，系统显示“生单成功!”之后，在“采购订单”中可以看到新生成的采购订单，如图4-39所示。单击【审核】按钮进行审核。

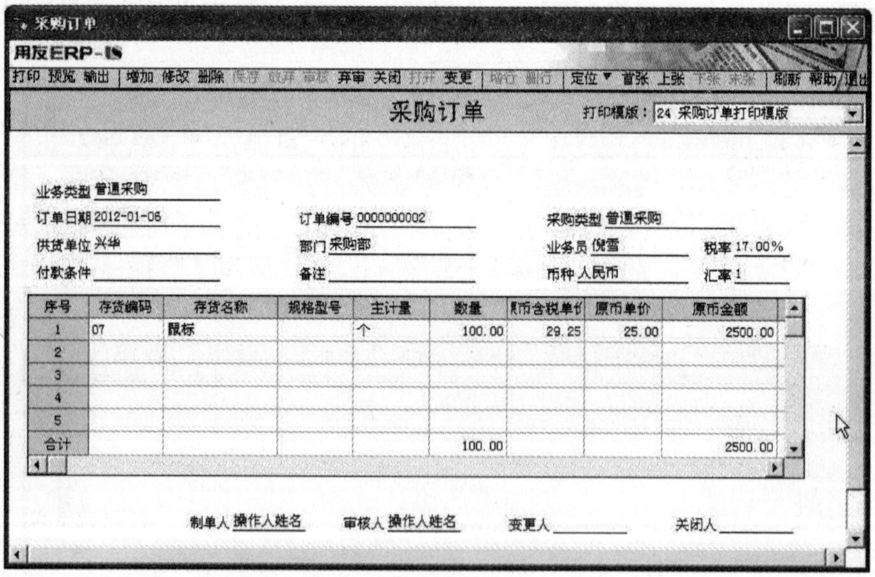

图4-39 采购订单（二）

（4）在采购系统中，查询供应商催货函。

1）选择“采购管理”→“订货”→“供应商催货函”命令，输入到货日期“2012-01-06”，按【过滤】按钮进行过滤。

2）查询“供应商催货函”。

（5）账套备份。在E:\“北京朝阳电脑有限公司”文件夹中新建“4—业务四”文件夹，将账套输出至其中。

4.5.7 未开发票退货业务

业务五资料：

2012年1月10日收到建昌公司提供的显示器，数量202套，单价为1150元，验收入原料仓库。

2012年1月11日仓库反映有2台显示器有质量问题，要求退回供应商。

2012年1月11日收到建昌公司开具的专用发票一张。

操作步骤：

（1）收到货物时，在库存系统中填制入库单。

1）选择“入库业务”→“采购入库单”命令，进入“采购入库单”窗口。

2）单击【增加】按钮，输入入库日期“2012-01-10”，选择仓库“原材料仓库”、入库类型“采购入库”、供应单位“建昌”、采购类型“普通采购”、存货“显示器”，输入数量“202”，单价“1150”。

3）单击【保存】按钮进行保存，再单击【审核】按钮，完成该单据的审核，如图4-40所示。

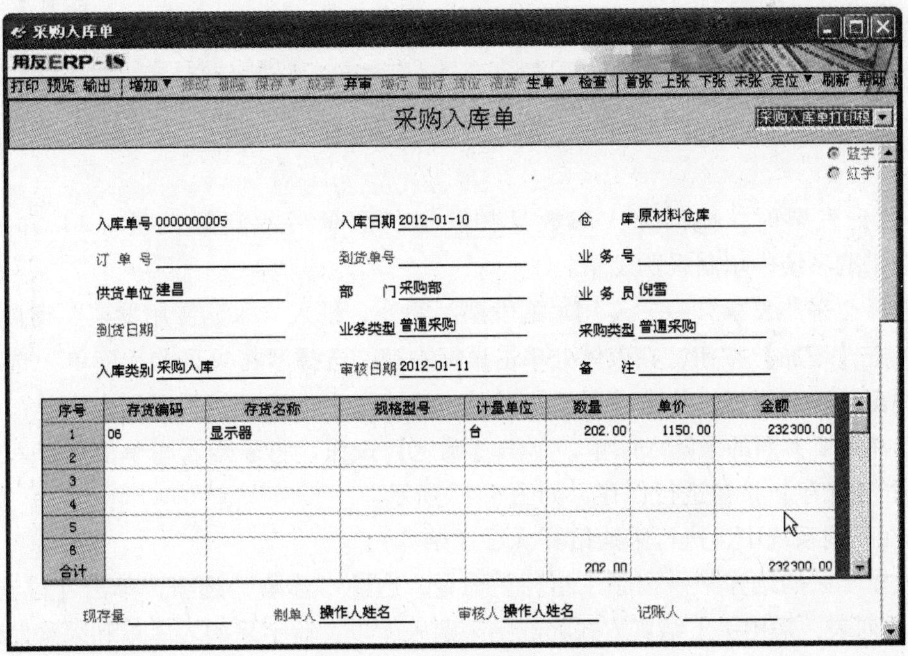

图4-40 采购入库单（四）

注意：

系统默认采购入库单是“蓝字”。

（2）退货时，在库存系统中填制红字入库单。

1）选择“入库业务”→“采购入库单”命令，进入“采购入库单”窗口。

2）单击【增加】按钮，输入入库日期“2012-01-11”，选择仓库“原材料仓库”、入库类型“采购入库”、供应单位“建昌”、采购类型“普通采购”、存货“显示器”，输入数量“-2”、单价“1150”。注意在票据右上角处，选择“红字”。

3）单击【保存】按钮进行保存，再单击【审核】按钮，完成该单据的审核，如图4-41所示。

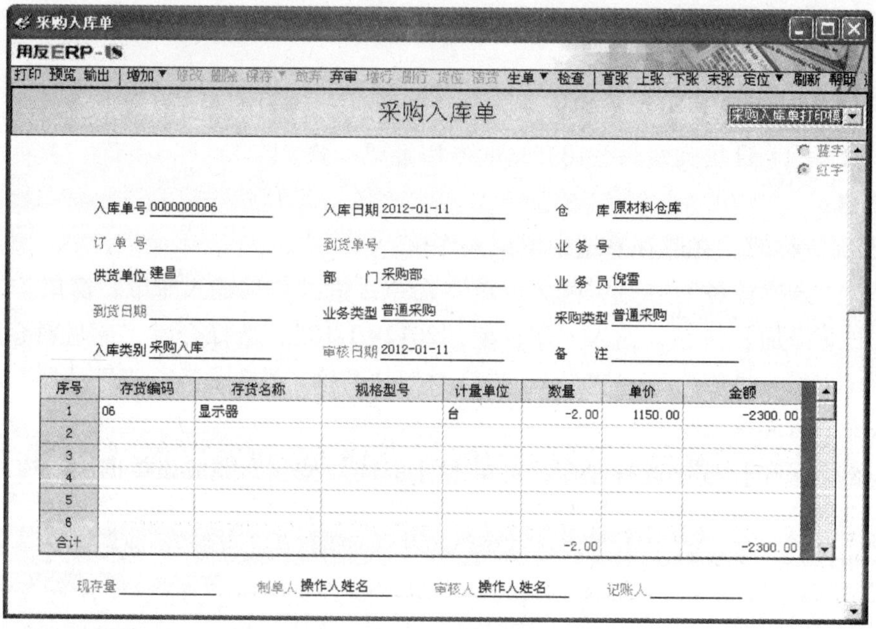

图4-41 红字采购入库单

（3）收到发票时，根据原入库数量扣除退货数量后的实际数量（2）和发票单价（1150）在采购系统中填制采购发票。

1）选择“采购发票”→“专用采购发票”命令，进入“采购专用发票”窗口。

2）单击【增加】按钮，在表体处单击鼠标右键，选择“拷贝采购入库单”选项，打开“过滤条件窗口”对话框。单击【过滤】按钮，进入“采购发票拷贝采购入库单”窗口。

3）选择需要参照的采购入库单，单击【确定】按钮，将采购入库单信息带入采购专用发票，单击【保存】按钮进行保存，如图4-42所示。

（4）在采购系统中，执行采购结算（手工结算）。

1）选择“采购结算”→“手工结算”命令，选择“选单”选项，单击【过滤】按钮，打开结算单列表，采用手工结算方式将红字采购入库单、蓝字采购入库单和采购发票进行结算，冲抵原入库数量。

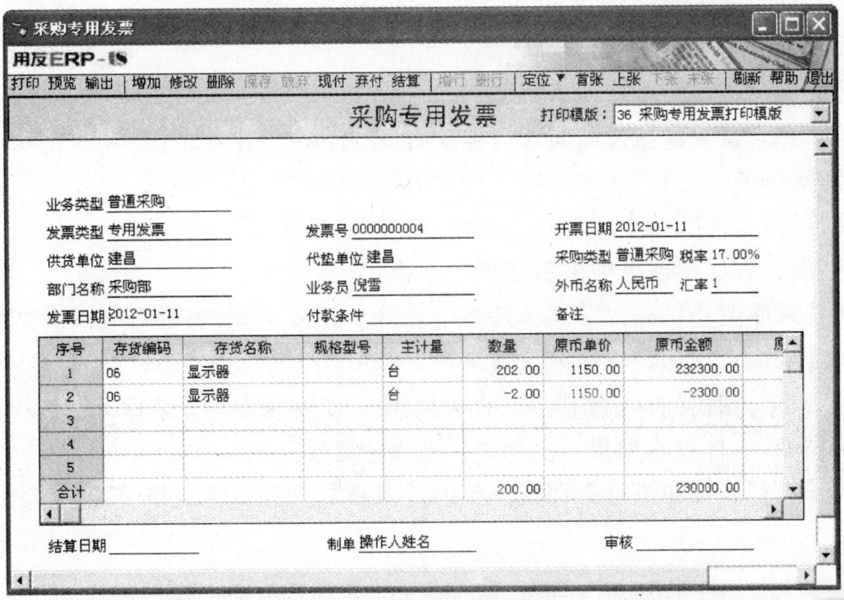

图 4-42 采购专用发票（四）

2）单击【结算】按钮，完成结算。

3）在采购管理系统中，选择“采购结算”→“结算单列表”命令，选中所要查询的采购结算单记录并双击，打开该结算表。采购结算表如图 4-43 所示。

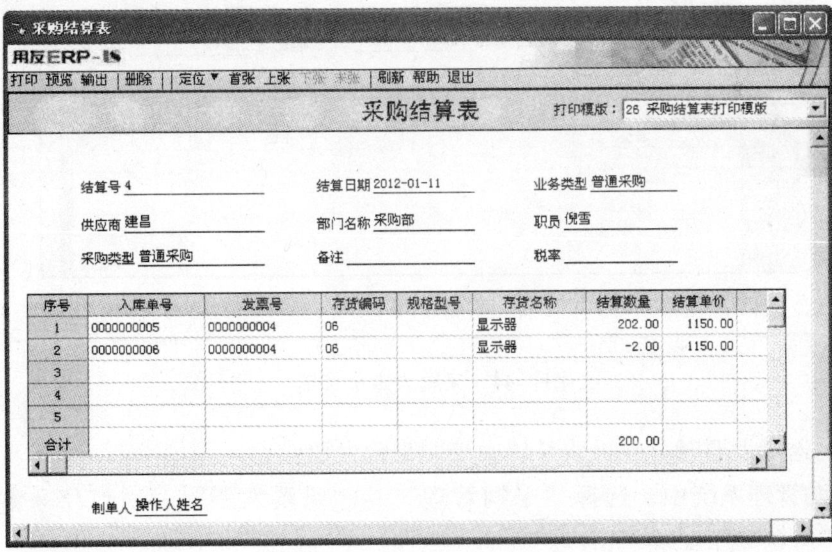

图 4-43 采购结算表（一）

（5）账套备份。在 E：\“北京朝阳电脑有限公司”文件夹中新建“4—业务五”文件夹，将账套输出至其中。

4.5.8 已开发票退货业务

业务六资料：

2012 年 1 月 15 日从建昌公司购入的键盘质量有问题，退回 2 个，单价为 95 元，同时收到红字专用发票一张。

操作步骤：

（1）退货时，在库存系统中填制红字入库单。

1）选择“入库业务”→“采购入库单”命令，进入“采购入库单”窗口。

2）单击【增加】按钮，输入入库日期“2012-01-15”，选择仓库“原材料仓库”、入库类型“采购入库”、供应商“建昌”、采购类型“普通采购”、存货“键盘”，输入数量“－2”、单价“95”。注意在票据右上角处，选择“红字”。

3）单击【保存】按钮进行保存，再单击【审核】按钮，完成该单据的审核，如图 4-44 所示。

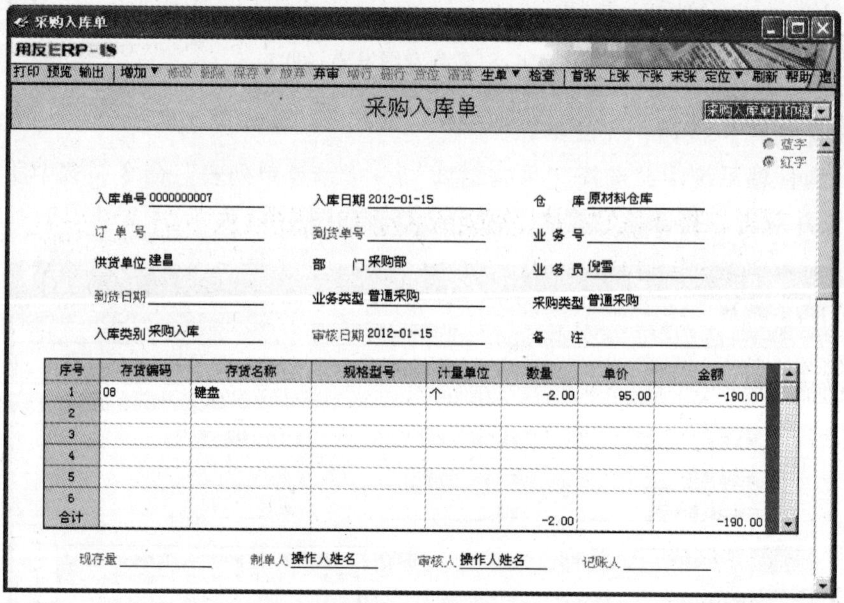

图 4-44 采购入库单（五）

（2）收到退货发票时，在采购系统中填制采购发票。

1）在采购管理系统中，选择“采购管理”→“采购发票”→“红字采购专用发票”命令，进入“采购专用发票”窗口。

2）单击【增加】按钮，参照红字采购入库单生成红字专用采购发票，单击【保存】按钮进行保存，如图 4-45 所示。

（3）在采购系统中，执行采购结算（自动结算）。

1）在采购管理系统中，选择“采购结算”→“自动结算”命令，选中“红蓝入库单”和“红蓝发票”复选框，单击【确定】按钮，执行自动结算。

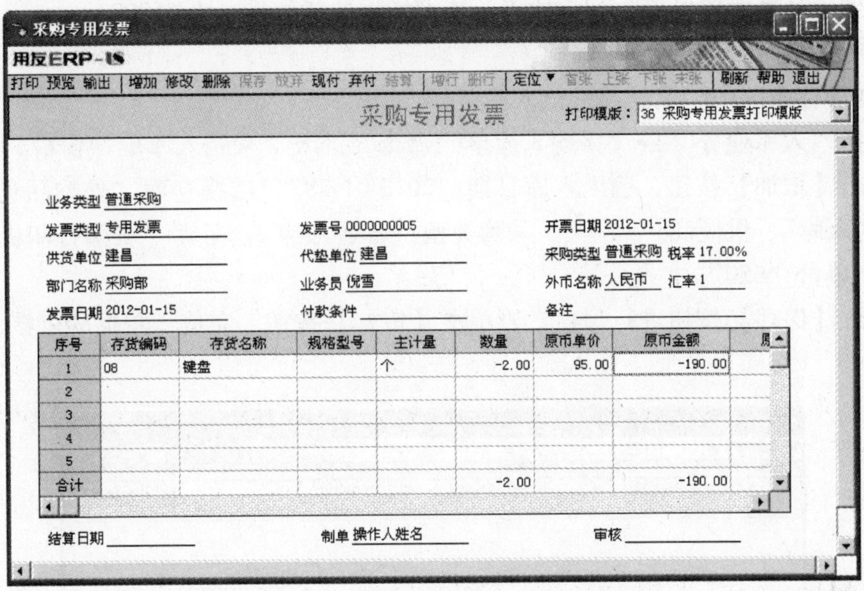

图 4-45　红字采购专用发票

2）在采购管理系统中，选择“采购结算”→“结算单列表”命令，选中所要查询的采购结算单记录并双击，打开该结算表，可以查询、打印该结算单，如图 4-46 所示。

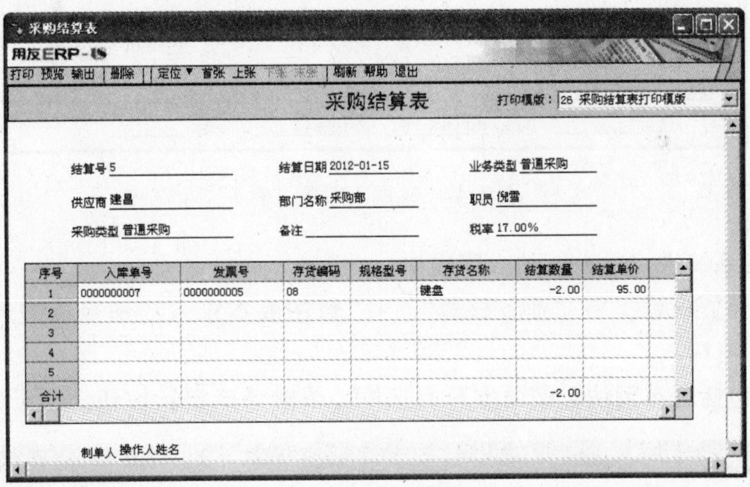

图 4-46　采购结算表（二）

（4）账套备份。在 E:\“北京朝阳电脑有限公司”文件夹中新建“4—业务六”文件夹，将账套输出至其中。

4.5.9　暂估成本

业务七资料：

2012 年 1 月 28 日收到兴华公司提供的喷墨打印机 100 台，入外购品仓库（发票尚未收到）。由于到了月底发票仍未收到，故确认该批货物的暂估成本为 65000 元。

操作步骤：

（1）在库存系统中，填制并审核入库单。

1）选择“入库业务”→“采购入库单”命令，进入“采购入库单”窗口。

2）单击【增加】按钮，输入入库日期“2012-01-28”，选择仓库“外购品仓库”、入库类型“采购入库”、供应商“兴华”、采购类型“普通采购”、存货“喷墨打印机”，输入数量“100”、单价“650”。

3）单击【保存】按钮进行保存，再单击【审核】按钮，完成该单据的审核，如图 4-47 所示。

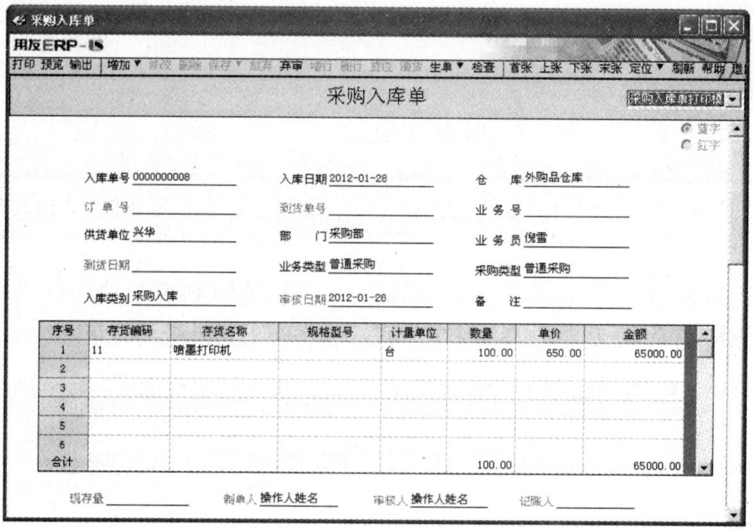

图 4-47　采购入库单（六）

（2）在存货系统中，录入暂估入库成本。

1）选择“存货核算”→“业务核算”→“暂估成本录入”命令，进入“采购入库单成本成批查询”窗口。

2）选中“包括已有暂估金额单据”复选框，单击【确定】按钮，结果如图 4-48 所示。

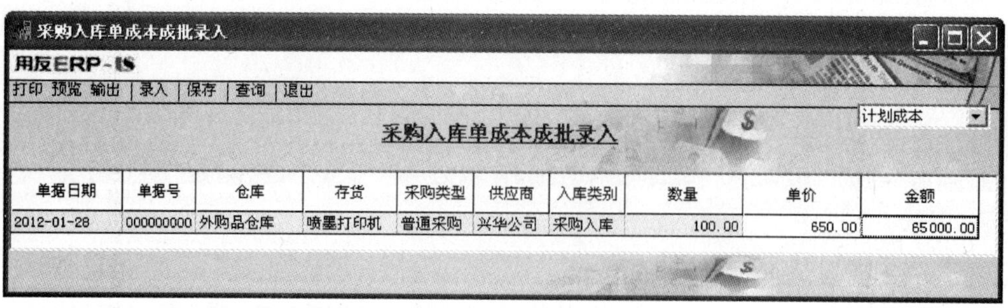

图 4-48　采购入库单成本成批录入

3）单击【保存】按钮进行保存，然后单击【退出】按钮退出。

（3）在存货系统中，执行正常单据记账。

1）选择“存货核算”→“业务核算”→“正常单据记账”命令，打开“正常单据记账条件”窗口，选择所有仓库。

2）单击【全选】按钮，然后单击【记账】按钮，进行所有单据的记账工作。

（4）在存货系统中，生成凭证（暂估记账）。

1）选择“存货核算”→“财务核算”→“生成凭证”命令，单击【选择】按钮，打开“查询条件”窗口，输入选择条件，然后单击【确定】按钮进行确定。

2）单击【全选】按钮，然后单击【生成】按钮，即可生成凭证。

（5）账套备份。在E:\“北京朝阳电脑有限公司”文件夹中新建“4—业务七”文件夹，将账套输出至其中。

4.5.10 收到发票

业务八资料：

2012年1月28日收到兴华公司提供的上月已验收入库的100个硬盘的专用发票一张，发票单价为800元。

操作步骤：

（1）在采购系统中，填制采购发票（可拷贝采购入库单）。

1）进入采购管理系统，选择“采购发票”→“采购专用发票”命令，进入“采购专用发票”窗口。

2）单击【增加】按钮，在表体处单击鼠标右键，选择“拷贝采购入库单”选项，打开“过滤条件窗口”对话框，单击【过滤】按钮，进入“采购发票拷贝采购入库单”窗口。

3）选择需要参照的采购入库单，单击【确定】按钮，将采购入库单相关信息带入采购专用发票，输入发票号，如图4-49所示。单击【保存】按钮进行保存，采购专用发票填制完成。

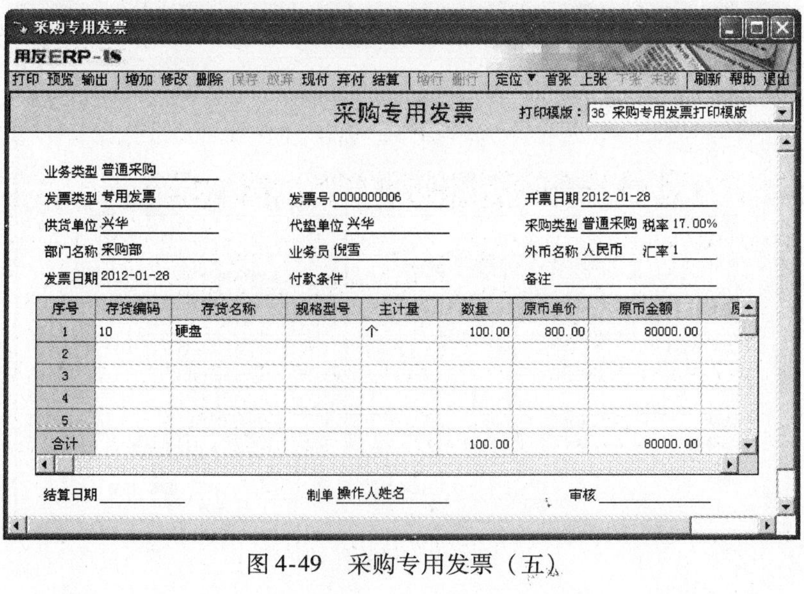

图4-49 采购专用发票（五）

（2）在存货系统中，执行单据结算。

1）选择“存货核算”→“业务核算”→“手工结算”命令，打开“手工结算”窗口。

2）单击【选单】按钮，再单击【过滤】按钮，设置过滤条件为“日期为2010年12月25日——2012年12月31日”。单击【过滤】按钮进行过滤。

3）选择相应的采购入库单和采购发票，结算选单如图4-50所示。

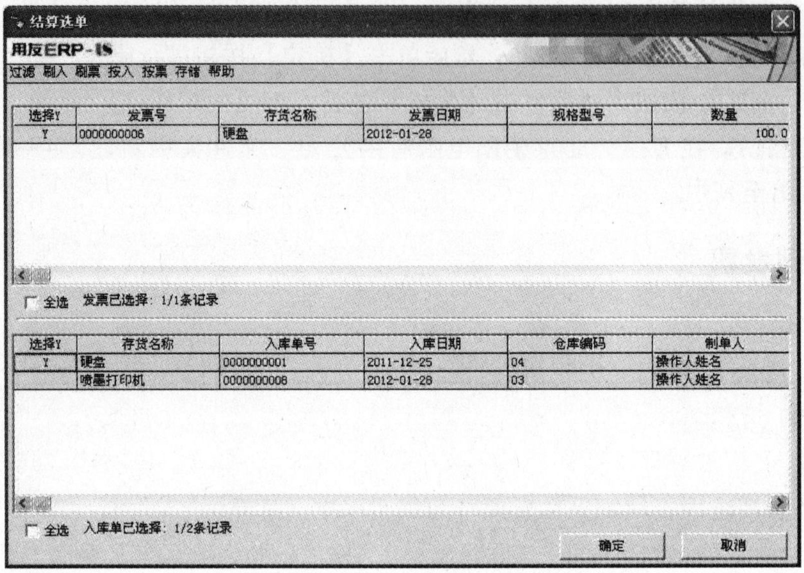

图4-50 结算选单（二）

4）单击【确定】按钮进行确定。

5）单击【结算】按钮，系统弹出“完成结算”信息提示框。

（3）应付款系统。在应付款管理系统中，对应付单据进行审核并制单，如图4-51所示。

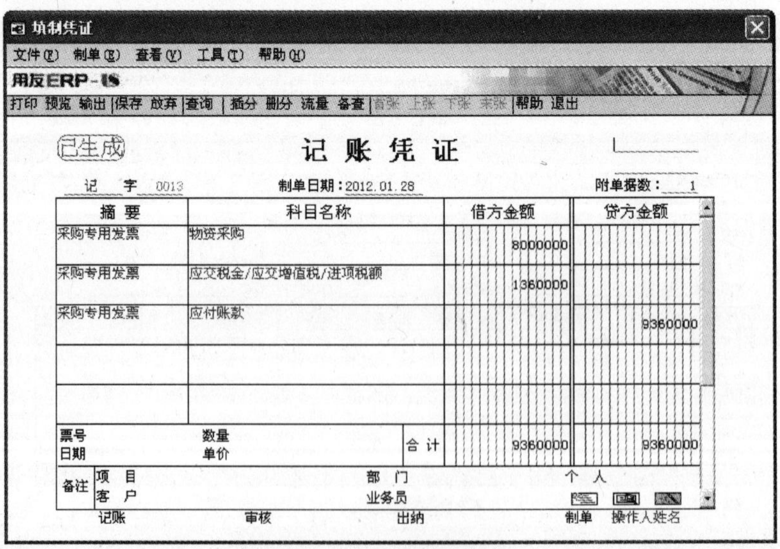

图4-51 付款凭证

(4）在存货核算系统中，结算成本处理。

1）在存货核算系统中，选择“业务核算”→“结算成本处理”命令，打开“暂估处理查询”对话框。

2）选中“原材料仓库”复选框，如图4-52所示。

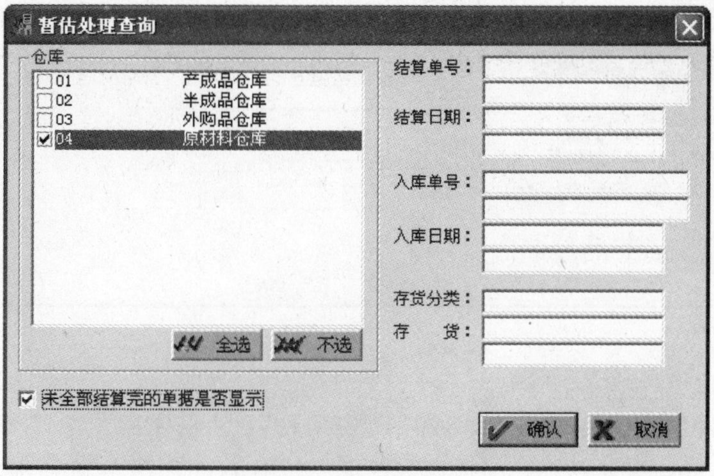

图4-52 暂估处理查询

3）单击【确认】按钮，打开“暂估结算表”窗口。

4）选中右上角的“将运费分摊给结算时指定的入库单”和“未指定入库单的运费系统自动分摊给结存的入库单”复选框，以及“按金额分摊”单项按钮，如图4-53所示。

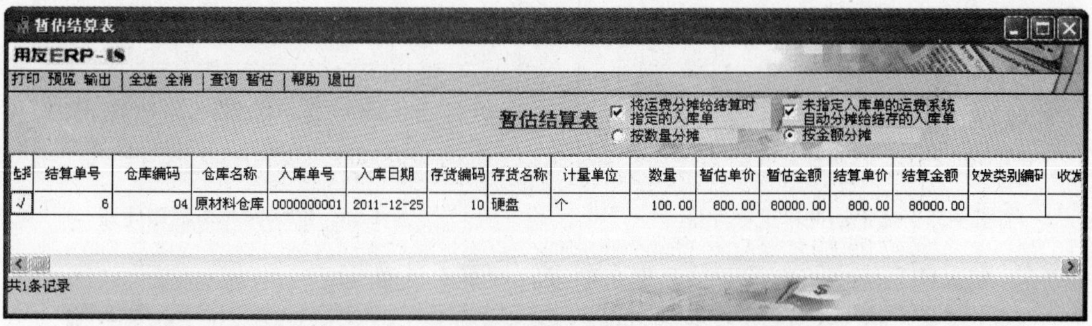

图4-53 暂估结算表

5）单击【暂估】按钮进行暂估，再单击【退出】按钮退出。

(5）在存货系统中，生成凭证（红字回冲单、蓝字回冲单）。

1）在“总账”中，选择“设置”→“选项”命令，编辑并选择“可以使用应付系统受控科目”。

2）选择“存货核算”→“财务核算”→“生成凭证”命令，打开“生成凭证”窗口，单击【选择】按钮，出现“查询条件”对话框。选中“红字回冲单”和“蓝字回冲单”复选框，单击【确认】按钮，如图4-54所示。

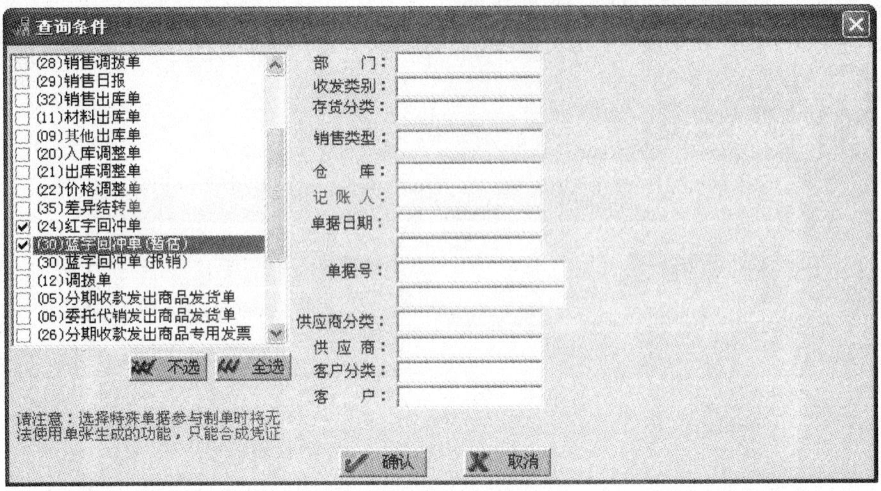

图 4-54 查询条件（二）

3）“蓝字回冲单”对方科目为“1201 物资采购”，“红字回冲单”对方科目为“2121 应付账款”。单击【生成】按钮，生成两张凭证，如图 4-55 和图 4-56 所示。

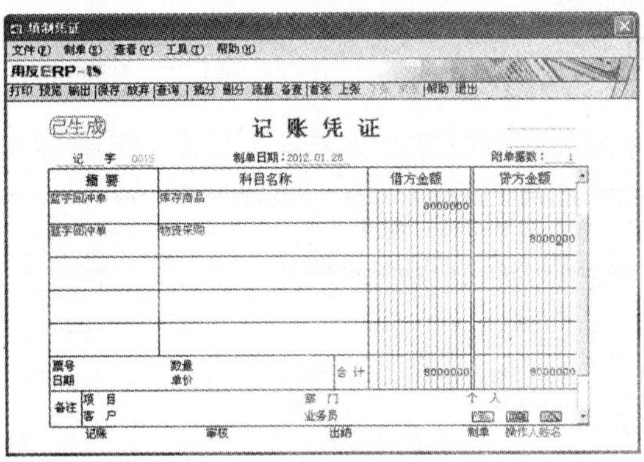

图 4-55 蓝字回冲单记账凭证

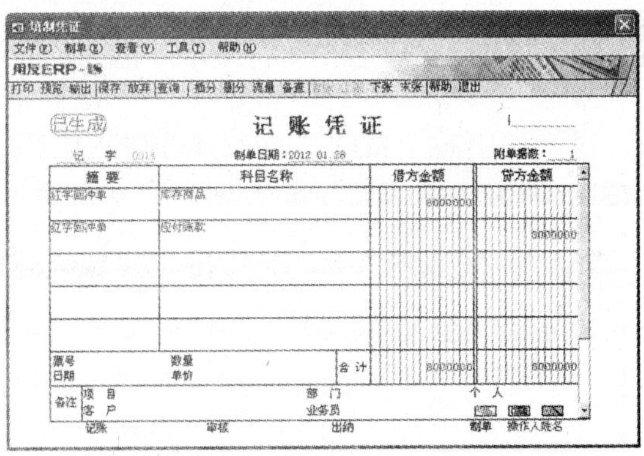

图 4-56 红字回冲单记账凭证

（6）在采购系统中，查询暂估入库余额表，如图 4-57 所示。

暂估入库余额表

日期： 2012-01-01 至 2012-01-28 供应商： 全部 存货： 全部

供应商名称	存货名称	上期结余		本期入库		本期结算		结算暂估金额	本期结余	
		数量	金额	数量	金额	数量	金额		数量	金额
兴华	硬盘	100.00	30 000.00			100.00	80000.00	80000.00		
兴华	喷墨打印机			100.00	65000.00				100.00	65000.00
建昌	显示器			200.00	30000.00	200.00	230000.00	230000.00		
建昌	键盘			598.00	29810.00	598.00	29810.00	29810.00		
建昌	硬盘			200.00	30000.00	200.00	160186.00	160000.00		

【用友软件】

图 4-57 暂估入库余额表

（7）账套备份。在 E：\“北京朝阳电脑有限公司”文件夹中新建“4—业务八”文件夹，将账套输出至其中。

4.5.11 总账处理

至此，北京朝阳电脑公司的采购订单执行过程已经结束。总账处理是定期进行的，它是反映企业会计期间产品经营的业绩报表。注意：以上实验步骤仅为主要步骤，每一步都需要进行成本核算及应付款记账，并由此产生凭证，等这些步骤已操作完再进行总账处理。

操作步骤：

（1）凭证审核。

1）用“002”用户重新注册“企业门户”。选择企业门户中财务会计标签的“总账”→“凭证”→“凭证审核”命令，弹出“凭证审核”对话框，如图 4-58 所示。

图 4-58 凭证审核（一）

2）单击【确定】按钮，开始审核凭证。

（2）记账处理。

1）选择企业门户中财务会计标签的“总账”→“凭证”→“记账”命令，弹出“记账”对话框。如图 4-59 所示。

2）具体分三步进行：①选择科目；②单击【下一步】按钮，作记账报告；③再单击【下一步】按钮，弹出“期初试算结果平衡表”窗口，待“试算结果平衡”后单击【确定】按钮开始记账。

3）系统提示“记账完毕！”单击【确定】按钮，记账完成。

（3）总账查询。

1）选择企业门户中财务会计标签的“总账”→“账表”→“科目账”→“余额表”命令，弹出“发生额及余额查询条件”对话框。

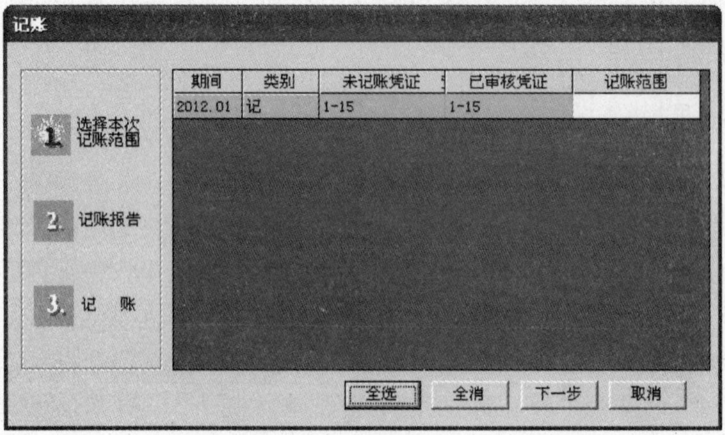

图 4-59 记账（一）

2）选择月份后，单击【确定】按钮，打开“发生额及余额表”窗口，如图 4-60 所示。

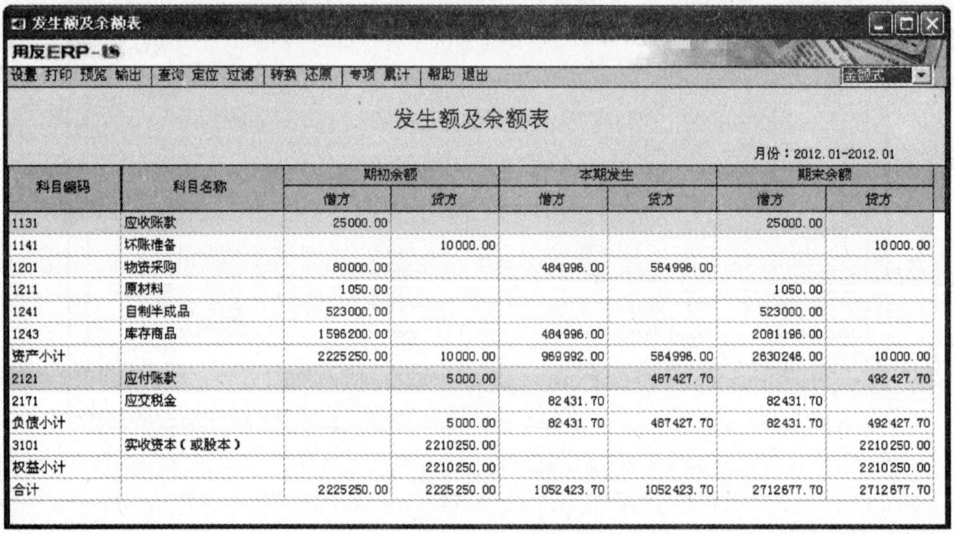

发生额及余额表

月份：2012.01-2012.01

科目编码	科目名称	期初余额		本期发生		期末余额	
		借方	贷方	借方	贷方	借方	贷方
1131	应收账款	25000.00				25000.00	
1141	坏账准备		10000.00				10000.00
1201	物资采购	80000.00		484996.00	564996.00		
1211	原材料	1050.00				1050.00	
1241	自制半成品	523000.00				523000.00	
1243	库存商品	1596200.00		484996.00		2081196.00	
资产小计		2225250.00	10000.00	969992.00	564996.00	2630246.00	10000.00
2121	应付账款		5000.00		487427.70		492427.70
2171	应交税金			82431.70		82431.70	
负债小计			5000.00	82431.70	487427.70	82431.70	492427.70
3101	实收资本（或股本）		2210250.00				2210250.00
权益小计			2210250.00				2210250.00
合计		2225250.00	2225250.00	1052423.70	1052423.70	2712677.70	2712677.70

图 4-60 发生额及余额表（一）

当双击表中的发生额时，系统会自动链接相应的单据与凭证，可供财务管理稽查使用。

（4）账套备份。在 E：\“北京朝阳电脑有限公司” 文件夹中新建“4—总账” 文件夹，将账套输出至其中。

第5章 销售管理

一般意义上的销售业务包括内、外两种。内部销售是指那些经常在公司内工作，而且可以使用局域网和高速广域网的销售人员。他们为了完成工作，一般在一个联络中心工作，把大多数时间花在打电话、使用网络或是邮件处理上。内部销售典型的应用要求包括机会管理、标准问答文本、订单的处理与管理、报价的生成、潜在客户的管理以及与之相配合的网络销售。而用友 ERP-U8 销售管理系统支持以销售订单为核心的业务模式，包括普通批发销售、零售、委托代销业务、直运销售业务、分期收款销售和销售调拨等多种类型的销售业务，并对销售价格和信用进行实时监控。企业可以根据实际情况进行销售流程的定制与管理，构建自己的销售业务管理平台。㊀

本章的学习目的与要求是：运用销售管理系统对普通销售业务、直运销售业务、分期收款业务、销售零售业务以及销售退货业务等进行处理，及时进行各类销售业务处理；能够将应收款管理系统与总账系统集成使用，以便及时处理销售款项，并对销售业务进行相应的账务处理；通过学习，能够掌握销售业务的处理流程和处理方法，深入了解销售管理系统与供应链系统的其他子系统、ERP 系统中的相关子系统之间的紧密联系和数据传递关系，以便正确处理销售业务和与销售相关的其他业务。㊁

5.1 销售管理概述

销售是生产→商品→服务→货币的实现过程。销售管理是北京朝阳电脑有限公司供应链系统中的子项目，帮助企业对销售业务的全部流程进行管理，提供报价、订单、发货、销售出库、销售成本核算、销售应收款及总账处理的完整销售流程，帮助企业为客户或最终用户提供满意的商品和最佳的服务，完成企业的资金转化并获取利润，实现其经济和社会价值。在 ERP 信息工具环境下，执行标准的销售业务过程，一方面将使销售管理、库存管理、存货核算、应收款管理及总账信息透明化；另一方面还要求企业按照规定的业务流程操作，以确保这些信息的及时性与准确性。㊂总之，销售管理是供应链系统的子项目，也是分销企业产品经营中不可或缺的业务模块。

5.2 销售管理应用模式

常见的销售业务可分为以下五种类型：

㊀ 刘星．ERP 综合实验教程［M］．重庆：重庆大学出版社，2010.

㊁ 赵建新，宋郁，周宏．新编 ERP 供应链管理系统实验教程［M］．北京：清华大学出版社，2009.

㊂ 郑荆陵，李俊辉，宋永刚．用友 ERP 供应链管理实训教程［M］．北京：清华大学出版社，2009.

1. 先发货后开票的销售业务

普通销售业务适用于大多数企业的日常销售业务，与其他系统一起提供对销售报价、销售订货、销售发货、销售开票、销售出库、结转销售成本和销售收款结算全过程处理。普通销售业务支持两种业务模式，先发货后开票业务和开票直接发货业务模式。普通销售业务的处理，需要填制或生成报价单、销售订单、销售发货单、销售出库单、销售专用发票，在应收款管理系统中审核应收单并制单。[㊀]先发货后开票的销售业务，需要先处理报价单、销售订单、发货单等单据，发货单经审核后根据销售管理系统初始化设置，自动生成销售出库单。如果存货采用先进先出法核算，还可以随时结转销售成本。销售发票开具后，可能立即收到货款，根据发票现结处理；也可能尚未收到货款，则形成应收账款。

2. 开票直接发货或先开票后发货的销售业务

这两类业务均可直接开具发票，系统根据发票自动生成发货单，根据发货单系统参照生成销售出库单。这两类业务既可以是现销业务，也可以是赊销业务。

3. 销售退货业务

销售退货业务包括普通销售退货和委托代销退货业务的处理，具体可分为开具发票前退货和开具发票后退货，以及委托代销前退货和委托代销结算后退货。

4. 直运销售业务

直运业务是商品无需入库即可完成的购销业务。客户向本公司订购商品，双方签订购销合同；本公司向供应商采购客户所需商品，与供应商签订采购合同；供应商直接将商品发运给客户。结算时，由购销双方分别与企业结算。直运业务包括直运销售业务和直运采购业务，均没有实物的出入库，货物流向是直接从供应商到客户，财务结算通过直运销售发票和直运采购发票分别与企业结算。

5. 分期收款销售业务

分期收款销售业务是将货物提前一次发给客户，分期收回货款。其特点是一次发货、分期收款。分期收款销售业务的订货、发货、出库、开票等处理方式与普通销售业务相同，只是业务类型应选择“分期收款”。分期收款时，要开具销售发票，结转销售成本。[㊁]

5.3 普通销售业务流程

销售业务流程如图 5-1 所示。

从信息管理系统的技术角度看，销售业务流程分为三种信息：物料流动信息、价值流动信息和资金流动信息。具体分析如表 5-1 所示。

㊀ 刘星. ERP 综合实验教程［M］. 重庆：重庆大学出版社，2010.

㊁ 赵建新，宋郁，周宏. 新编 ERP 供应链管理系统实验教程［M］. 北京：清华大学出版社，2009.

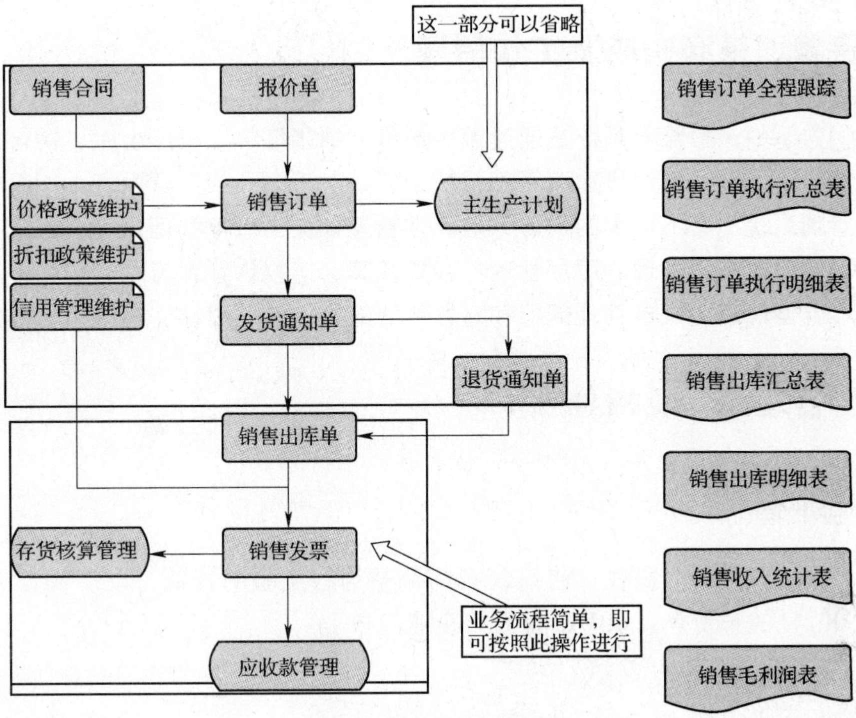

图 5-1 销售业务流程图

表 5-1 销售业务流程表

流动信息	具体内容	备注	产生单据及部门
物料流动信息	1）销售报价。在企业与客户达成正式交易前，会先进行销售报价，以便客户进行筛选 2）销售订单。企业与客户签订销售合同 3）销售发货。销售出库单是产品出库的重要凭据，出库单上的产品与数量将传递至存货核算系统，它是存货成本核算和销售发票的重要依据 4）销售发票。销售发票是企业开具给客户的应收款证明，上面记载着货物的名称、单价、数量、总价、税额等资料。供应商提供的货物经检验确认合格后，将其放入指定仓库	1）销售报价是企业向客户提供商品规格、价格、结算方式等的信息窗口。当双方达成协议后，销售报价单可以转为销售合同或销售订单 2）销售报价单在购销双方磋商、客户确定要货后，转为销售订单。企业依据销售订单组织货源，并对订单销售的执行过程进行控制和跟踪 3）企业在接到销售订单以后，会首先组织生产或采购、产品检验等一系列物流活动 4）销售发票有增值税专用发票、普通发票及所附明细清单。如果客户档案中未输入税号，那么该客户只能开具普通发票。销售发票审核后，系统将通知财务部门进行存货核算和应收账款处理，应收款管理系统中审核登记应收明细账，制单生成应收款的相关凭证	1）销售报价单 **销售部门** 2）销售订单 **销售部门** 3）销售出库单 **仓储部门** 4）销售发票 **财务部门**
价值流动信息	存货核算系统成本计价方式有多种（先进先出法、后进先出法、移动平均法、个别计价法）	当销售出库单或销售发票填制并复核后，应该是对客户销售成本进行核算的最理想时机。销售出库成本的确定标准有两种：依据销售出库单；依据销售发票。两者只能选择其一	记账凭证 **财务部门**
资金流动信息	应收款管理主要是针对销售业务转入应收款的处理	应收款管理包括应收单据处理、收款单据及收款核销三个部分	各种销售账表及总账 **财务部门**

5.4 销售管理系统构成及工作原理

以往人们熟悉的销售管理系统是通过销售报价、销售订单、仓库出库、销售发票等综合运用的管理系统，即单纯的销售物流管理系统。但是对于产品的经营而言，不仅要完成物流管理，销售管理系统中必不可少的一部分是成本管理系统、财务管理系统。因此，本章的销售管理系统实验包括销售管理、库存管理、存货核算、应收款管理与总账五个子系统，覆盖了销售部门、仓储部门、成本管理部门和财务部门的日常业务活动。

5.5 销售管理实验及指导

5.5.1 实验准备

已经完成第4章实验的操作。将系统时间调整为各实验的日期，以“操作人姓名”操作员（口令001）的身份登录001账套的“企业门户”。

5.5.2 实验要求

（1）掌握企业在日常业务中如何通过软件来处理销售业务及进行相关账表查询。

（2）掌握普通销售业务的物流处理、成本核算、应收款和总账归集的技能。

（3）理解一些特殊销售业务的ERP处理过程。

5.5.3 普通销售业务

业务一资料：

2012年1月14日，昌新贸易公司想购买10台计算机（P3），向业务一部了解价格，业务一部报价为6300元/台，填制并审核报价单。该客户了解情况后，订购10台，要求发货日期为2012年1月15日，填制并审核销售订单。

2012年1月15日，销售总部从成品仓库向昌新贸易公司发出其所订货物，并据此开具专用销售发票一张。业务部门将销售发票交给财务部门，财务部门结转此业务的收入及成本。

操作步骤：

（1）填制并审核销售报价单。

1）执行“供应链”→“销售管理”→“销售报价”→“销售报价单”命令，打开“销售报价单”窗口。单击【增加】按钮，填制报价单（只能手工增加）。

2）选择类型“普通销售”（系统默认为普通销售）、客户“昌新贸易公司”，然后选择部门及业务员。选择存货为“计算机（P3）”，自动带出存货档案中定义的相关信息，输入数量及报价，如图5-2所示。

3）单击【保存】按钮，保存报价单。

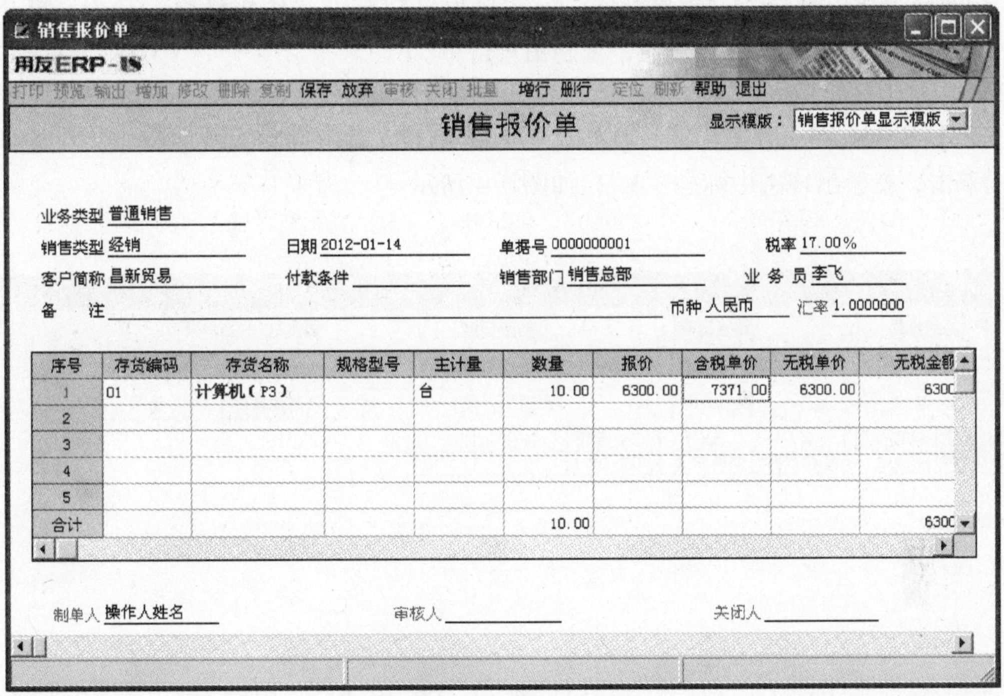

图 5-2 销售报价单

4）单击【审核】按钮，审核报价单。

注意：

1）销售报价单是可选单据，企业可以根据业务的实际需要进行选用。

2）无税单价的控制，在销售管理“销售选项”中设为“报价不含税”。

3）销售报价单信息查询：

① 选择“供应链”→“销售管理”→“销售报价”→“销售报价单列表”命令，弹出“报价单过滤条件”对话框，单击【确定】按钮。

② 结果如图 5-3 所示，该界面罗列出所有销售报价单。

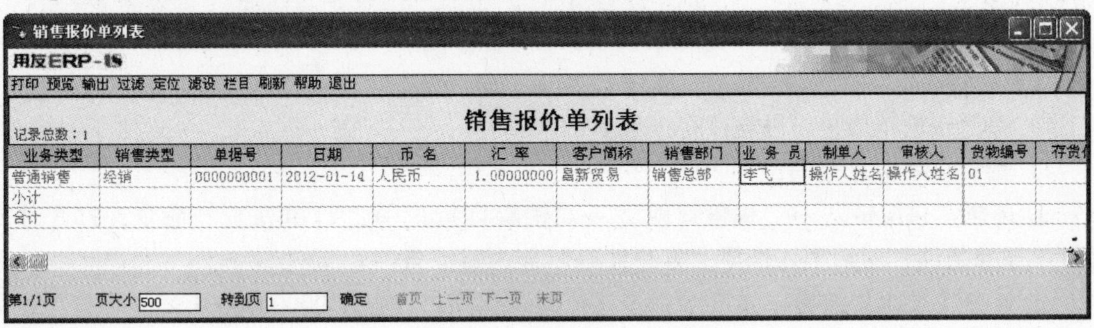

图 5-3 销售报价单列表

（2）填制并审核销售订单。

1）选择“供应链”→“销售管理”→“销售订货”→“销售订单”命令，打开“销售订单”窗口。单击【增加】按钮，填制销售订单。

2）单击【报价】按钮，打开“选择报价单”对话框，选择客户“昌新贸易”后，单击【显示】按钮，在上方显示报价单的表头内容，下方显示产品报价的记录。在选择行的记录前双击，就会出现选中标志“Y”，如图 5-4 所示。

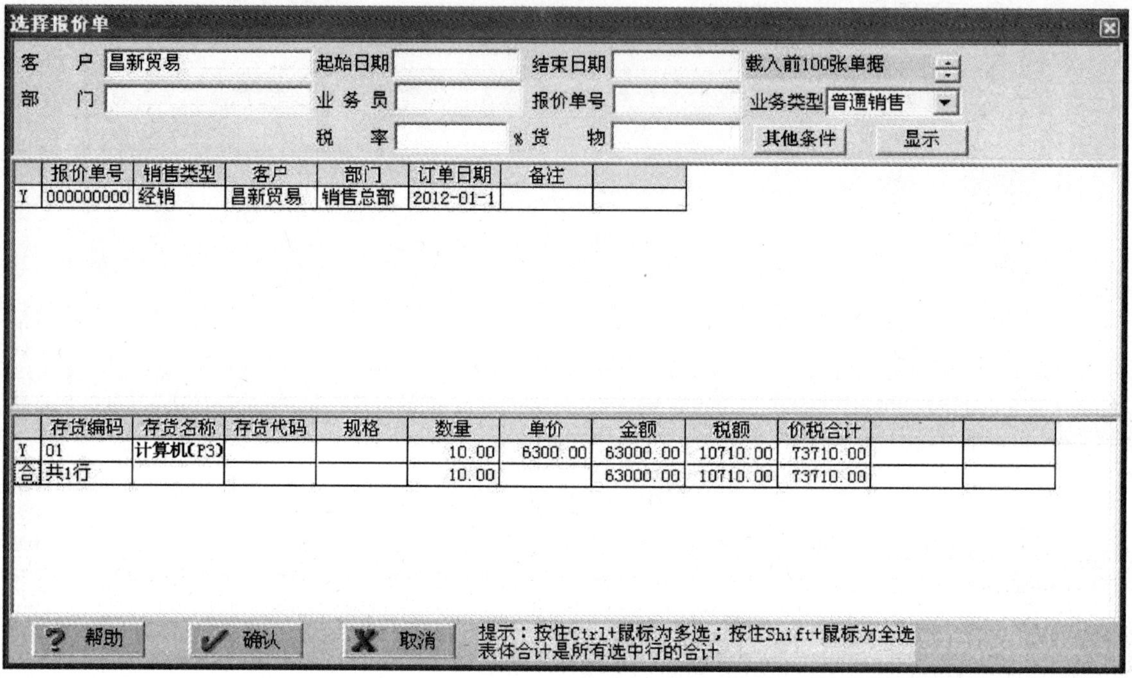

图 5-4　选择报价单

3）单击【确认】按钮，将报价单数据带到销售订单中。

4）在表体中输入数量“10”，订单日期“2012-01-15”，单击【保存】按钮进行保存，如图 5-5 所示。

5）单击【审核】按钮，审核当前订单。

注意：

1）参照报价单生单，可直接将报价单带入。

2）销售订单信息查询：

① 选择“供应链”→“销售管理”→“销售订货”→“订单列表”命令，打开“销售订单过滤条件”对话框，选择“客户编码”作为过滤条件。

② 单击【过滤】按钮，弹出“销售订单列表”窗口，显示 0000000001 号销售订单，如图 5-6 所示。

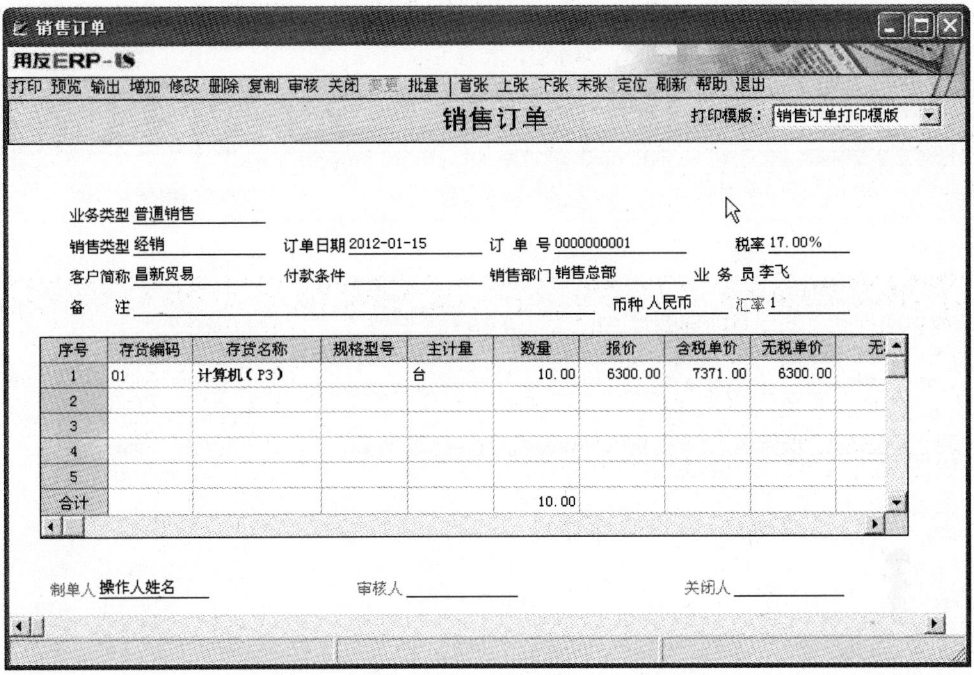

图 5-5 销售订单

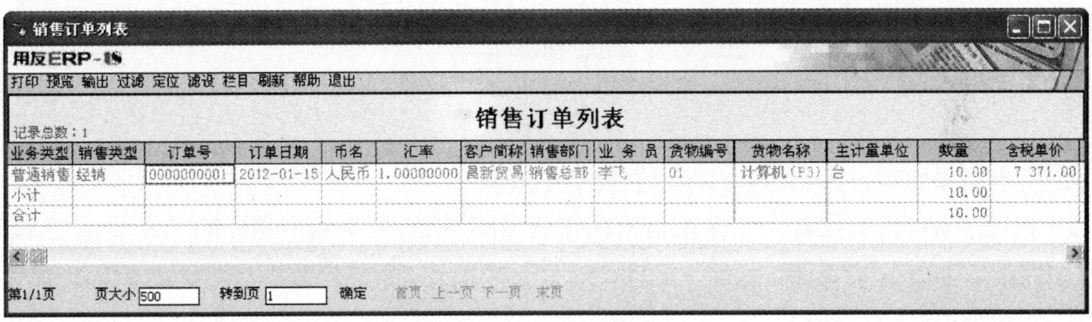

图 5-6 销售订单列表

（3）填制并审核销售发货单。

1）选择“供应链”→“销售管理”→“销售发货”→“销售发货单”命令，打开“销售发货单”窗口。单击【增加】按钮，弹出“选择订单”对话框。

2）在对话框中选择客户“昌新贸易”，单击【显示】按钮，在上方显示客户销售订单的表头内容，在选择行的记录前双击，就会出现选中标志“Y”，下方显示客户销售订单的表体内容。单击【确定】按钮，返回发货单窗口。

3）业务类型及销售类型根据订单自动带出，不能修改。选择仓库名称为“产成品仓库”。

4）单击【保存】按钮进行保存，结果如图 5-7 所示。

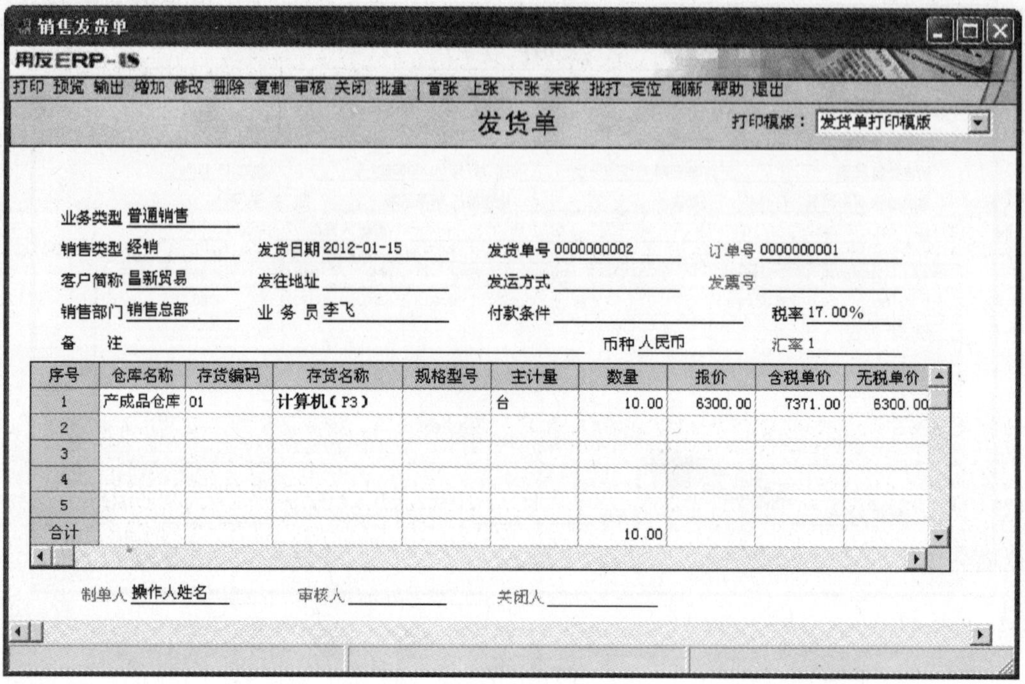

图 5-7 发货单（一）

5）单击【审核】按钮，完成对发货单的审核。

注意：

1）在参照订单发货时，一张订单可多次发货，多张订单也可一次发货。

2）发货单也可以参照销售订单填制或手工填制。

3）若将系统参数设置为“由销售生成销售出库单”，则销售发货单审核时生成销售出库单；否则在库存管理中，将根据发货单生成销售出库单。

4）销售订单信息查询：

① 选择“供应链”→“销售管理”→“销售发货”→“发货单列表”命令，打开“销售发货单过滤条件”对话框，选择“仓库名称”作为过滤条件。

② 单击【过滤】按钮，打开“发货单列表”窗口，显示 0000000002 号发货单，如图 5-8所示。

（4）填制并审核出库单。

1）选择“供应链”→“库存管理”→“出库业务”→“销售出库单”命令，打开“销售出库单”窗口。

2）结果如图 5-9 所示，系统已自动生成销售出库单。

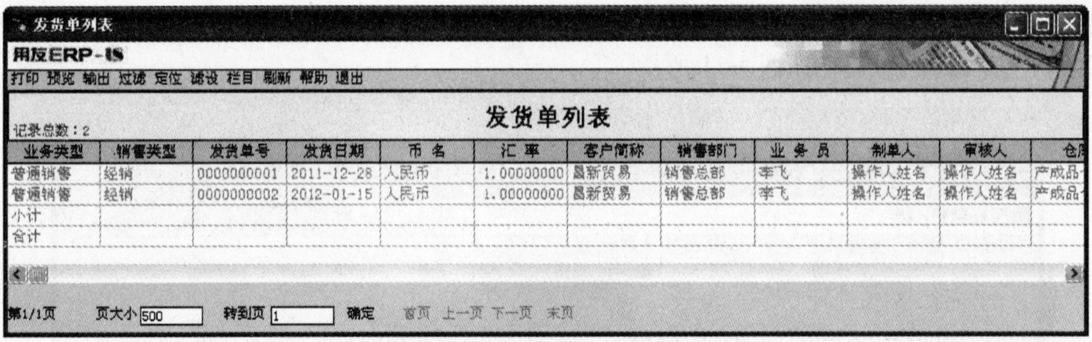

图5-8 发货单列表（一）

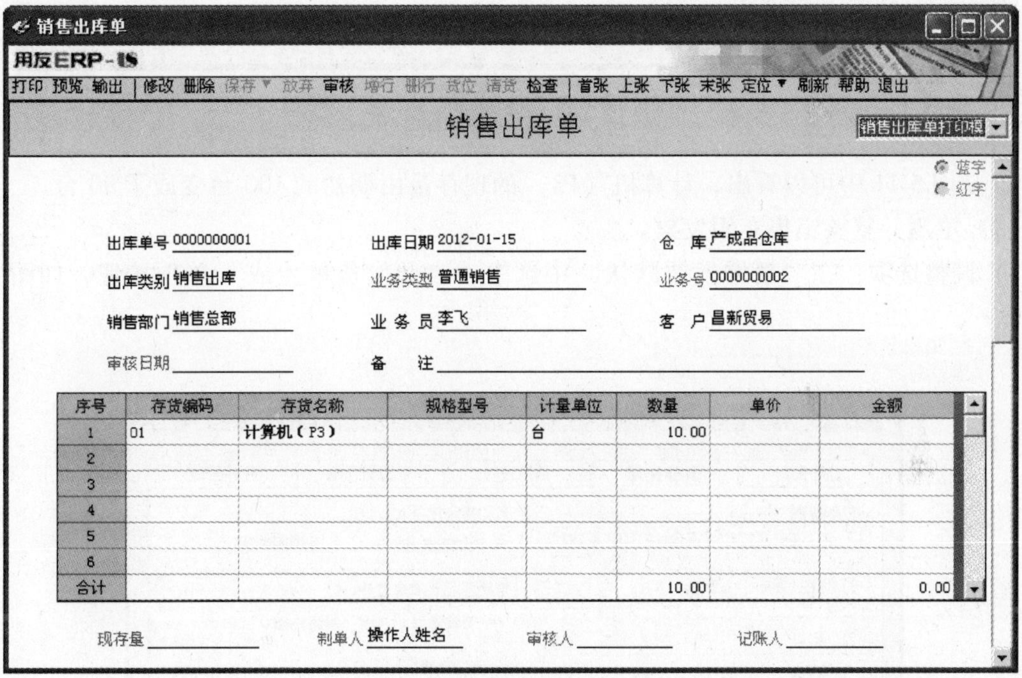

图5-9 销售出库单（一）

3）单击【审核】按钮，系统弹出提示信息“该单据审核成功!”，单击【确定】按钮即可，如图5-10所示。

注意：

1）销售出库单的生成方式取决于销售管理系统相关参数的设置。如果选中“是否销售生成出库单”，则销售出库单在销售管理系统中由发货单审核时自动生成。

2）销售出库单信息查询：

图5-10 提示信息

① 选择“供应链”→“库存管理”→“报表”→“库存账”→“现存量查询”命令，弹出“现存量查询—请输入查询条件”对话框。选择“过滤条件”选项卡后，再选择仓库名称为“产成品仓库”，如图 5-11 所示。

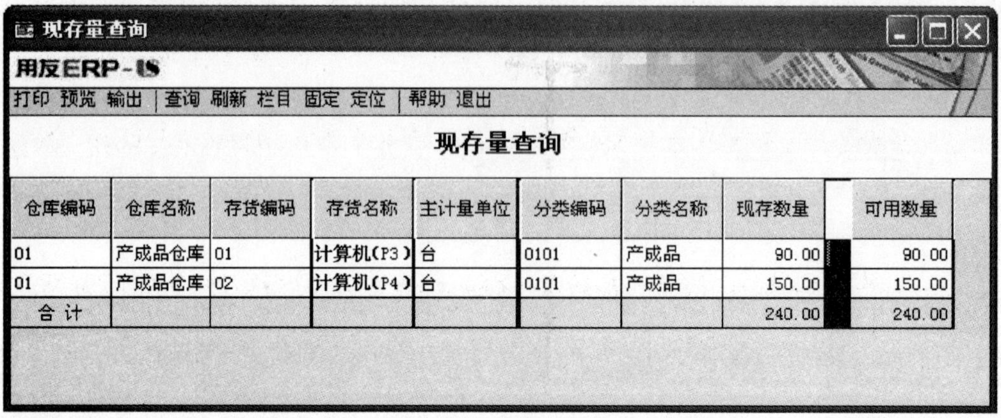

图 5-11 现存量查询

② 从图 5-11 中可以看出，计算机（P3）的现存量由期初的 100 台变成了 90 台。

（5）填制并复核销售专用发票。

1）调整选项，在“新增发票默认”中选中“参照发货单生成”单项按钮，如图 5-12 所示。

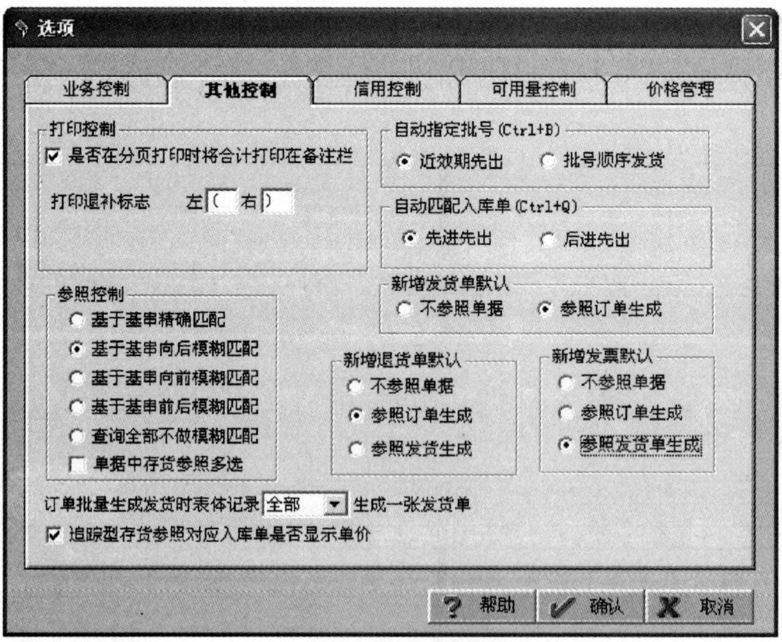

图 5-12 选项设置

2）选择“供应链”→“销售管理”→“销售开票”→“销售专用发票”命令，打开“销售专用发票”窗口。单击【增加】按钮，弹出“选择订单”对话框。关闭这个窗口，回到“销售专用发票”窗口。

3）在“销售专用发票”窗口中，单击【发货】按钮，弹出“选择发货单”对话框。输入客户“昌新贸易”，单击【显示】按钮，对话框的上方显示客户发货单表头的内容，在选择行的记录前双击，就会出现选中标志“Y”，此时下方显示发货单表体的记录。单击【确定】按钮，返回销售专用发票窗口。

4）根据销售专用发票带出发货单的相关信息，单击【保存】按钮进行保存，如图5-13所示。

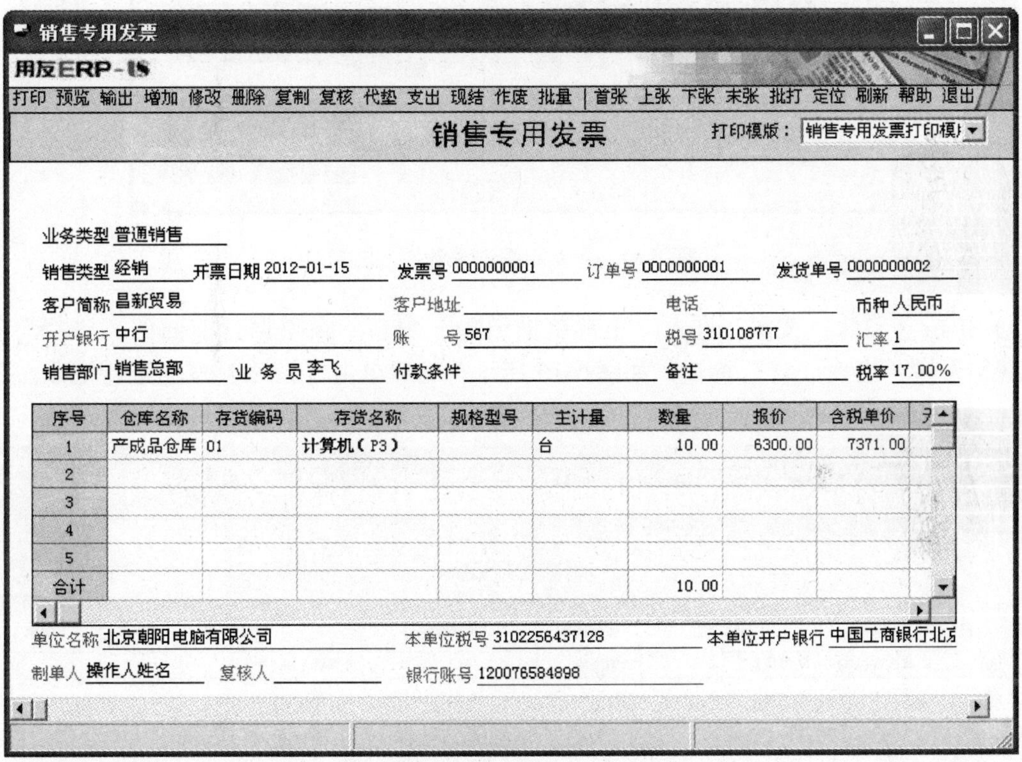

图5-13 销售专用发票（一）

5）单击【复核】按钮，完成对销售专用发票的审核。

注意：

如果需要修改，可以对其部分内容进行修改，保存后再复核。销售出库单的生成方式取决于销售管理系统相关参数的设置。

（6）存货核算记账。

1）选择“供应链”→“存货核算”→“业务核算”→“正常单据记账”命令，打开“正常单据记账条件”对话框。在“仓库”选项组中选中“产品仓库”复选框，在“单据类型”选项组中选中“销售出库单”复选框，如图5-14所示。

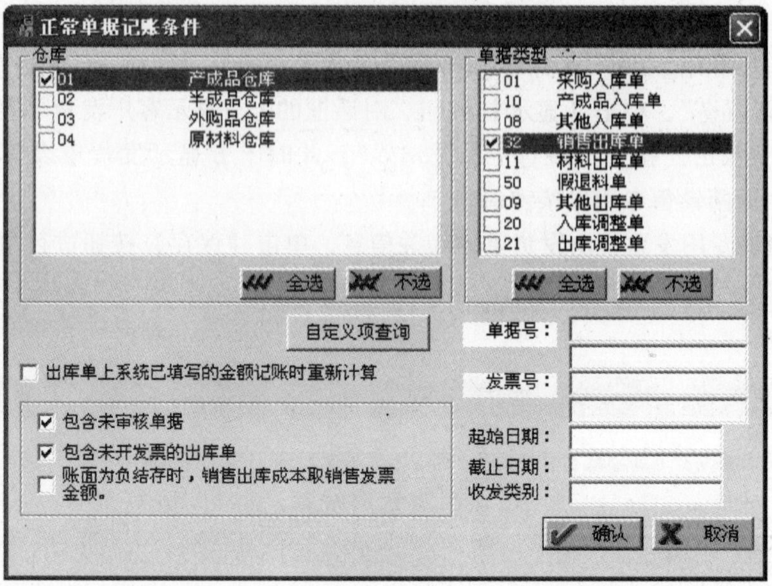

图5-14　正常单据记账条件（二）

2）单击【确认】按钮，进入“正常单据记账”窗口。在单据行前面的“选择”栏中单击鼠标左键，出现“√”标记，如图5-15所示，然后单击【记账】按钮进行记账。

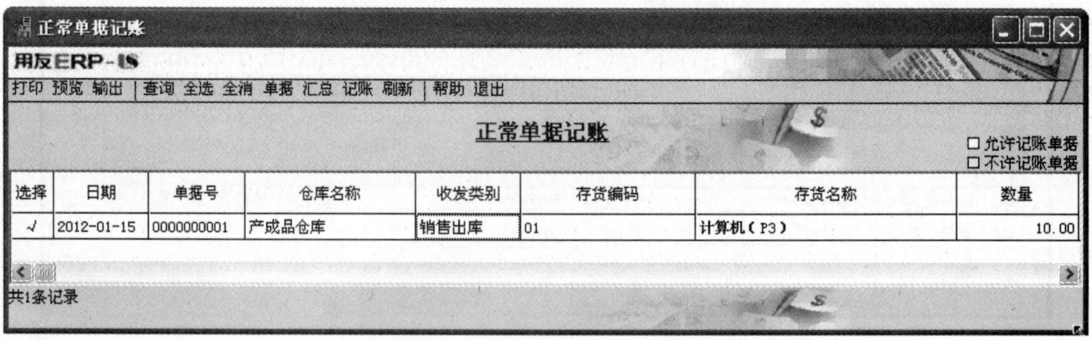

图5-15　正常单据记账（二）

3）记账完成后，单据不在列表中显示。记账后可利用“恢复记账”功能恢复到未记账状态。

注意：

在销售管理参数设置中，可选择用销售发票或销售出库单记账，系统默认为用销售出库单记账。

（7）生成记账凭证。

1）选择“供应链”→“存货核算”→“业务核算”→“财货核算”→“生成凭证”

命令，打开“生成凭证”对话框。单击【选择】按钮，打开“查询条件”对话框，选中“销售出库单”复选框，选择仓库为“产品仓库”，如图5-16所示。

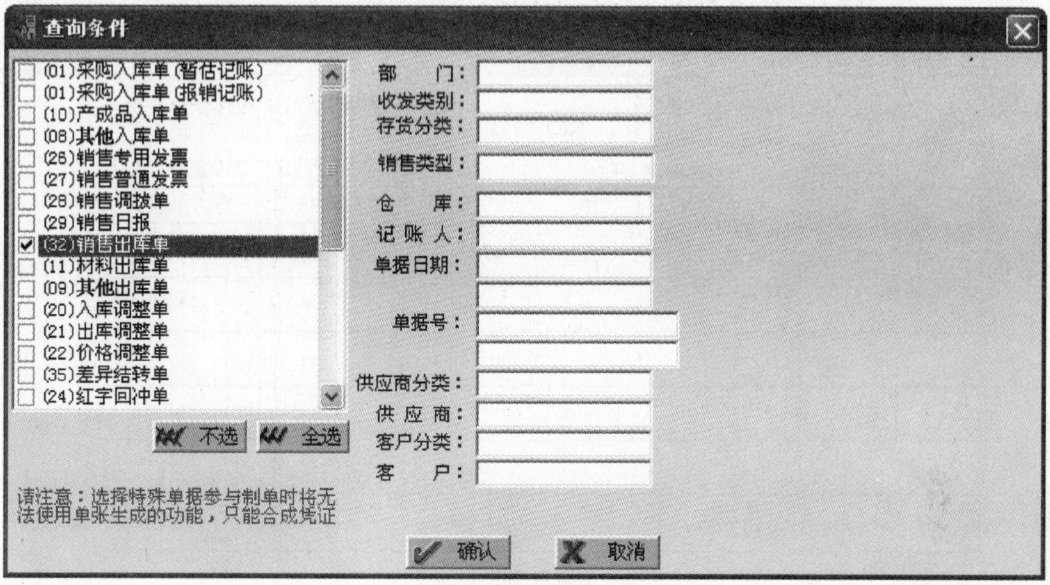

图5-16 查询条件（三）

2）单击【确认】按钮，进入“选择单据”窗口。选择要生成凭证的单据，单击【确定】按钮，进入“生成凭证”窗口，如图5-17所示。

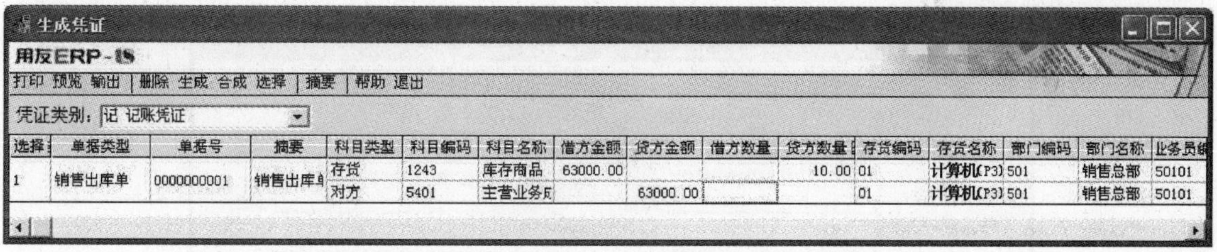

图5-17 生成凭证

3）单击【生成】按钮，即可生成记账凭证。

4）检查无误后，单击【保存】按钮，凭证左上角显示“已生成”，该凭证传递至总账系统，如图5-18所示。

（8）应收单据处理。

1）选择“财务会计”→“应收款管理”→“应收单据管理”→“应收单据处理”→“应收单据审核”命令，弹出“单据过滤条件”对话框，如图5-19所示。选择“客户”查询条件后，单击【确认】按钮，进入“应收单据列表”。

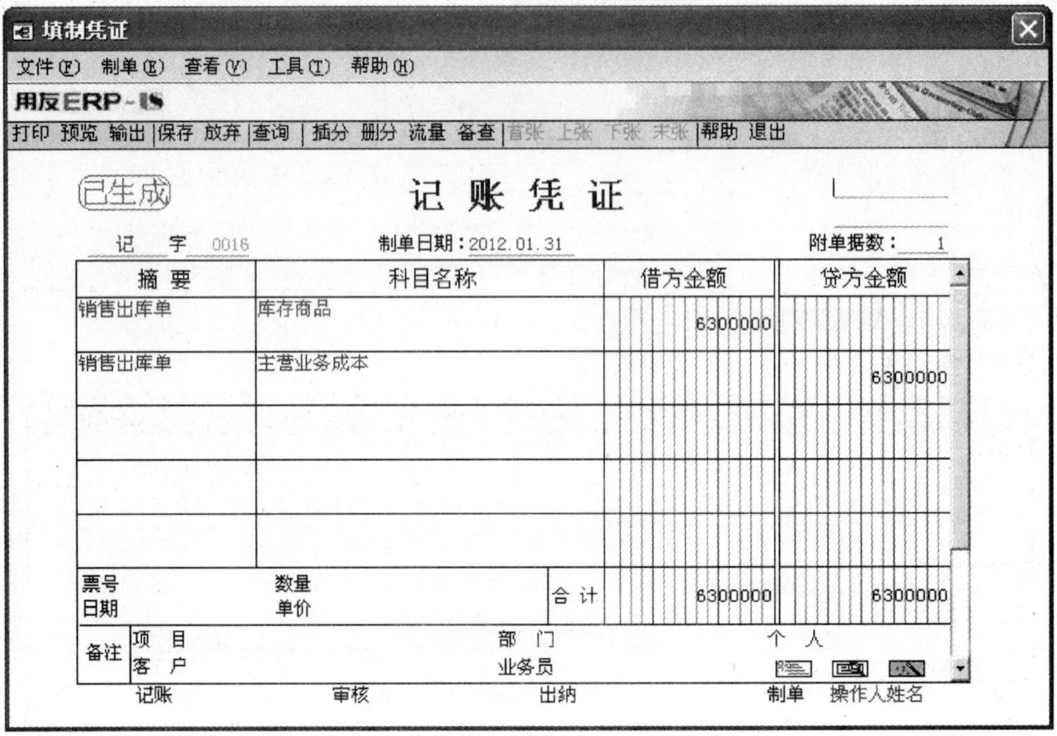

图 5-18 销售出库单生成记账凭证（一）

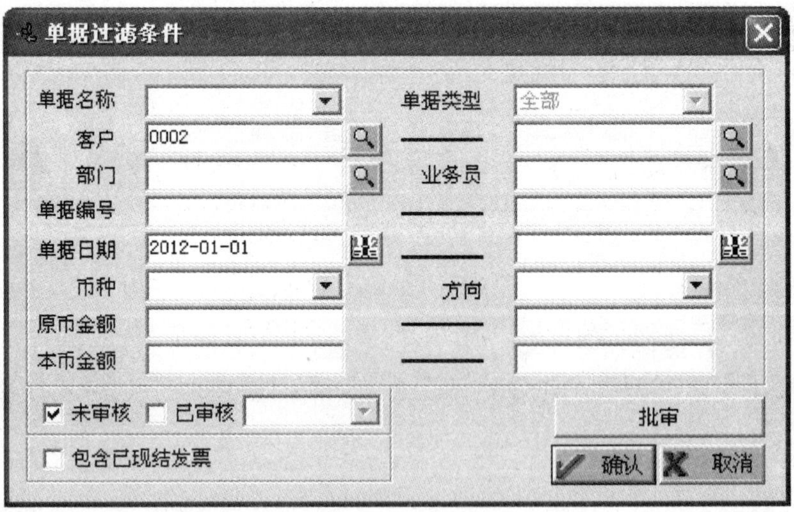

图 5-19 单据过滤条件（一）

2）选择审核的记录行后，双击“选择”栏，就会出现选中标志“Y”。再单击【审核】按钮，系统完成审核，并给出审核提示，单击【确认】按钮返回，如图 5-20 所示。

3）选择“财务会计”→“应收款管理”→“制单处理”命令，弹出“制单查询”对话框，选中“发票制单”或“昌新贸易公司”，单击【确定】按钮，进入“销售发票制单”窗口。

4）选择要进行制单的记录行，在“选择”栏中输入“1”或单击“全选”按钮后，单击【制单】按钮。

5）弹出“填制凭证”对话框，在记账凭证中输入科目名称，单击【保存】按钮进行保存，凭证左上角显示“已生成”标志，如图5-21所示。

图5-20　提示（一）

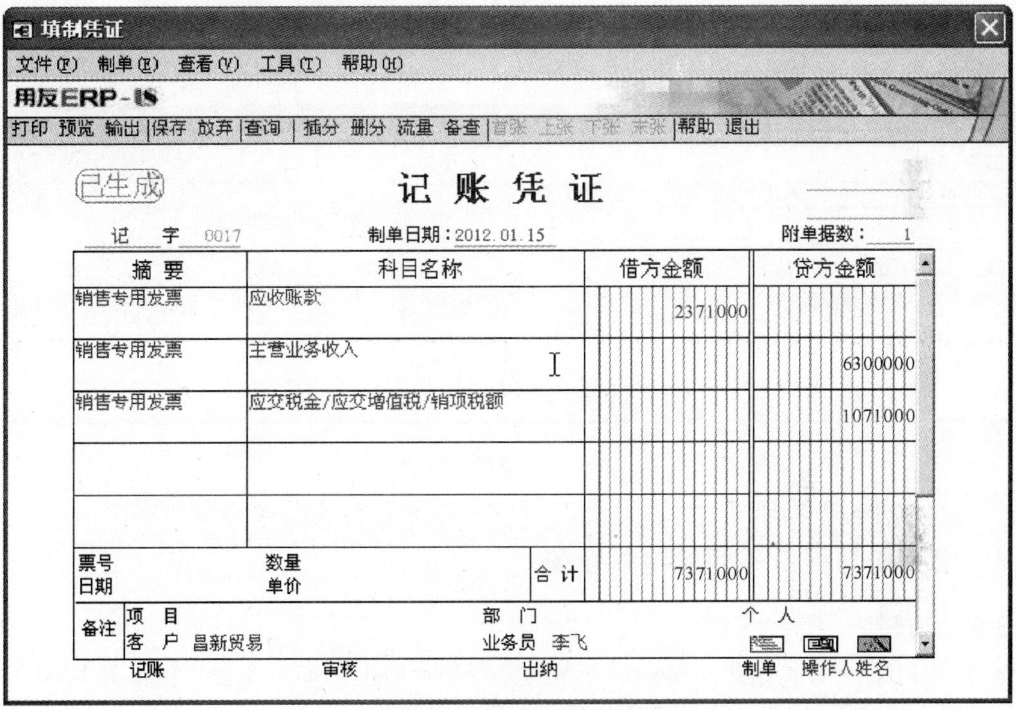

图5-21　销售专用发票生成记账凭证（一）

（9）账表查询。

1）在销售系统中，查询销售订单执行统计表，如图5-22所示。

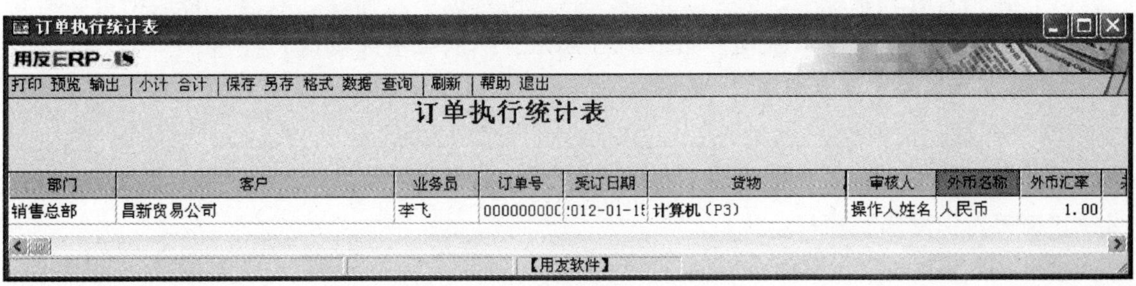

图5-22　订单执行统计表（二）

2）在销售系统中，查询发货单列表，如图 5-23 所示。

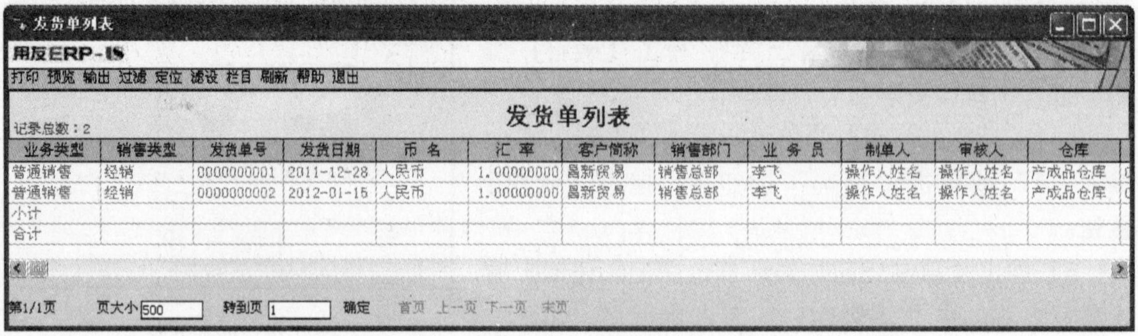

图 5-23 发货单列表（二）

3）在销售系统中，查询销售统计表（订单执行情况），如图 5-24 所示。

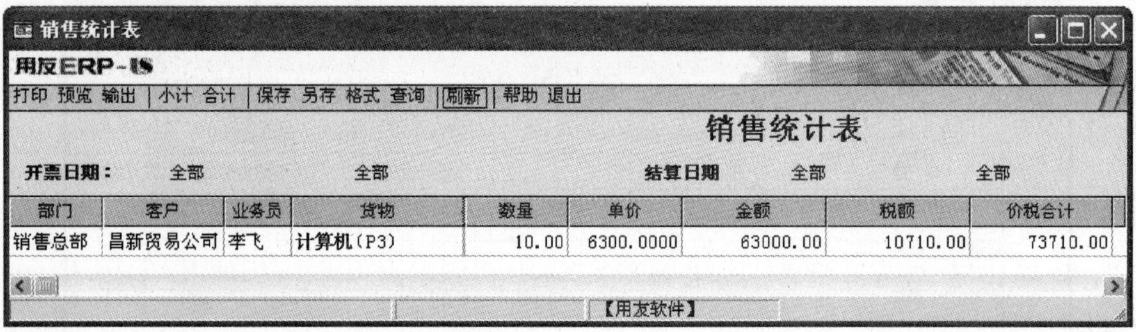

图 5-24 销售统计表

5.5.4 成交价与报价不同的销售业务

业务二资料：

2012 年 1 月 17 日，销售总部向昌新贸易公司出售喷墨打印机 5 台，报价为 1000 元，成交价为报价的 90%，货物从外购品仓库发出。

2012 年 1 月 31 日根据上述发货单开具专用发票一张。

操作步骤：

（1）在销售管理系统中，选择“设置”→“销售选项”命令，取消“普通销售必有订单”和“销售生成出库单”选项，如图 5-25 所示，然后单击【确认】按钮。

（2）填制并审核销售专用发票。

1）选择“供应链”→“销售管理”→“销售开票”→“销售专用发票”命令，打开“销售专用发票”窗口。单击【增加】按钮，弹出“选择发货单”对话框。关闭这个窗口，回到“销售专用发票”窗口。

2）手工输入发票的表头和表体信息。业务类型“普通销售”，销售类型“经销”，客户简称“昌新贸易”，开票日期“2012-01-17”，销售部门“销售总部”，存货名称“喷墨打印

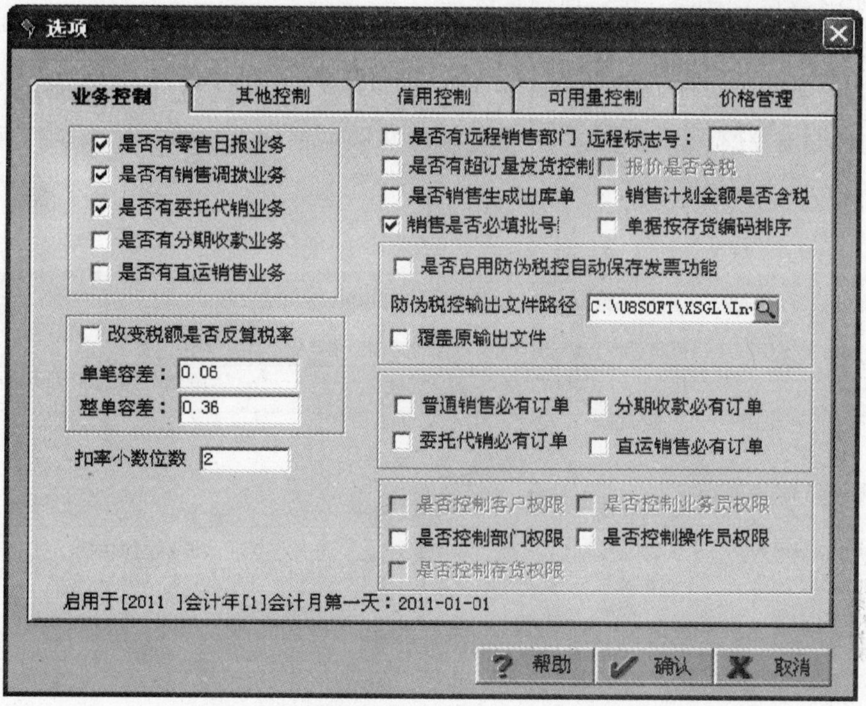

图 5-25 修改销售系统的选项

机”，数量“5”，报价“1000”，含税单价“1053”。全部信息输入完毕后，单击【保存】按钮进行保存，结果如图 5-26 所示。

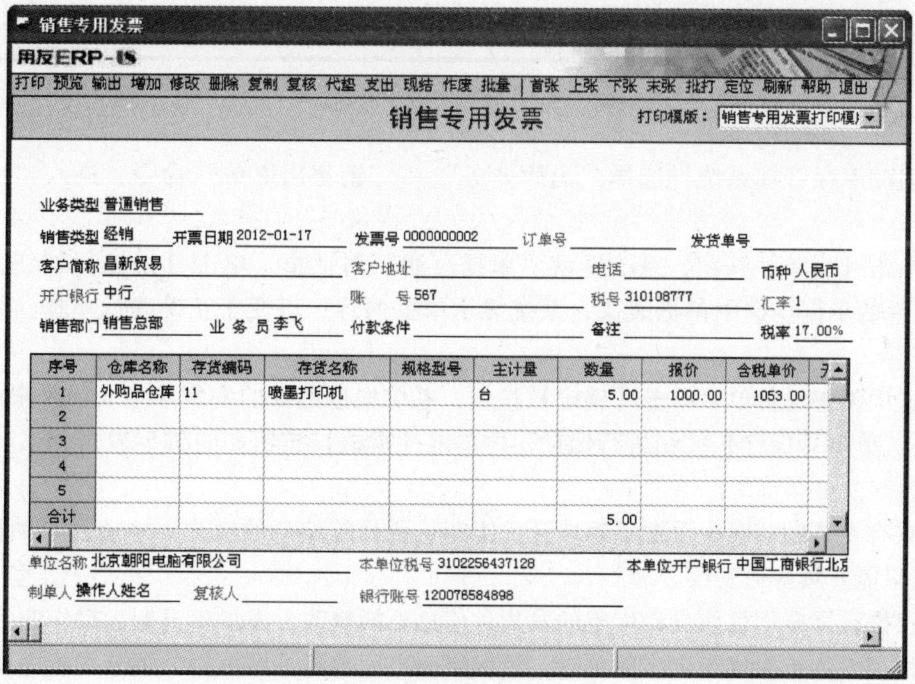

图 5-26 销售专用发票（二）

3）单击【复核】按钮，进行票据复核。

（3）填制并审核发货单。

1）选择“销售发货”→“销售发货单”命令，进入“销售发货单”窗口。系统根据复核后的销售专用发票，自动生成了一张已经过审核的销售发货单，如图 5-27 所示。单击【退出】按钮，退出销售系统。

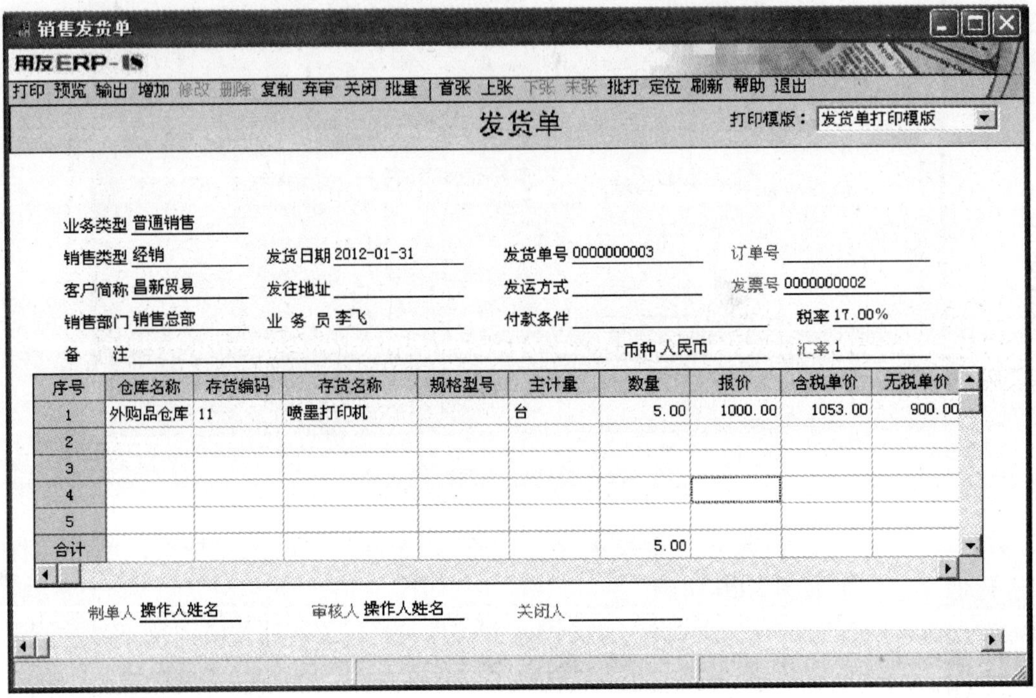

图 5-27 发货单（二）

2）启动库存管理系统，选择“出库业务”→“销售出库单”命令，进入“销售出库单”窗口。

3）单击【生单】按钮，系统显示“单据过滤”对话框。单击【过滤】按钮，系统显示符合条件的单据。选中单据表头，系统显示单据内容，以便于正确确认单据，如图 5-28 所示。

4）选中销售发货单后单击【确定】按钮，系统根据选择的发货单生成一张未保存的销售出库单。单击【保存】按钮进行保存，再单击【审核】按钮，如图 5-29 所示。

注意：

1）只有在基础档案中设置了客户开户银行、税号等信息的客户，才能开具销售专用发票，否则只能开具普通发票。

2）根据销售专用发票自动生成的发货单信息不能修改，发货单日期为操作业务日期。

3）根据发货单生成销售出库单时，可以修改出库数量，即可以处理分次出库业务。

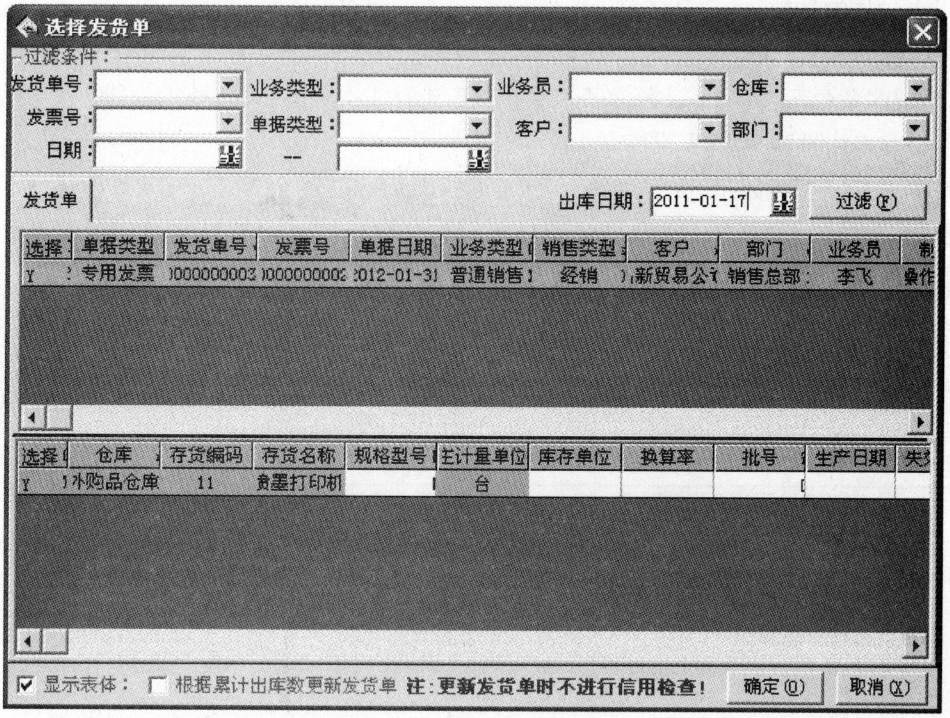

图 5-28 出库单生单单据过滤

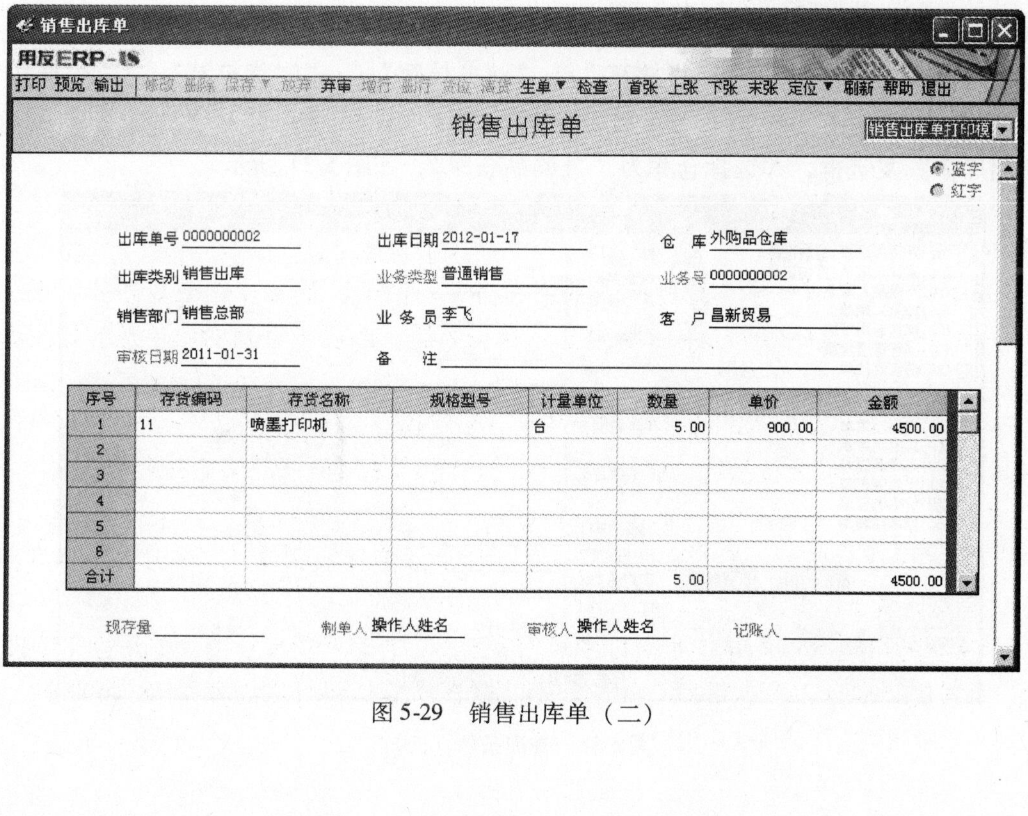

图 5-29 销售出库单（二）

(4) 存货核算记账。

1) 选择“供应链”→“存货核算”→“业务核算”→“正常单据记账”命令，打开“正常单据记账条件”对话框。在“仓库”选项组中选中“外购品仓库”复选框，在“单据类型”选项组中选中“销售出库单”复选框。

2) 单击【确定】按钮，进入“正常单据记账”窗口。在单据行前面的“选择”栏中单击鼠标左键，出现“√”标记，如图5-30所示。单击【记账】按钮进行记账。

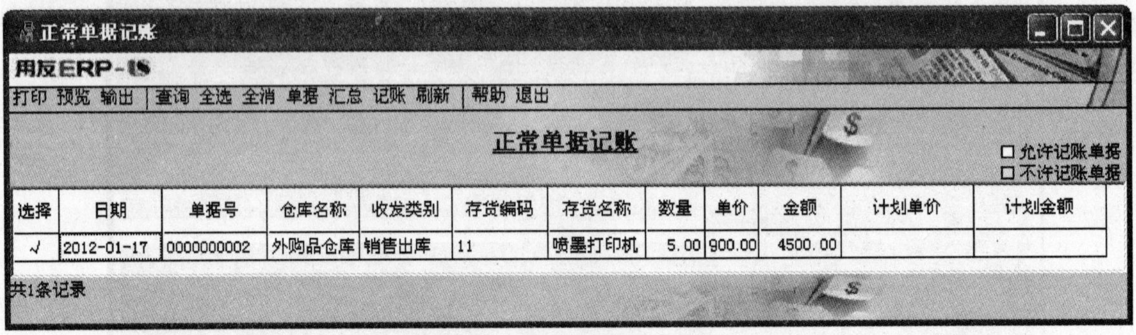

图5-30 正常单据记账（三）

3) 记账完成后，单据不在列表中显示。记账后可利用“恢复记账”功能恢复到未记账状态。

注意：

在销售管理参数设置中，可选择用销售发票或销售出库单记账，系统默认为用销售出库单记账。

(5) 生成记账凭证。

1) 选择“供应链”→“存货核算”→“业务核算”→“财货核算”→“生成凭证”命令，打开“生成凭证”对话框。单击【选择】按钮，打开“查询条件”对话框，选中“销售出库单”复选框，并选择仓库为“外购品仓库”，如图5-31所示。

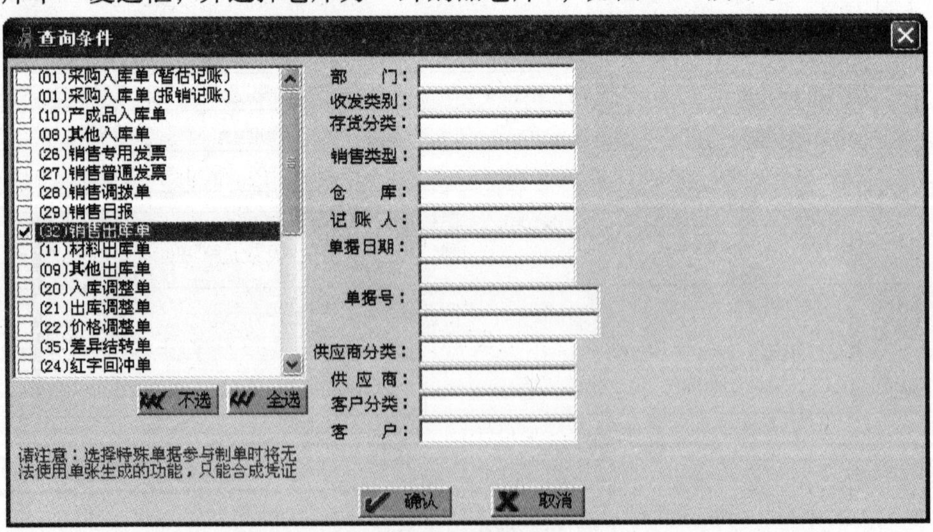

图5-31 查询条件（四）

2）单击【确认】按钮，进入“选择单据”窗口，如图5-32所示。选择要生成凭证的单据，单击【确定】按钮，进入“生成凭证”窗口。

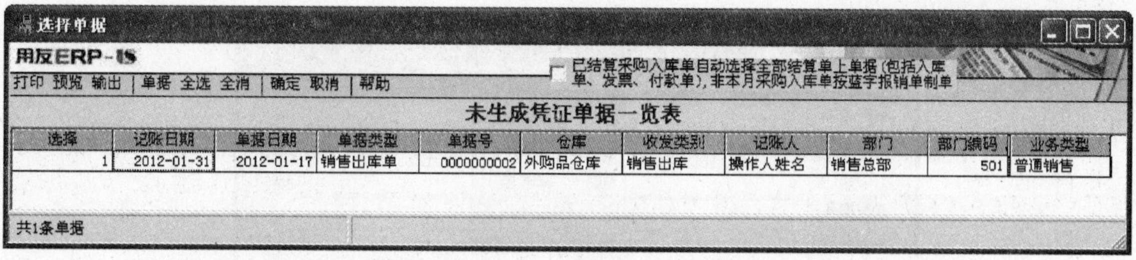

图5-32 选择单据

3）单击【生成】按钮，生成记账凭证。

4）检查无误后，单击【保存】按钮进行保存。凭证左上角显示“已生成”标志，该凭证传递至总账系统，如图5-33所示。

图5-33 销售出库单生成记账凭证（二）

（6）应收单据处理。

1）运行“财务会计”→“应收款管理”→“应收单据管理”→“应收单据处理”→

“应收单据审核”命令，弹出“单据过滤条件”对话框，如图5-34所示。选择客户查询条件并单击【确认】按钮，进入“应收单据列表”。

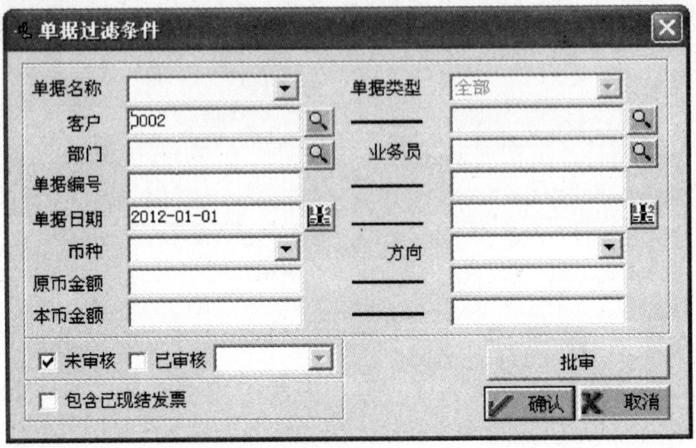

图5-34 单据过滤条件（二）

2）选择审核的记录行后，双击【选择】栏，出现选中标志“Y”。再单击【审核】按钮，系统完成审核，并给出审核提示，单击【确认】按钮返回，如图5-35所示。

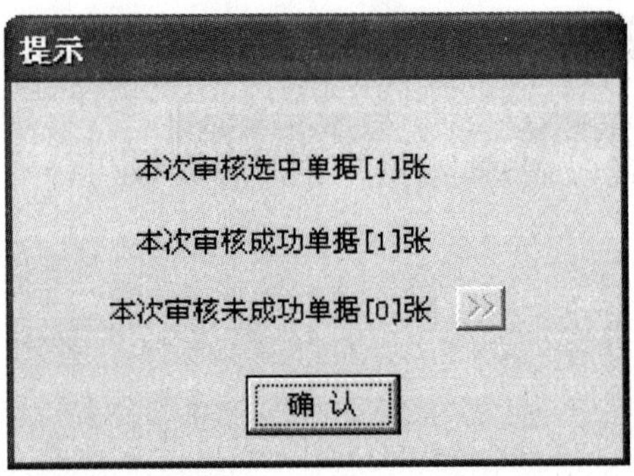

图5-35 提示（二）

3）选择“财务会计”→“应收款管理”→“制单处理”命令，弹出“制单查询”对话框，选中“发票制单”或“昌新贸易”，单击【确定】按钮，进入“销售发票制单”窗口。

4）选择要进行制单的记录行，在“选择”栏中输入“1”或单击【全选】按钮后，单击【制单】按钮进行制单。

5）弹出“填制凭证”对话框，在记账凭证中输入科目名称，单击【保存】按钮进行保存，凭证左上角显示“已生成”标志，如图5-36所示。

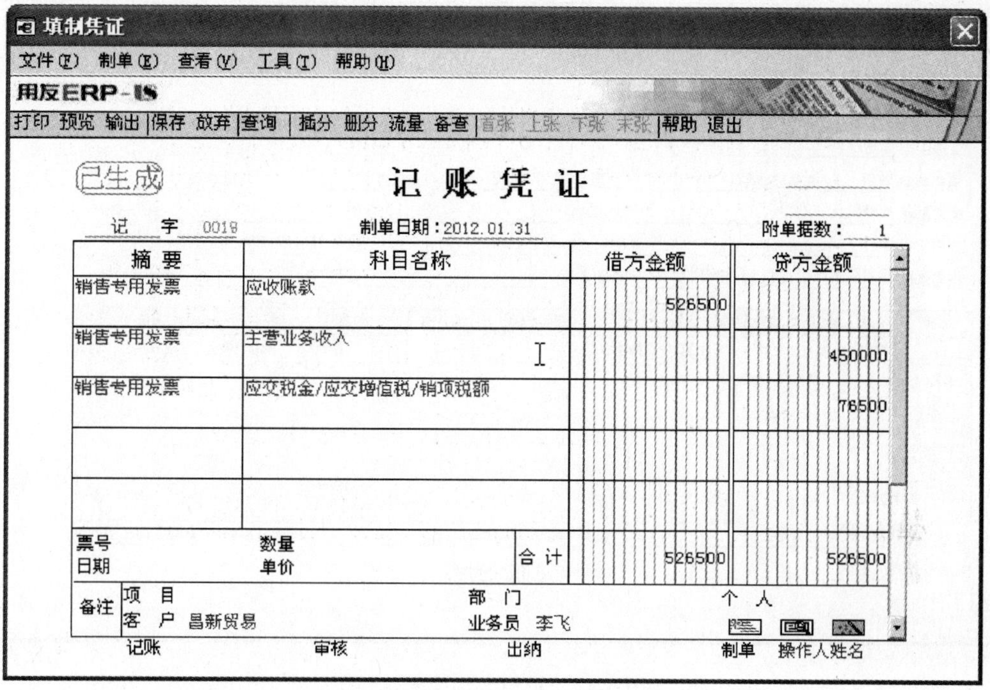

图 5-36 销售专用发票生成记账凭证（二）

5.5.5 现结销售业务

业务三资料：

2012 年 1 月 17 日，销售总部向昌新贸易公司出售计算机（P4）10 台，报价为 8400 元，货物从产成品仓库发出。

2012 年 1 月 17 日根据上述发货单开具专用发票一张，同时收到客户以支票（ZZ0011278）所支付的全部货款。

操作步骤：

（1）填制并审核销售专用发票。

1）选择“供应链”→“销售管理”→“销售开票”→“销售专用发票”命令，打开“销售专用发票”窗口。单击【增加】按钮，弹出“选择订单”对话框。关闭这个对话框，回到“销售专用发票”窗口。

2）手工输入发票的表头和表体信息。业务类型“普通销售”，销售类型“经销”，客户简称“昌新贸易”，开票日期“2012-01-17”，销售部门“销售总部”，存货名称“计算机（P4）”，数量“10”，报价“8400”。全部信息输入完毕后，单击【保存】按钮，如图 5-37 所示。

3）单击【现结】按钮，打开“销售现结”窗口，输入结算方式为“转账支票”全额支付，银行账号为昌新贸易公司的银行账号，如图 5-38 所示。输入完毕后，单击【确定】按钮。

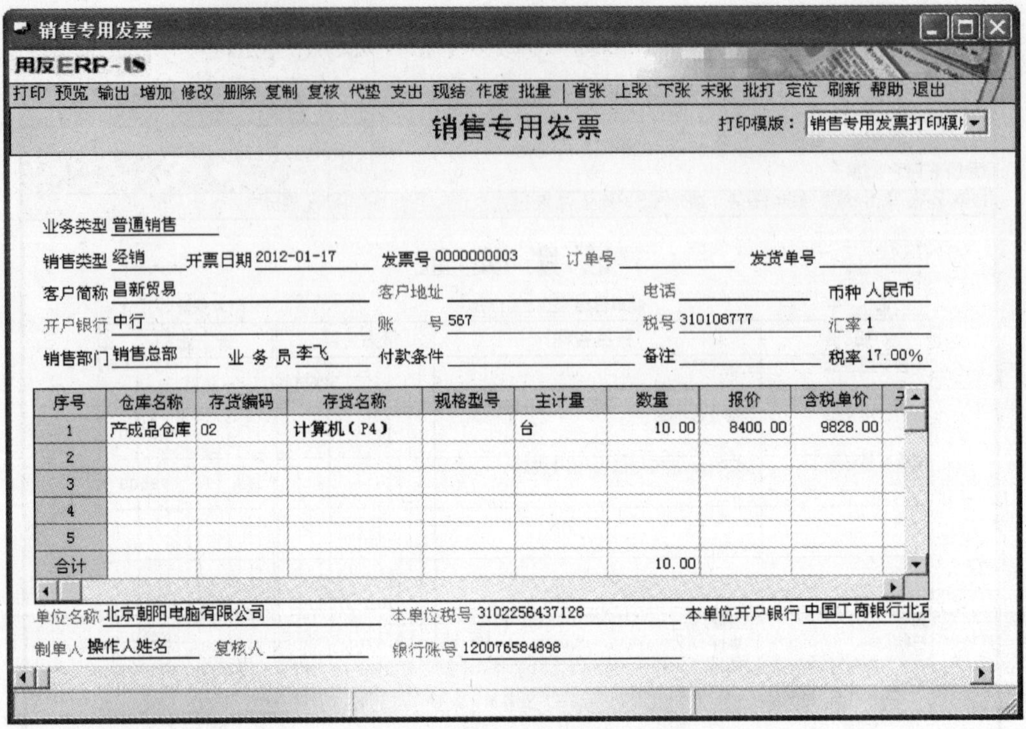

图 5-37 销售专用发票（三）

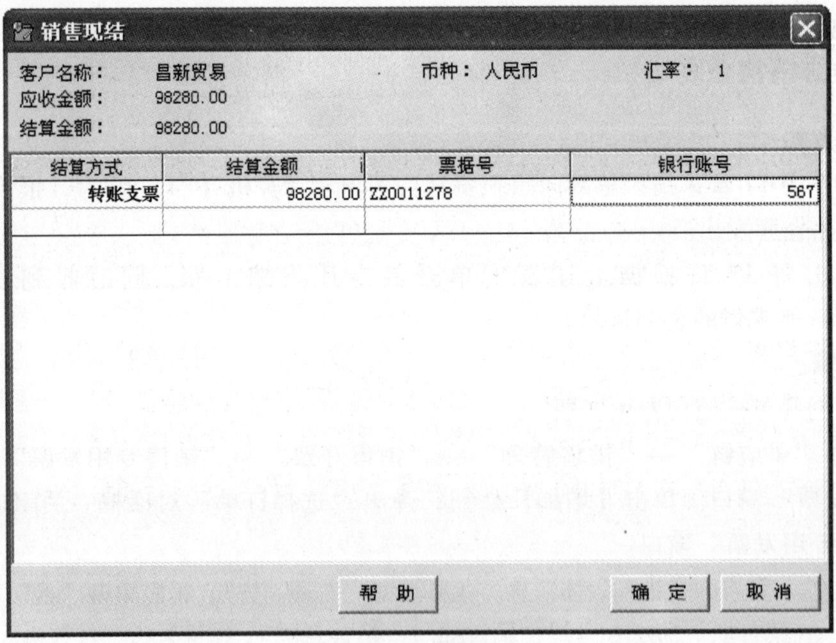

图 5-38 销售现结

4）发票上自动显示“现结”标志，单击【复核】按钮，结果如图 5-39 所示。

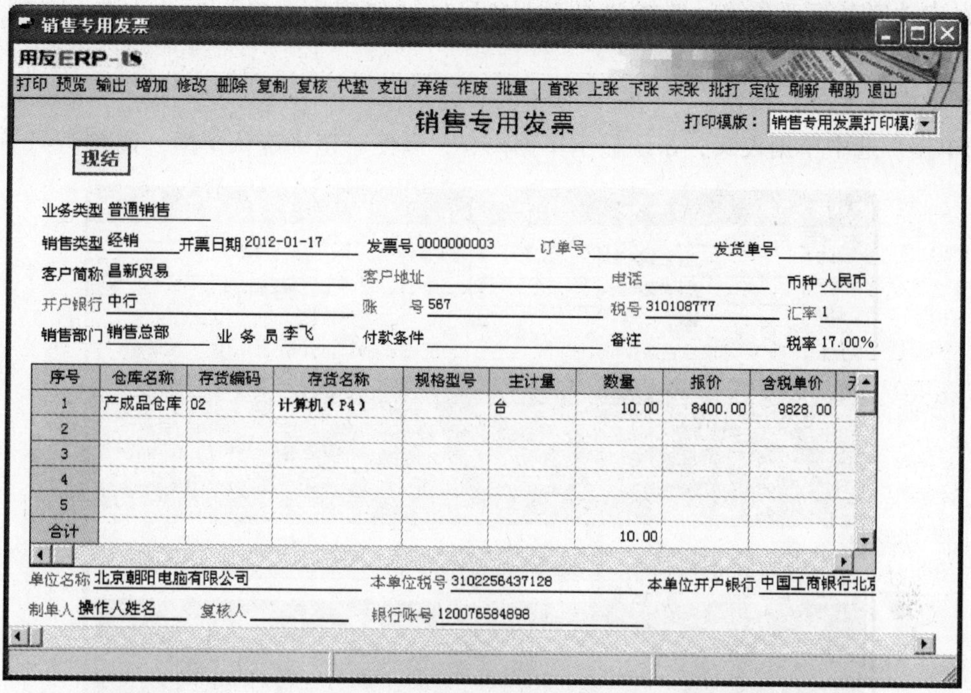

图 5-39 现结销售专用发票

（2）填制并审核发货单。

1）选择“销售发货”→“销售发货单”命令，进入“销售发货单”窗口。系统根据复核后的销售专用发票自动生成了一张已经审核的销售发货单，如图 5-40 所示。单击【退出】按钮，退出销售系统。

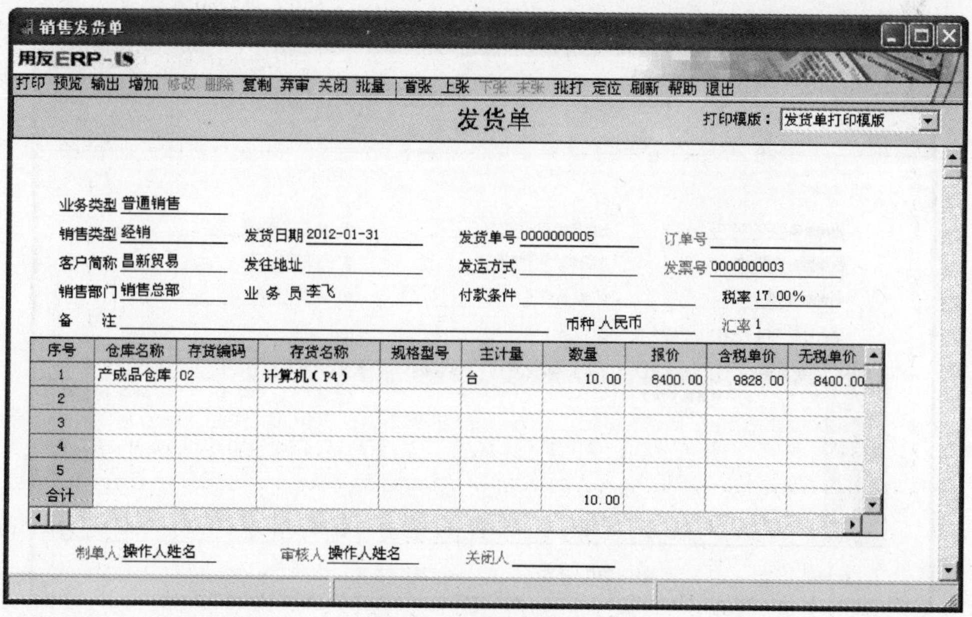

图 5-40 发货单（三）

2）启动库存管理系统，选择“出库业务”→“销售出库单”命令，进入“销售出库单”窗口。

3）单击【生单】按钮，系统显示单据过滤对话框，单击【过滤】按钮，系统显示符合条件的单据。选中单据表头，系统显示单据内容，以便于正确确认单据，如图 5-41 所示。

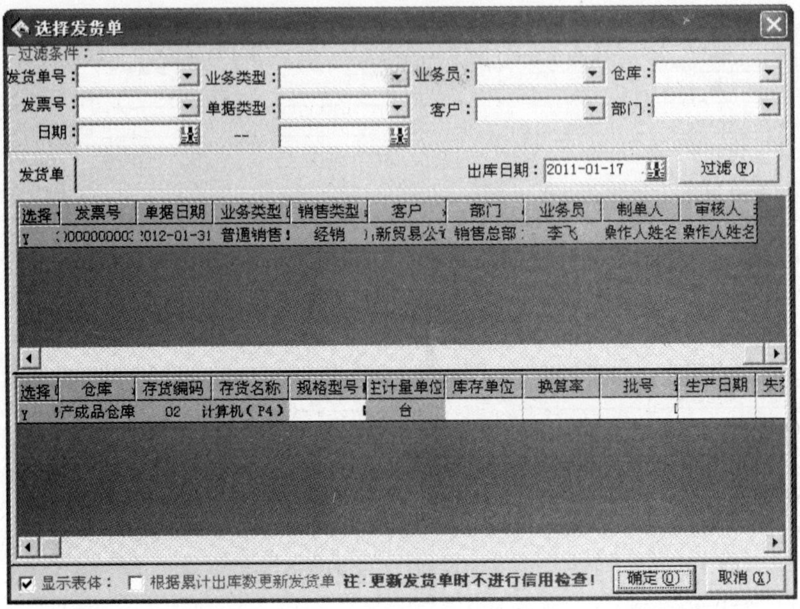

图 5-41　出库单生单单据过滤

4）选中销售发货单后单击【确定】按钮，系统根据选择的发货单生成一张未保存的销售出库单。单击【保存】按钮进行保存，再单击【审核】按钮，结果如图 5-42 所示。

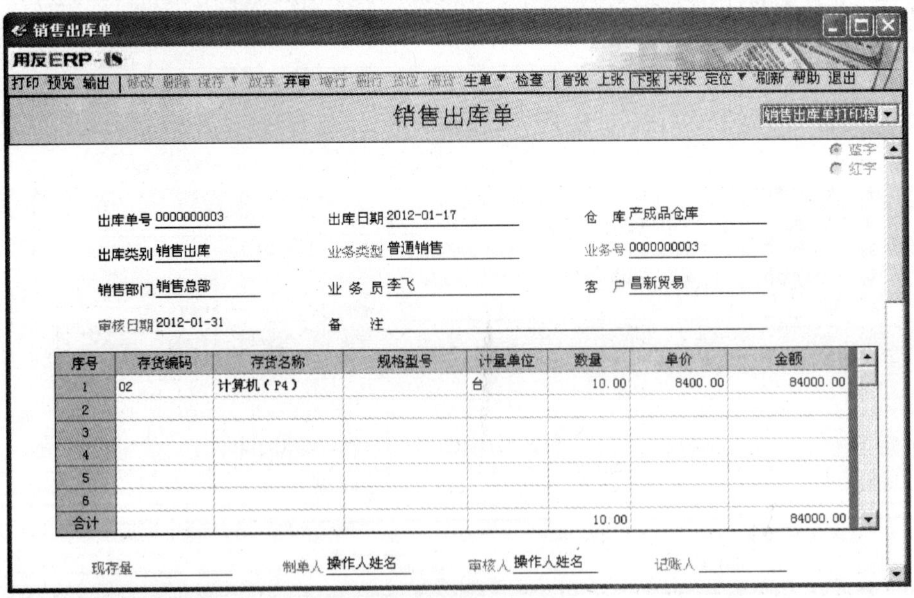

图 5-42　销售出库单（三）

（3）应收单据处理。

1）启动应收款管理系统，执行“应收单据处理”→“应收单据审核”命令，弹出“条件过滤选择”对话框。

2）设置单据过滤条件，选中“包括已现结发票”复选框，单击【确认】按钮，如图5-43所示。

图5-43　单据过滤条件（三）

3）选择需要审核的应收单据，在该记录的“选择”栏双击，出现选中标志“Y”。

4）单击【审核】按钮，系统显示“本次审核成功单据1张”信息提示对话框。

5）选择“制单处理”命令，打开“制单查询”对话框，设置单据过滤条件，选择“现结制单”。选择单据后单击【制单】按钮，在生成凭证界面修改凭证类型为收款凭证，单击【保存】按钮，结果如图5-44所示。

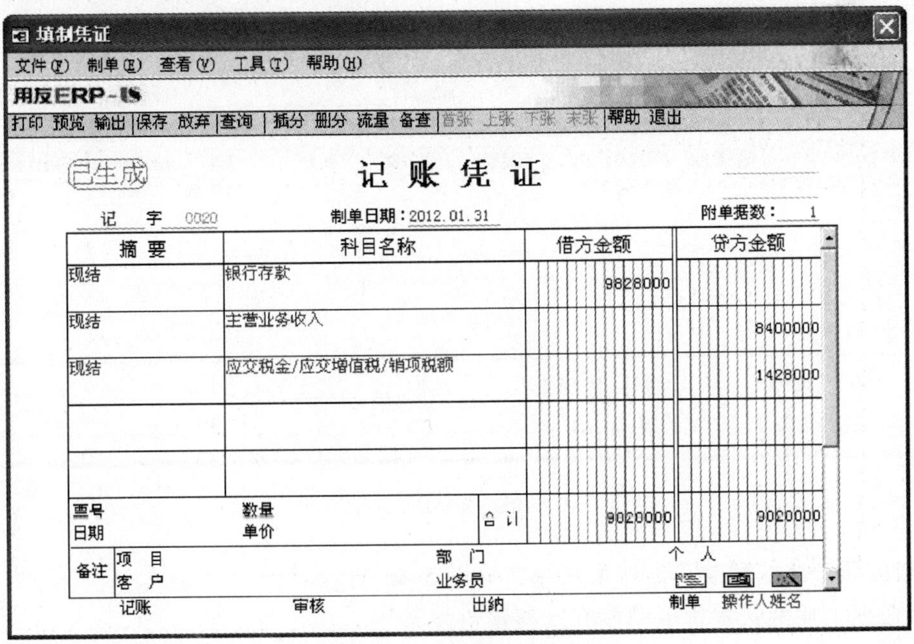

图5-44　已生成的现结制单

5.5.6 多个业务合开发票

业务四资料：

2012 年 1 月 18 日，销售总部向昌新贸易公司出售计算机（P3）10 台，报价为 6400 元，货物从产成品仓库发出。

2012 年 1 月 18 日，门市部向昌新贸易公司出售激光打印机 5 台，报价为 2300 元，货物从外购品仓库发出。

2012 年 1 月 18 日根据上述两张发货单开具专用发票一张。

操作步骤：

（1）填制并审核两张销售发货单。

1）选择“供应链”→“销售管理”→“销售发货”→“销售发货单”命令，打开“销售发货单”窗口。单击【增加】按钮，弹出“选择订单”对话框。关闭这个对话框，回到“销售发货单”窗口。

2）在表头输入销售类型“经销”、发货日期“2012-01-18”、客户简称“昌新贸易”、销售部门“销售总部”，在表体输入存货的相关内容。单击【保存】按钮进行保存，再单击【审核】按钮，结果如图 5-45 所示。

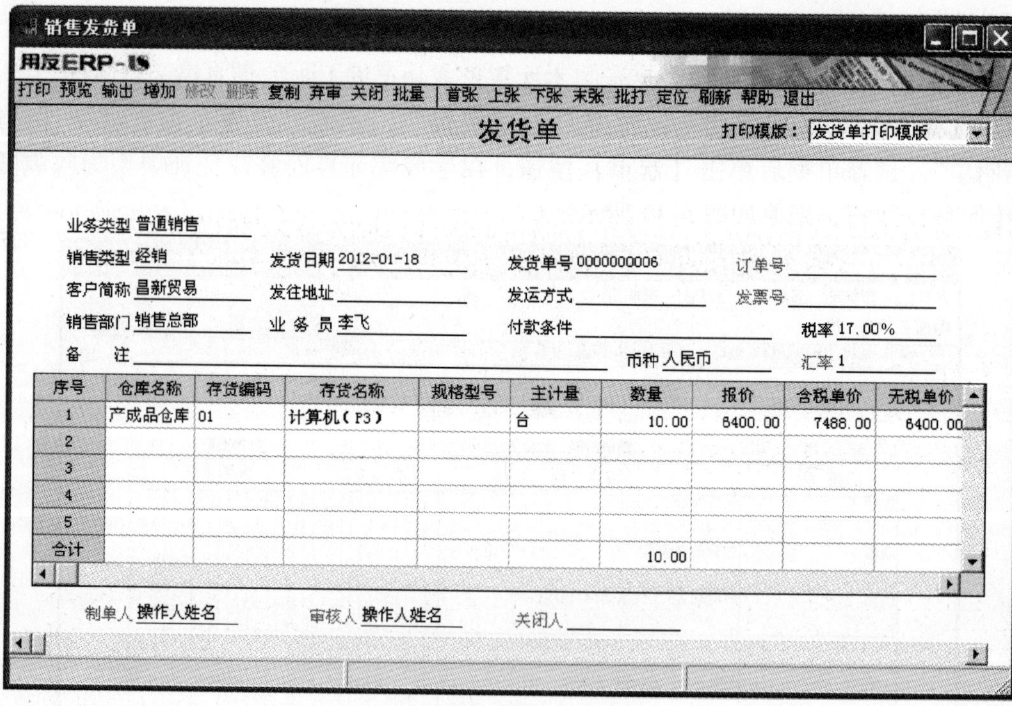

图 5-45 发货单（四）

3）用相同方法，编制第二张发货单，如图 5-46 所示。

（2）根据上述两张发货单填制并复核销售发票。

1）选择“供应链”→“销售管理”→“销售开票”→“销售专用发票”命令，打开

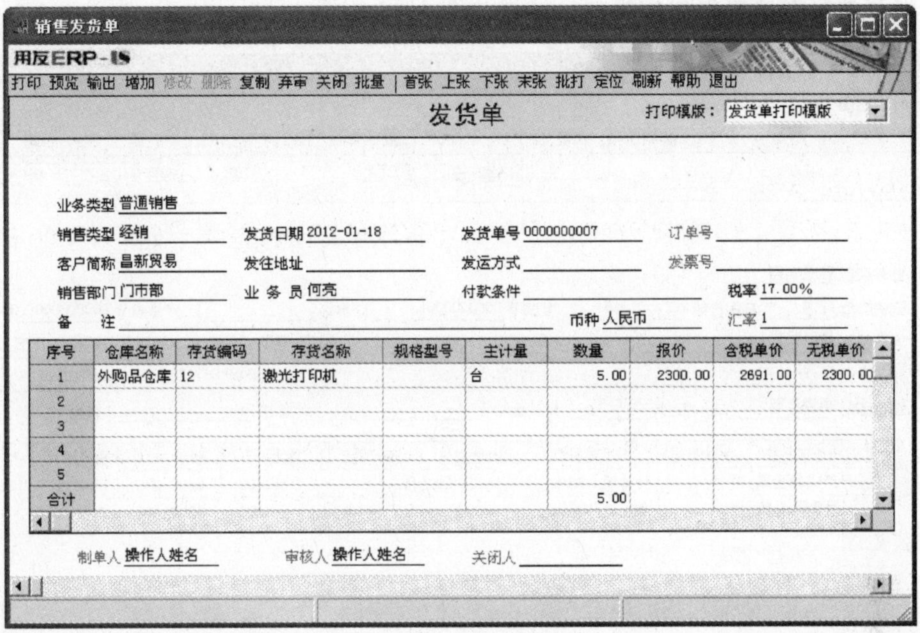

图 5-46 发货单（五）

“销售专用发票”窗口。单击【增加】按钮，弹出“选择订单”对话框。单击【显示】按钮，即显示出尚未开票的发货单据。选择第一步的两个发货单，前面出现选中标志“Y”，如图 5-47 所示。

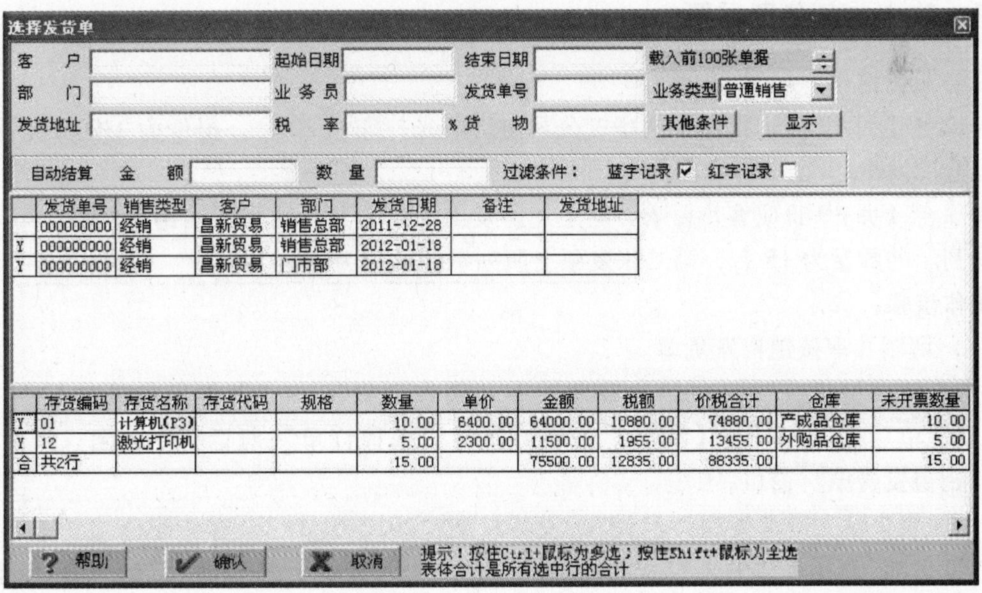

图 5-47 选择发货单（一）

2）保存并复核该销售专用发票，结果如图 5-48 所示。

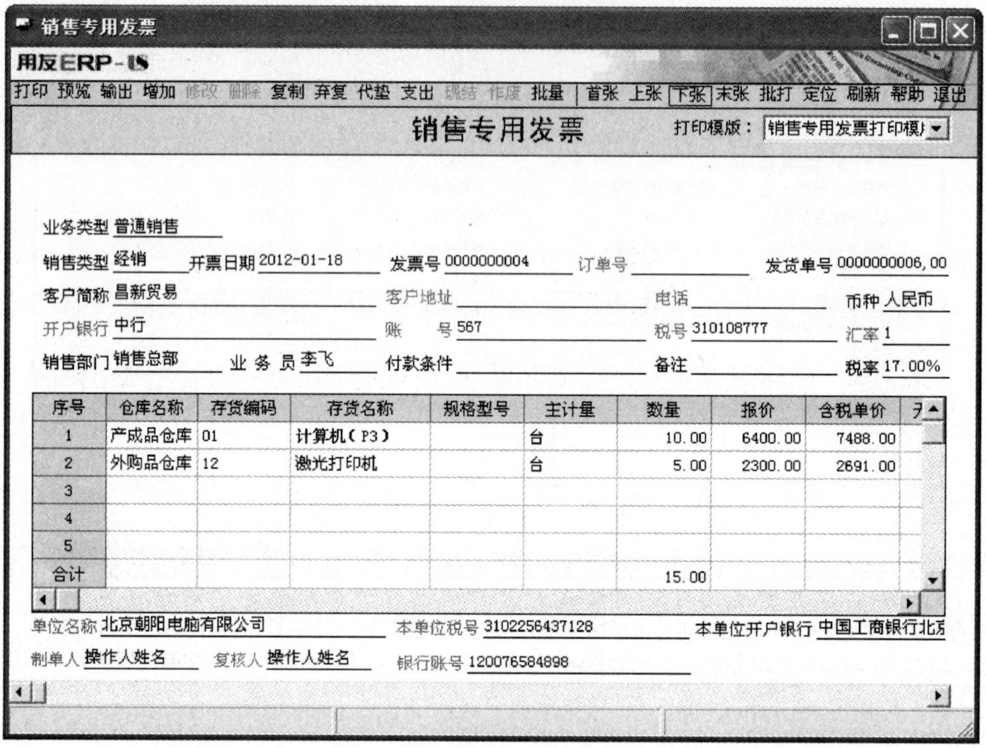

图 5-48 销售专用发票（四）

5.5.7 单个业务分开发票

业务五资料：

2012 年 1 月 18 日，批发部向华宏公司出售激光打印机 20 台，报价为 2300 元，货物从外购品仓库发出。

2012 年 1 月 19 日应客户要求，对上述所发出的商品开具两张专用销售发票，第一张发票中所列示的数量为 15 台，第二张发票上所列示的数量为 5 台。

操作步骤：

（1）填制并审核销售发货单。

1）选择“供应链”→“销售管理”→“销售发货”→“销售发货单”命令，打开“销售发货单”窗口。单击【增加】按钮，弹出“选择订单”对话框。关闭这个对话框，回到“销售发货单”窗口。

2）在表头输入销售类型“经销”、发货日期“2012-01-18”、客户简称“华宏”，销售部门“批发部”，在表体输入存货的相关内容。单击【保存】按钮进行保存，再单击【审核】按钮，结果如图 5-49 所示。

（2）分别根据发货单填制并复核两张销售发票（考虑一下，在填制第二张发票时，系

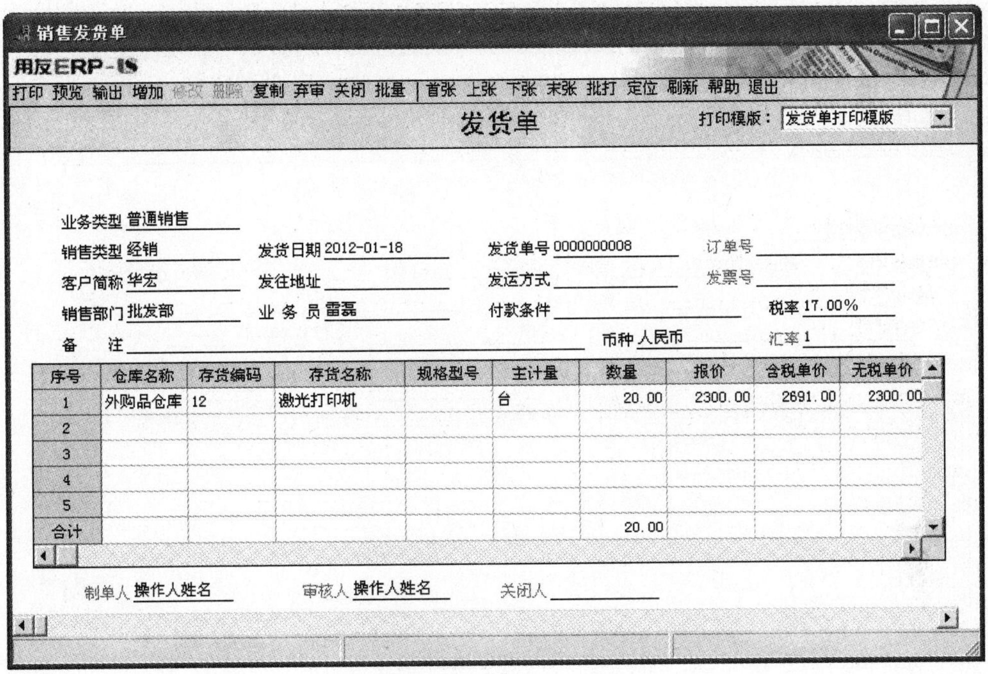

图 5-49 发货单（六）

统自动显示的开票数量是否为 5 台）。

1）选择“供应链”→“销售管理”→“销售开票”→“销售专用发票”命令，打开“销售专用发票”窗口。单击【增加】按钮，弹出“选择订单”对话框。关闭这个对话框，回到“销售专用发票”窗口。

2）在“销售专用发票”窗口中，单击【发货】按钮，弹出“选择发货单”对话框。输入客户简称“华宏”，单击【显示】按钮，对话框的上方显示客户发货单表头的内容。在选择行的记录前双击，就会出现选中标志“Y”，此时下方显示发货单表体的记录。单击【确定】按钮，返回“销售专用发票”窗口。

3）根据销售专用发票带出发货单的相关信息，将表体数量改为“15”，单击【保存】按钮，结果如图 5-50 所示。

4）单击【复核】按钮进行复核。

5）此时，如图 5-51 所示，未开票数量为“5”。因此，以同样方法导入第二张销售专用发票，此时系统自动带入数量为“5”，如图 5-52 所示。

5.5.8 代垫装卸费

业务六资料：

2012 年 1 月 19 日，销售总部在向昌新贸易公司销售商品的过程中，发生了一笔代垫的装卸费 500 元。

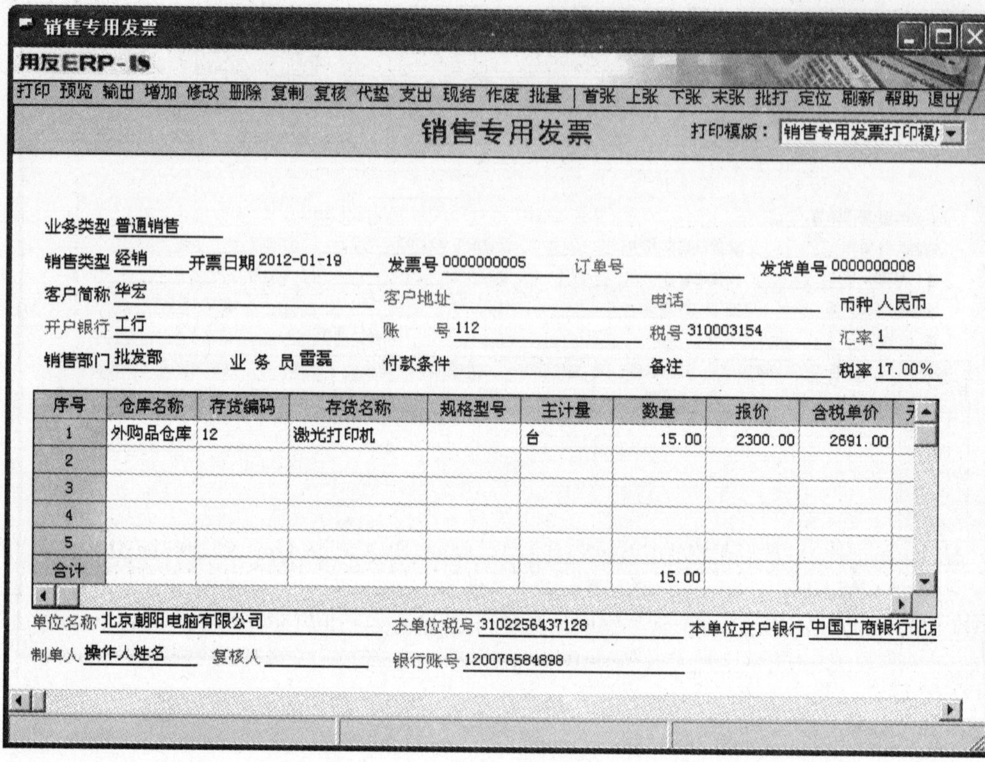

图 5-50 销售专用发票（五）

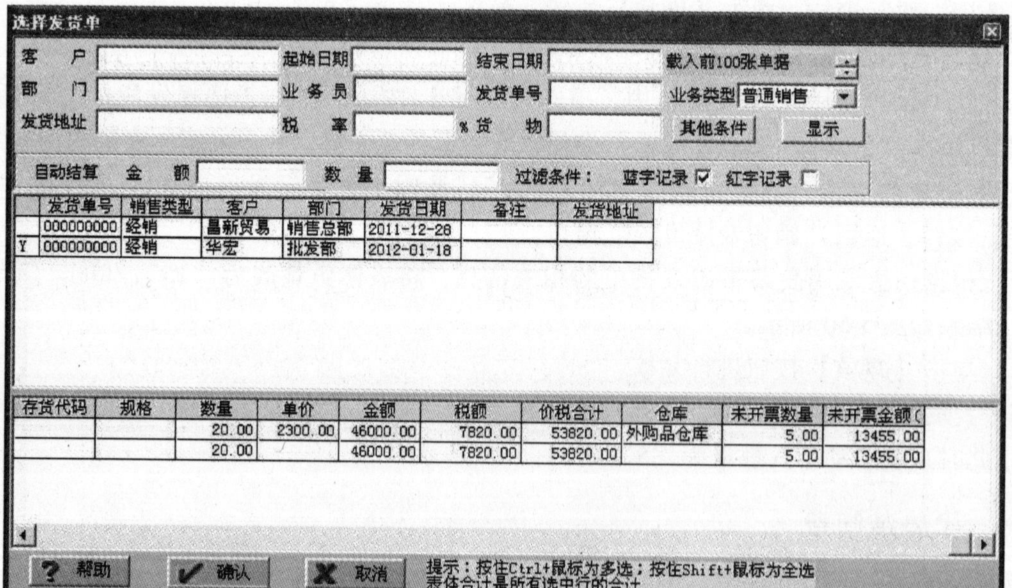

图 5-51 系统显示未开票数量为“5”

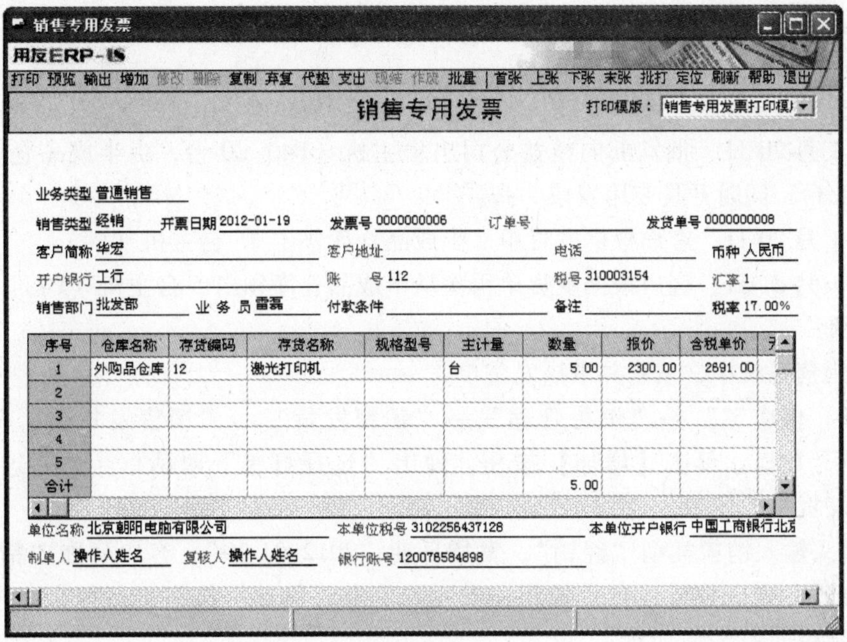

图 5-52 销售专用发票（六）

操作步骤：

填制并审核代垫费用单。

选择“供应链”→“销售管理”→“代垫费用”→“代垫费用单”命令，打开“代垫费用单”窗口。单击【增加】按钮，输入相关数据后，单击【保存】按钮进行保存，再单击【审核】按钮，结果如图 5-53 所示。

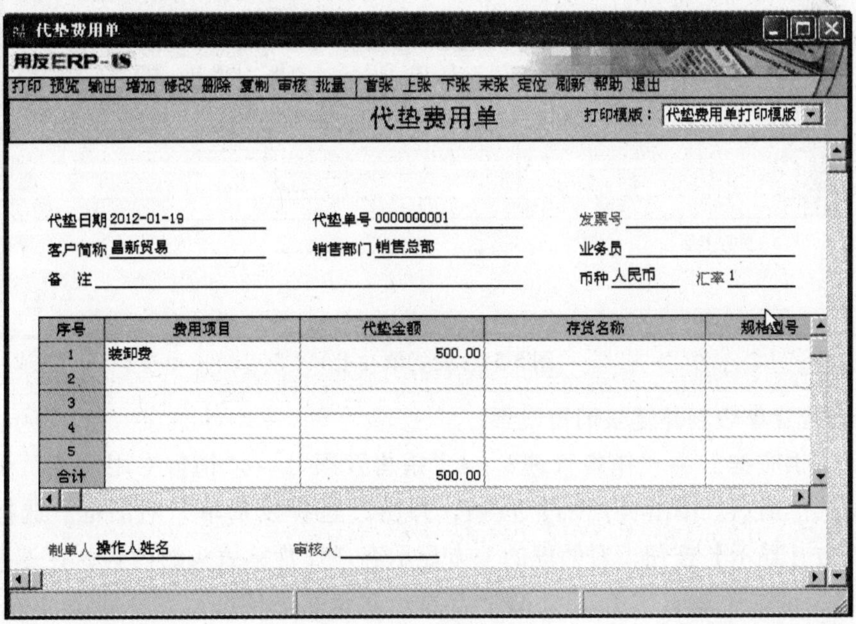

图 5-53 代垫费用单

5.5.9 不同仓库发货的销售业务

业务七资料：

2012 年 1 月 20 日，批发部向精益公司出售主机（P4）20 台，由半成品仓库发货，报价为 2500 元/台，同时开具专用发票一张。

2012 年 1 月 20 日，客户根据发货单从半成品仓库领出 15 台主机（P4）。

2012 年 1 月 21 日，客户根据发货单再次从半成品仓库领出 5 台主机（P4）。

操作步骤：

（1）在销售系统中，填制并审核发货单。

1）选择“供应链”→“销售管理”→“销售发货”→“销售发货单”命令，打开“销售发货单”窗口。单击【增加】按钮，弹出“选择订单”对话框。关闭这个对话框，回到“销售发货单”窗口。

2）在表头输入销售类型“经销”、发货日期“2012-01-20”、客户简称“精益”、销售部门“批发部”，在表体输入存货的相关内容。单击【保存】按钮进行保存，再单击【审核】按钮，结果如图 5-54 所示。

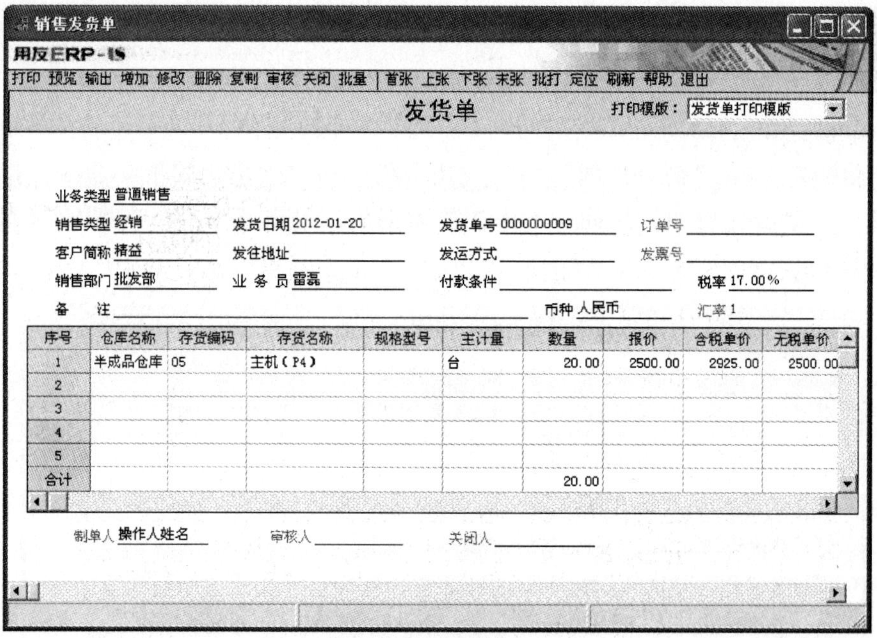

图 5-54　发货单（七）

（2）根据发货单填制并复核销售发票。

1）选择“供应链”→“销售管理”→“销售开票”→“销售专用发票”命令，打开“销售专用发票”窗口。单击【增加】按钮，弹出“选择发货单”对话框。选择客户“精益公司”，单击【显示】按钮，对话框的上方显示客户发货单表头的内容，在选择行的记录前双击，就会出现选中标志“Y”，此时下方显示发货单表体的记录。单击【确定】按钮，返回销售专用发票窗口。

2）根据销售专用发票带出发货单的相关信息，单击【保存】按钮进行保存，然后单击【复核】按钮，结果如图5-55所示。

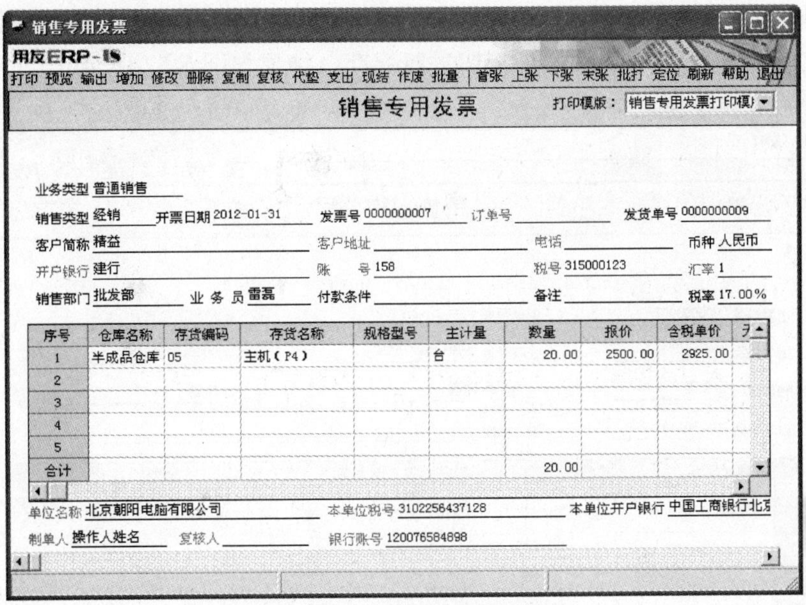

图5-55 销售专用发票（七）

（3）填制销售出库单（根据发货单生成销售出库单）。

1）启动库存管理系统，选择“出库业务”→“销售出库单”命令，进入“销售出库单”窗口。

2）单击【生单】按钮，系统显示“单据过滤”对话框，单击【过滤】按钮，系统显示符合条件的单据。选中单据表头，系统显示单据内容，以便于正确确认单据，如图5-56所示。

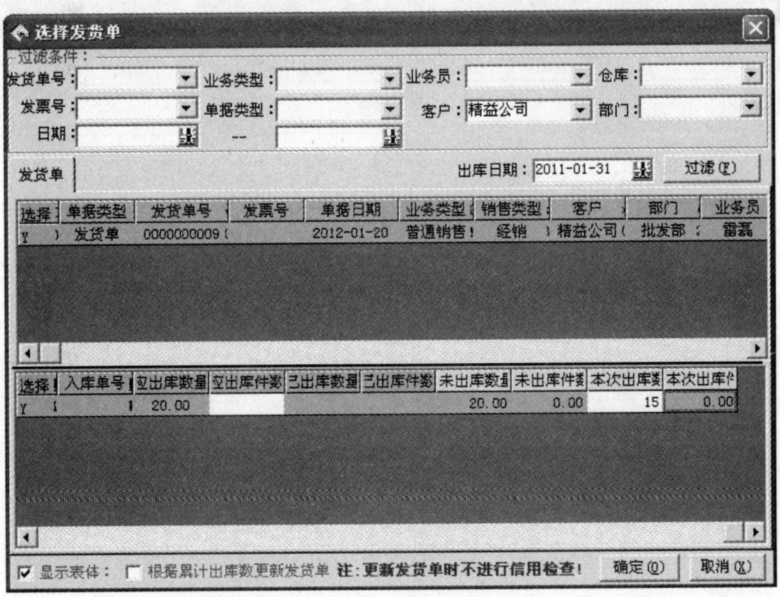

图5-56 选择发货单（二）

3）从图 5-56 可以看出，本次出库数可以调整，在本试验中，应先调成“15”，然后单击【确定】按钮。

4）系统根据选择的发货单及要求第一次出库的数量生成一张未保存的销售出库单，修改出库日期及单价等，单击【保存】按钮进行保存，结果如图 5-57 所示。

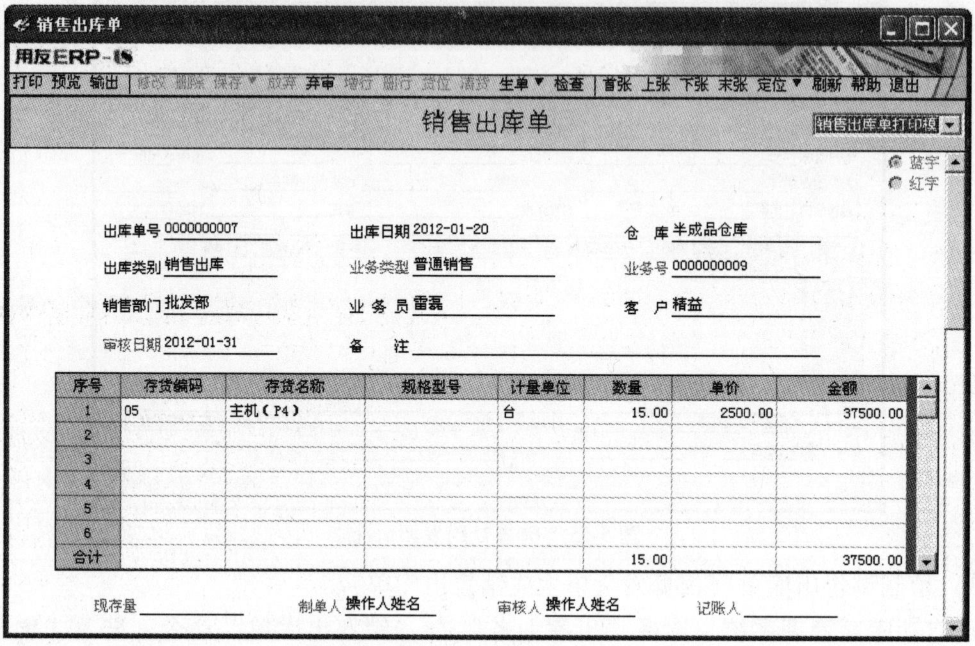

图 5-57 销售出库单（四）

5）单击【审核】按钮，完成对单据的审核。

6）此时，如图 5-58 所示，以同样的方式，编制第二张销售出库单，系统产生数量为“5”。

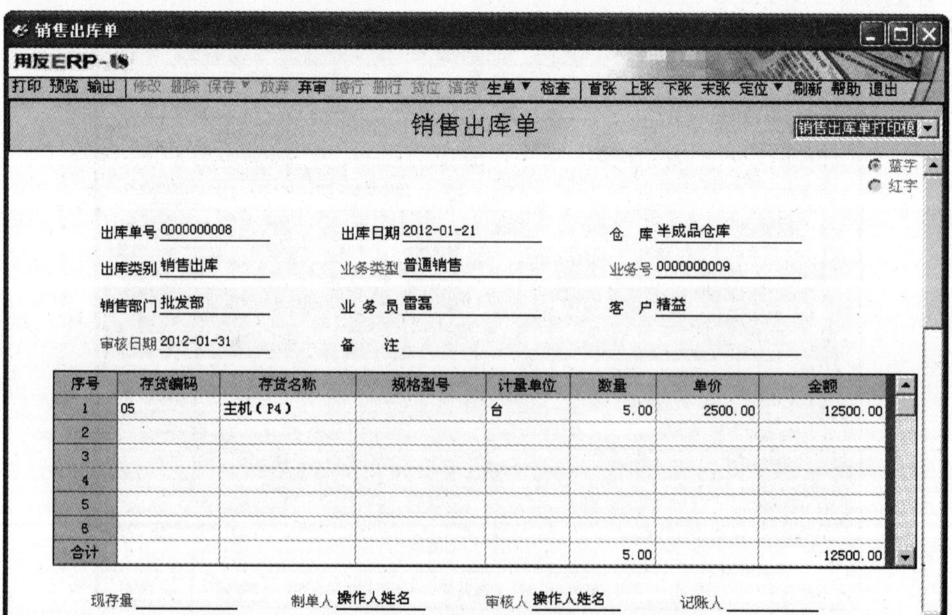

图 5-58 销售出库单（五）

5.5.10 分期收款销售业务

业务八资料：

2012 年 1 月 20 日，批发部向精益公司出售计算机（P4）50 台，由产成品仓库发货，报价为 8500 元/台。由于金额较大，客户要求以分期付款形式购买该商品。经协商，客户分两次付款，并据此开具相应销售发票。第一次开具的专用发票为数量 30 台，单价 8500 元。2012 年 1 月 20 日收到支票 ZY010999，批发部将该业务所涉及的出库单及销售发票交给财务部门，财务部门据此结转收入及成本。

操作步骤：

（1）编制并审核销售订单。

1）登录销售管理系统，选择“设置”→“销售选项”命令，分别选中“是否有分期收款业务”、“分期收款必有订单”和“是否销售生成出库单”等复选框，如图 5-59 所示。

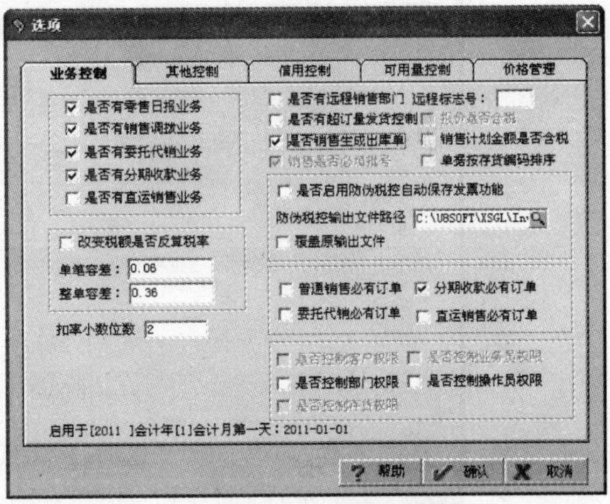

图 5-59 销售选项

2）选择“销售订货”→“销售订单”命令，单击【增加】按钮，进入“销售订单”窗口。

3）选择业务类型“分期收款”、销售类型“经销”、订单日期“2012-01-20”、客户简称“精益”、销售部门“批发部”，以及其他存货资料。单击【保存】按钮，结果如图 5-60 所示。

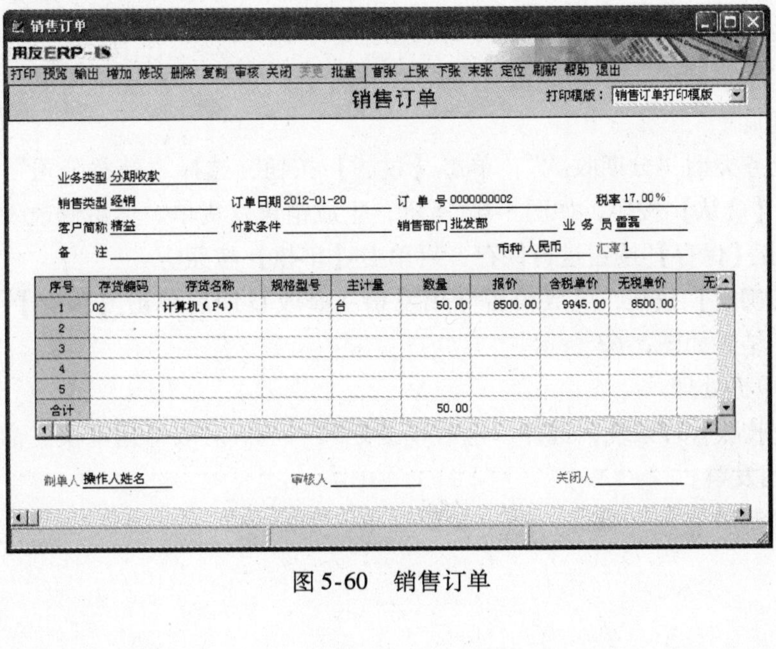

图 5-60 销售订单

4）再单击【审核】按钮，对单据进行审核。

（2）填制并审核发货单。

1）选择“销售发货”→“销售发货单”命令，单击【增加】按钮，系统显示“参照订单”窗口。

2）选择业务类型“分期收款”，单击【过滤】按钮，选择“精益公司”的订单，选择“存货”，单击【确认】按钮，生成销售发货单。然后修改发货日期，输入仓库名称。单击【保存】按钮进行保存，再单击【审核】按钮，结果如图5-61所示。

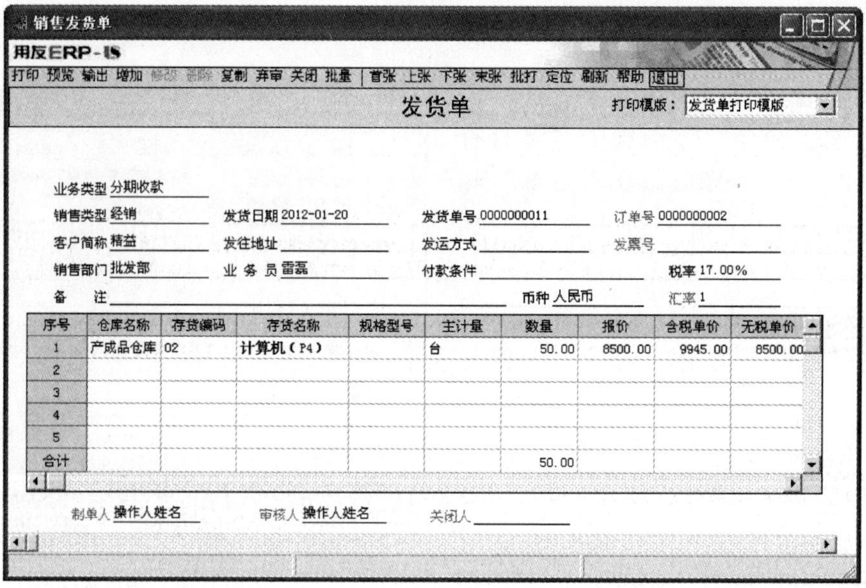

图5-61 发货单（八）

（3）填制并复核销售专用发票。

1）选择“销售开票”→“销售专用发票”命令，单击【增加】按钮，系统显示“参照发货单”窗口。

2）选择业务类型“分期收款”，单击【过滤】按钮，选择“精益公司”的订单，选择“存货”，单击【确认】按钮，如图5-62所示，生成销售发货单。然后修改发货日期，输入仓库名称。单击【保存】按钮进行保存，再单击【审核】按钮。

3）单击【确定】按钮，生成销售专用发票。修改日期后单击【保存】按钮，再单击【复核】按钮，结果如图5-63所示。

（4）应收单据处理。

1）启动应收款管理系统，选择“应收单据处理”→“应收单据审核”命令，审核分期收款生成的专用发票。

2）选择“制单处理”命令，选中发票制单，生成分期收款确认收入的凭证，结果如图5-64所示。

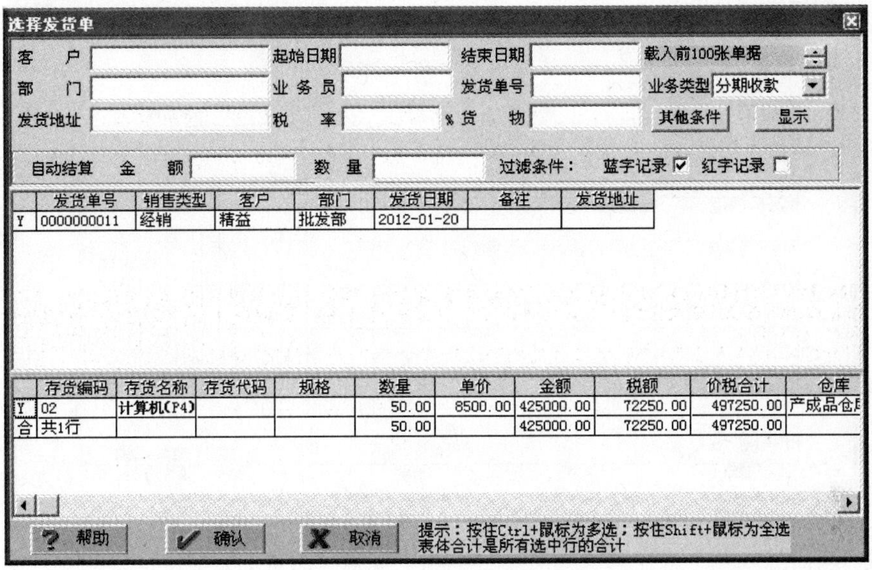

图 5-62 选择发货单（三）

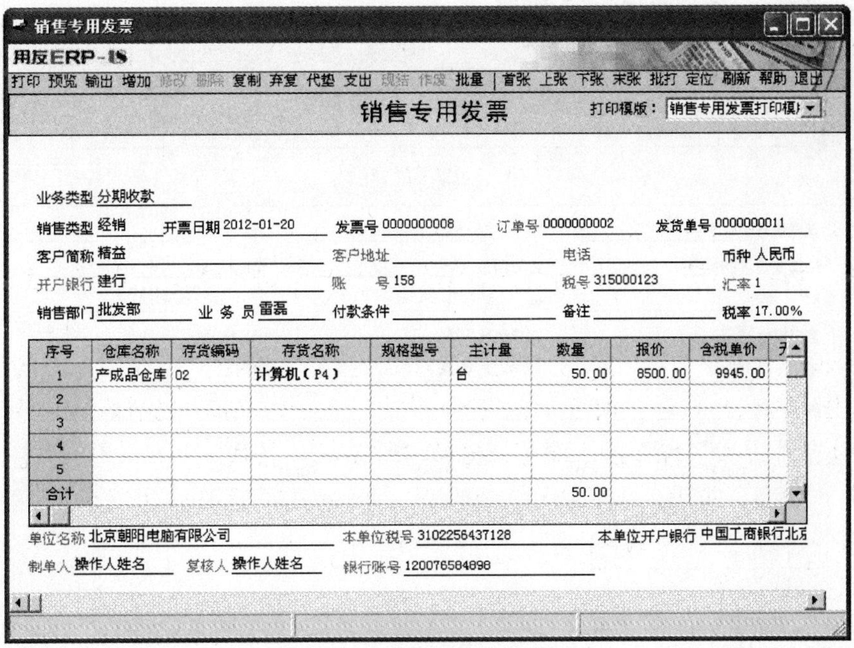

图 5-63 销售专用发票（八）

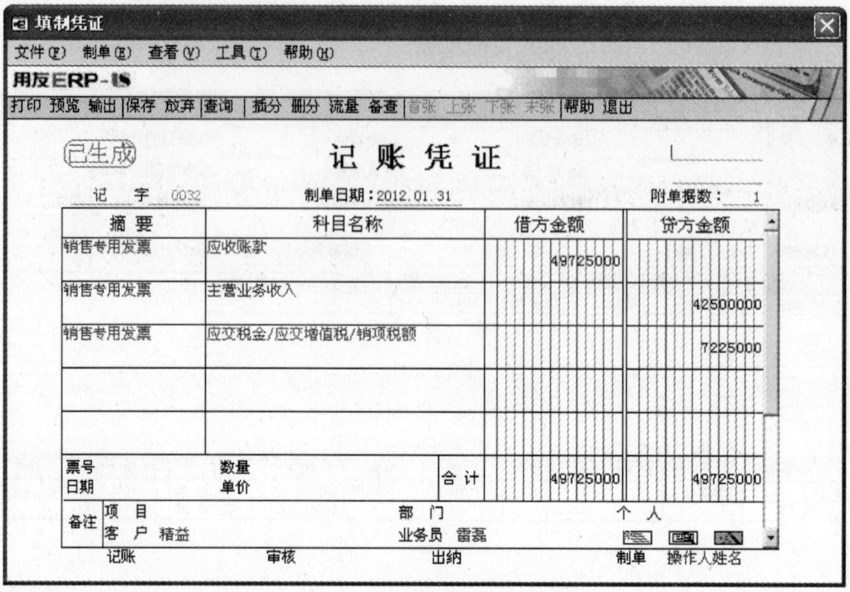

图 5-64 销售专用发票生成记账凭证（三）

（5）收款单据处理。

1）启动应收款管理系统，选择“收款单据处理”→“收款单据录入”命令，单击【增加】按钮，输入表头、表体信息，结算科目“1002”，客户“精益”，金额“255000”。单击【保存】按钮，结果如图 5-65 所示。

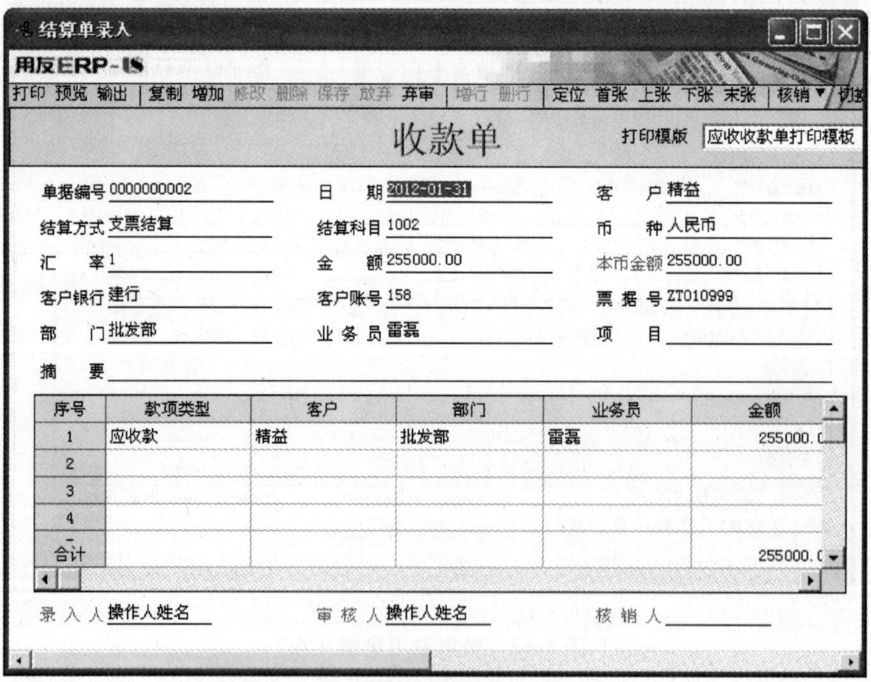

图 5-65 收款单

2）单击【审核】按钮，系统弹出“立即制单吗?”信息提示对话框，单击【是】按钮，系统自动生成一张收款凭证，如图 5-66 所示。

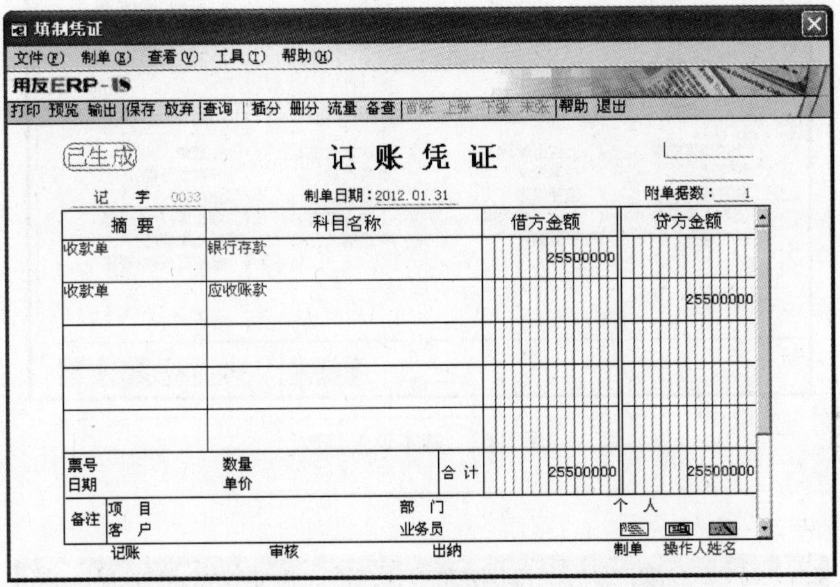

图 5-66 收款凭证

5.5.11 委托代销业务

业务九资料：

2012 年 1 月 20 日，批发部委托利氏公司代为销售计算机（P3）50 台，售价为 6500 元/台，货物从产成品仓库发出。

2012 年 1 月 25 日收到利氏公司的委托代销清单一张，结算计算机 30 台，售价为 6500 元/台。立即开具销售专用发票给利氏公司。批发部将该业务所涉及的出库单及销售发票交给财务部门，财务部门据此结转收入及成本。

操作步骤：

（1）调整委托代销业务的销售成本核算方式为“发出商品”。

1）选择“存货核算”→“初始设置”→“选项录入”→“核算方式”→“委托代销成本核算方式”命令，选中“按发出商品核算”复选框，如图 5-67 所示。

2）单击【确认】按钮即可。

（2）填制并审核委托代销发货单。

1）选择“销售管理”→“委托代销”→“委托代销发货单”命令，单击【增加】按钮，输入相关信息。

2）单击【保存】按钮进行保存，然后单击【审核】按钮，结果如图 5-68 所示。

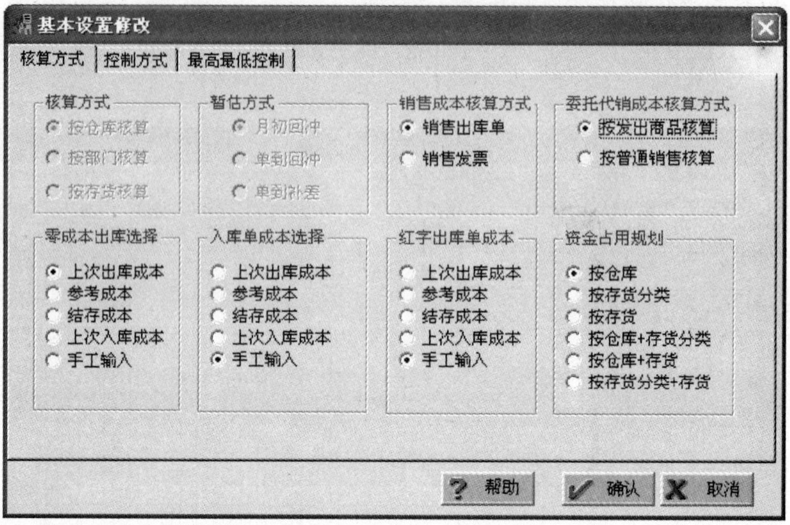

图 5-67　基本设置修改

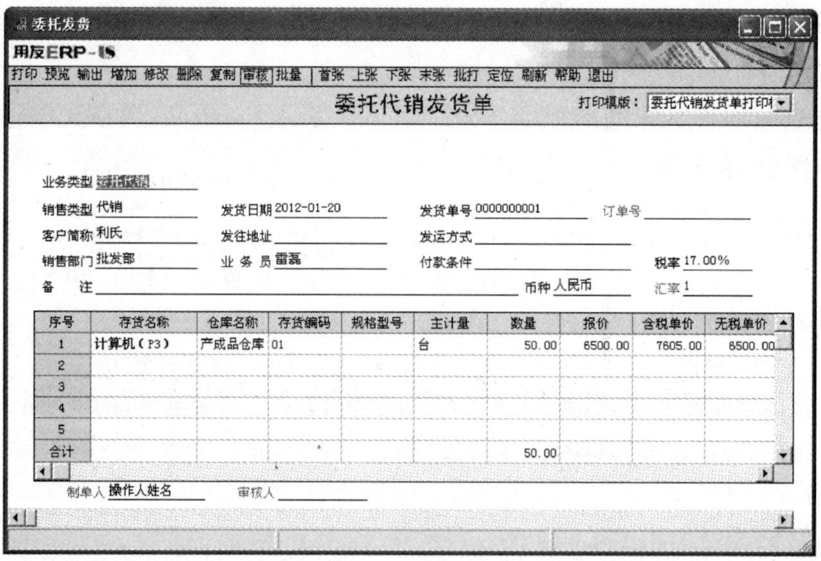

图 5-68　委托代销发货单

（3）审核销售出库单。

1）选择“库存管理”→“出库单”→“销售出库单”命令，打开“销售出库单”窗口，可以看到已生成的销售出库单，如图 5-69 所示。

2）单击【审核】按钮，完成对单据的审核。

（4）对发货单进行记账。

1）选择“存货核算”→“业务核算”→“发出商品记账”命令，打开“发出商品核

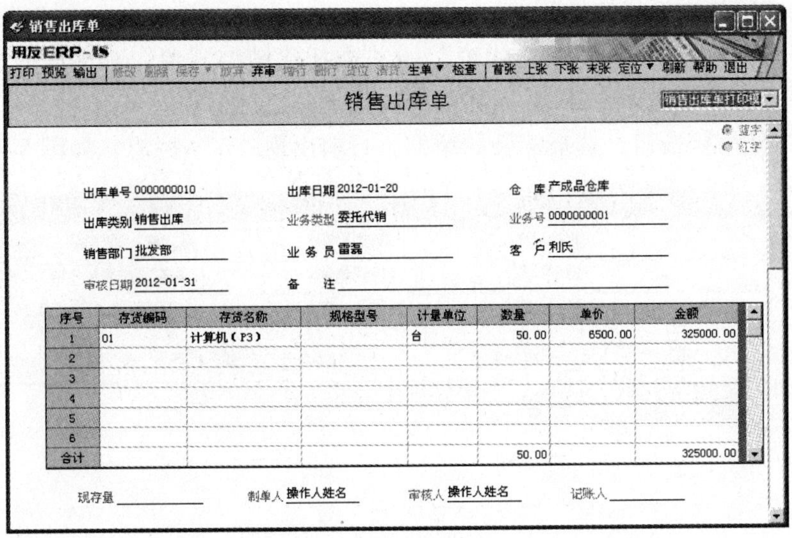

图 5-69 销售出库单（六）

算查询条件”窗口。单击【确定】按钮，打开“发出商品核算”窗口，选中需要的单据，可以看到出现“√”标志。

2）单击【记账】按钮，即可对单据进行记账。

（5）生成出库凭证。

1）选择“存货核算”→“财务核算”→“生成凭证”命令，打开“生成凭证”窗口。单击【选择】按钮，打开“查询条件”窗口，选中“委托代销出库单”，单击【确认】按钮，即可打开“选择单据”窗口。

2）单击【全选】按钮，即可看到行前出现“1”。单击【确定】按钮，打开“生成凭证”窗口，单击【生成】按钮，即可生成一张凭证，如图 5-70 所示。单击【保存】按钮，对凭证进行保存。

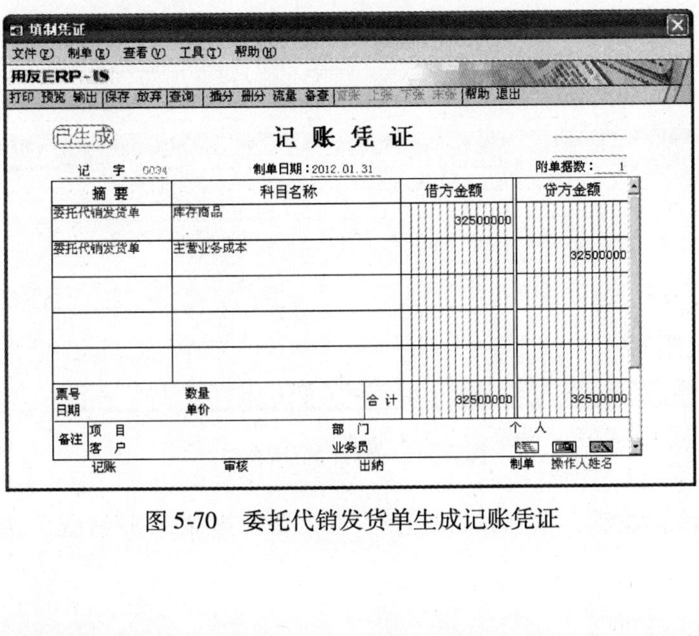

图 5-70 委托代销发货单生成记账凭证

（6）填制并审核委托代销结算单。

1）选择“销售管理”→“委托代销”→“委托代销结算单”命令，打开“委托代销结算单”窗口。单击【增加】按钮，打开“选择委托代销发货单”窗口。

2）单击【显示】按钮，选择需要的单据，行前出现“Y”标志，如图 5-71 所示。

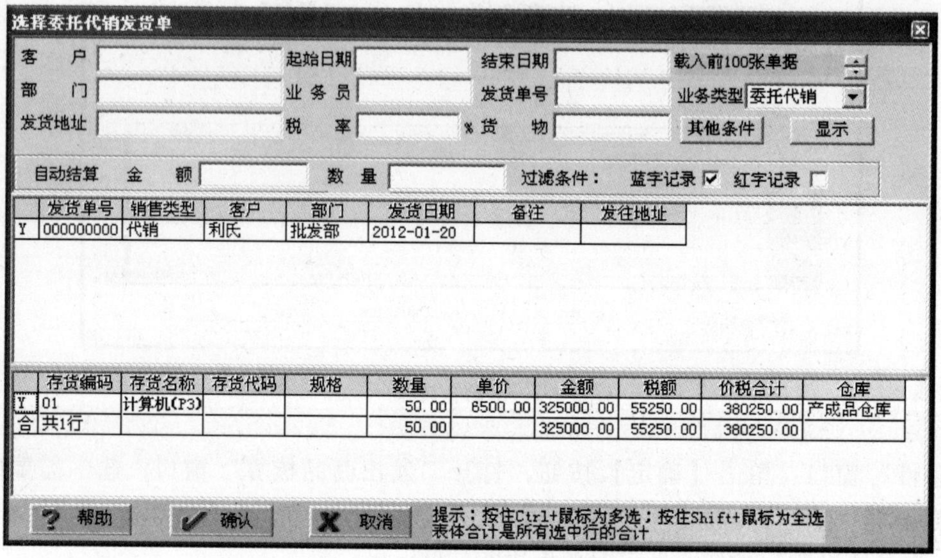

图 5-71　选择委托代销发货单

3）单击【确认】按钮，打开“委托代销结算单”窗口，修改日期和数量，单击【保存】按钮进行保存，结果如图 5-72 所示。

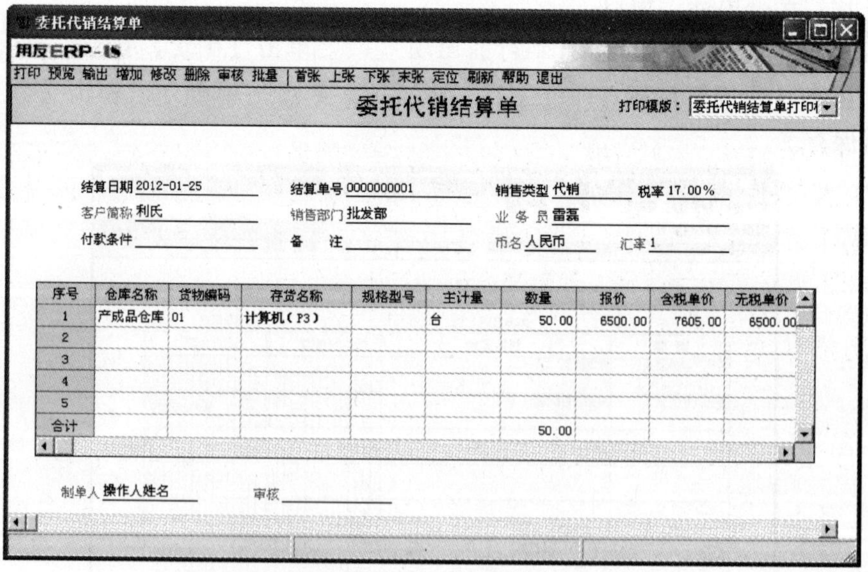

图 5-72　委托代销结算单

4）单击【审核】按钮，系统弹出提示“产生哪种发票”对话框，选择“专用发票”，单击【确认】按钮即可。

(7) 复核销售发票。

选择"销售管理"→"开票"→"销售专用发票"命令，打开"销售专用发票"窗口。单击【复核】按钮，对该销售专用发票进行复核，结果如图 5-73 所示。

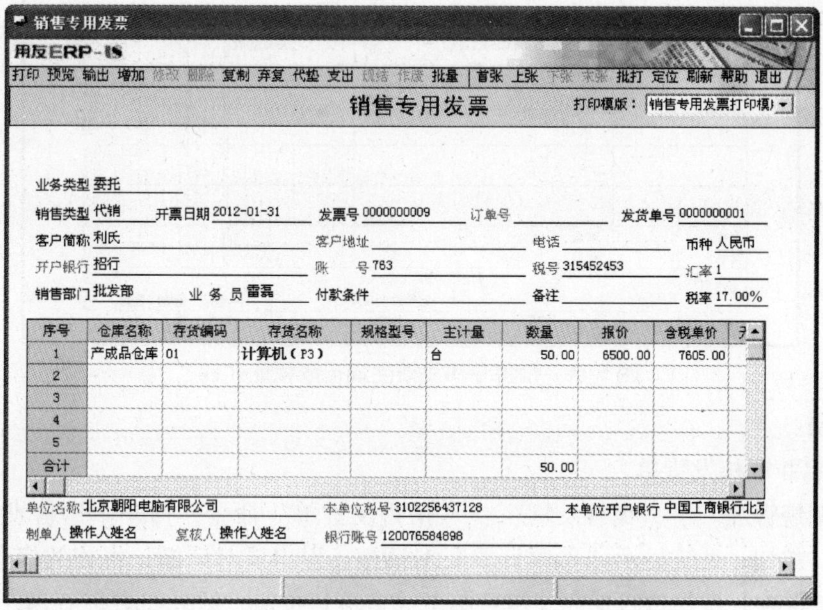

图 5-73 复核销售发票

(8) 审核销售发票，生成销售凭证。

1) 选择"财务会计"→"应收款管理"→"应收单据处理"→"应收单据审核"命令，打开"单据过滤条件"窗口。单击【确定】按钮，打开"应收单据列表"窗口，双击选择本业务的单据，行前出现"Y"标志。单击【审核】按钮，完成审核。

2) 选择"财务会计"→"应收款管理"→"制单处理"命令，打开"制单查询"窗口，选中"专用发票"，单击【确定】按钮，打开"销售发票制单"窗口。选择本业务单据，单击【制单】按钮进行制单。

3) 结果如图 5-74 所示，即为按照销售专用发票生成的凭证。

5.5.12 开具销售发票

业务十资料：

2012 年 1 月 25 日销售总部售给昌新公司的计算机（P3）5 台，单价为 6500 元，从产成品仓库发出。

2012 年 1 月 26 日销售总部售给昌新公司的计算机因质量问题，退回 1 台，单价为 6500 元，收回产成品仓库。

2012 年 1 月 26 日开具相应的专用发票一张，数量为 4 台。

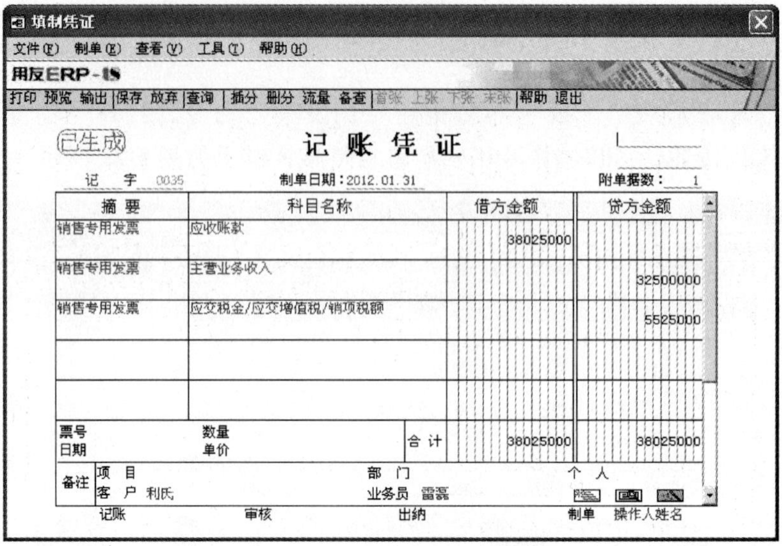

图 5-74　销售专用发票生成记账凭证（四）

操作步骤：

（1）填制并审核发货单。

选择“销售管理”→“销售发货”→“销售发货单”命令，打开“销售发货单”窗口。单击【增加】按钮，系统显示“参照订单”对话框，退出该对话框，将相关信息填入销售发货单。单击【保存】按钮进行保存，然后单击【审核】按钮，结果如图 5-75 所示。

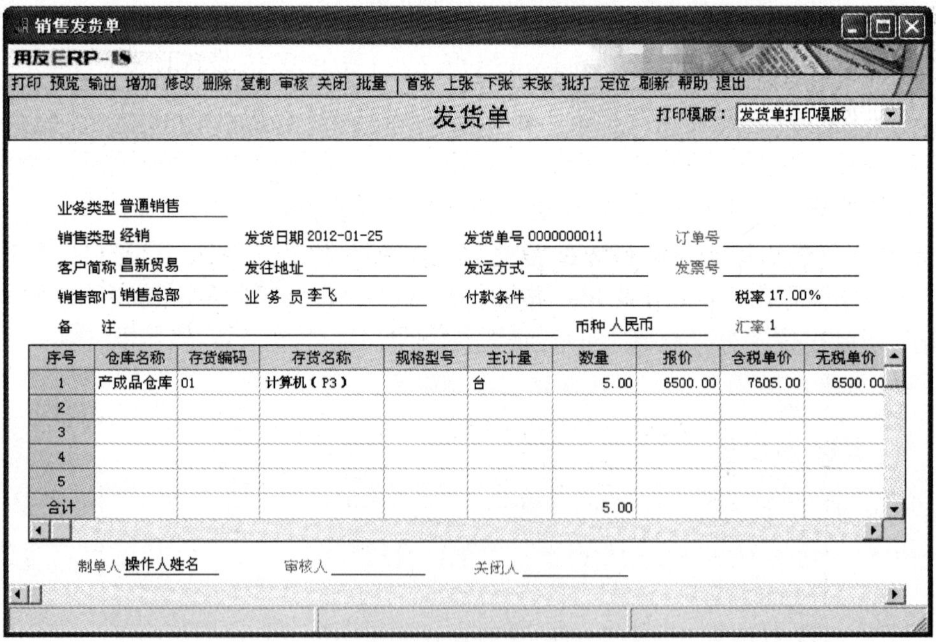

图 5-75　发货单（九）

（2）填制并审核退货单。

1）选择“销售管理”→“销售发货”→“销售退货单”命令，打开“销售即货单”

窗口。单击【增加】按钮，系统显示“选择订单”对话框，退出该对话框，单击【发货】按钮，打开“选择发货单”窗口。

2）单击【显示】按钮，选中该业务的发货单据，单击【确认】按钮。

3）信息自动带入退货单表体，修改退货时间及退货数量，单击【保存】按钮进行保存，然后单击【审核】按钮，结果如图5-76所示。

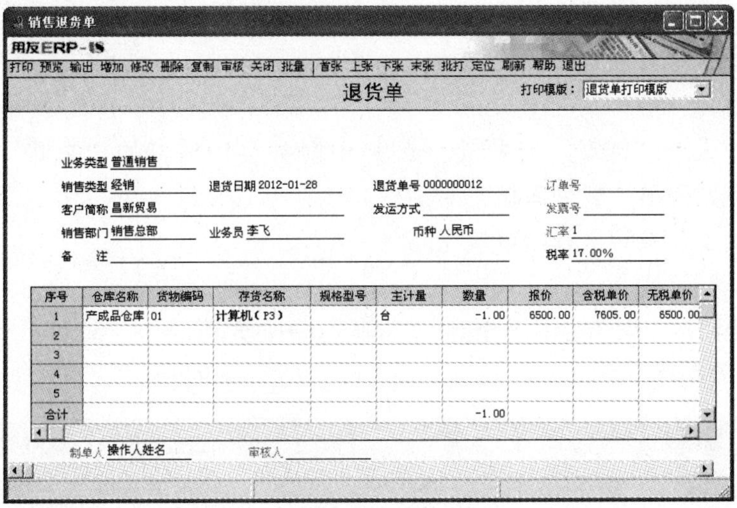

图5-76 退货单

（3）填制并审核销售专用发票。

1）选择“供应链”→“销售管理”→“销售开票”→“销售专用发票”命令，打开“销售专用发票”窗口。单击【增加】按钮，弹出“选择发货单”对话框。

2）单击【显示】按钮，选中该业务的发货单据，单击【确认】按钮。

3）信息自动带入销售专用发票表体，修改日期为“2012-01-26”，单击【保存】按钮进行保存，然后单击【复核】按钮，结果如图5-77所示。

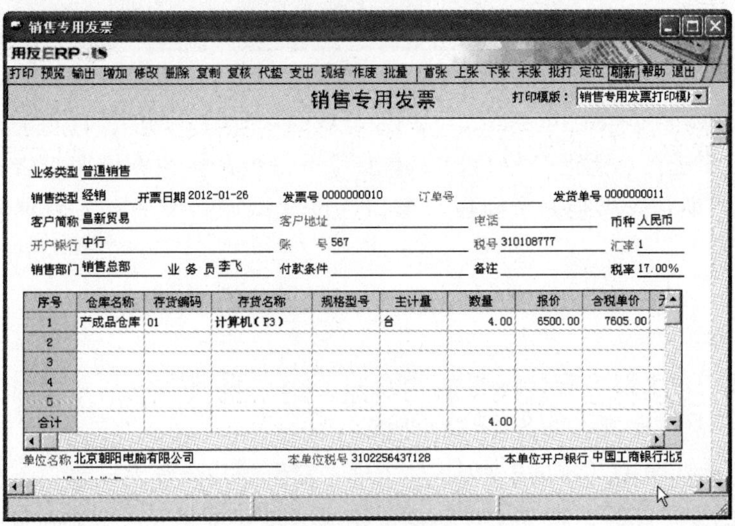

图5-77 销售专用发票（九）

5.5.13 总账处理

至此，北京朝阳电脑公司的销售订单执行过程已经结束。总账处理是定期进行的，它是反映企业会计期间产品经营的业绩报表。注意：以上实验步骤仅为主要步骤，每一步都需要进行成本核算及应收款记账，并由此产生凭证，等这些后续步骤已操作完成再进行总账处理。

操作步骤：

（1）凭证审核。

1）更改操作人为“002”，选择企业门户中财务会计标签的“总账”→“凭证”→“审核凭证”命令，弹出“凭证审核”对话框。

2）单击【确定】按钮，开始审核凭证。

（2）记账处理。

1）选择企业门户中财务会计标签的“总账”→“凭证”→“记账”命令，弹出“记账”对话框，如图5-78所示。

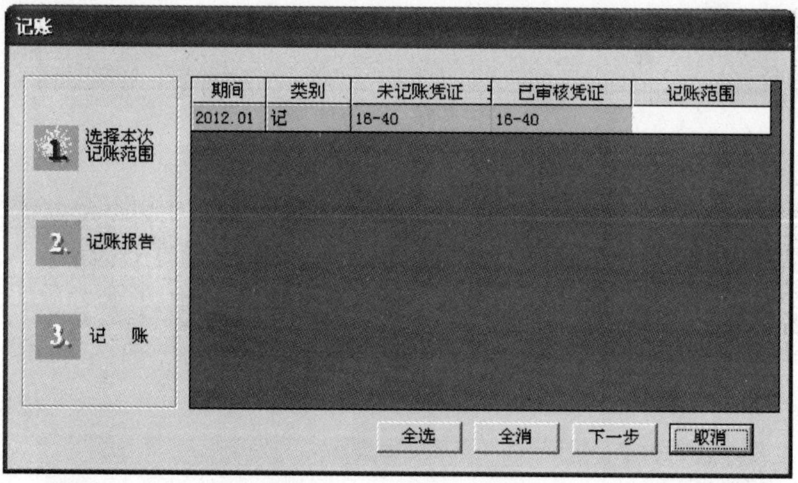

图5-78 记账（二）

2）具体分三步进行：①选择科目；②单击【下一步】按钮作记账报告；③单击【下一步】按钮，弹出“期初失算结果平衡表”窗口，待“试算结果平衡”后单击【确定】按钮开始记账。

3）系统提示“记账完毕！”，单击【确定】按钮，记账完成。

（3）总账查询。

1）选择企业门户中财务会计标签的“总账”→“账表”→“科目账”→“余额表”命令，弹出“发生额及余额查询条件”对话框。

2）选择月份后，单击【确定】按钮，打开“发生额及余额表”窗口，如图5-79所示。当双击表中的发生额时，系统会自动链接相应的单据与凭证，可供财务管理稽查使用。

发生额及余额表

用友ERP-U8

设置 打印 预览 输出 | 查询 定位 过滤 | 转换 还原 | 专项 累计 | 帮助 退出 金额式

发生额及余额表

月份：2012.01-2012.01

科目编码	科目名称	期初余额		本期发生		期末余额	
		借方	贷方	借方	贷方	借方	贷方
1002	银行存款			353280.00	500.00	352780.00	
1131	应收账款	25000.00		1188050.00	255000.00	958050.00	
1141	坏账准备		10000.00				10000.00
1201	物资采购	80000.00		484996.00	564996.00		
1211	原材料	1050.00				1050.00	
1241	自制半成品	523000.00			50000.00	473000.00	
1243	库存商品	1596200.00		1867496.00	236000.00	3227696.00	
资产小计		2225250.00	10000.00	3893822.00	1106496.00	5012576.00	10000.00
2121	应付账款		5000.00		487427.70		492427.70
2171	应交税金			82431.70	186830.00		104398.30
负债小计			5000.00	82431.70	674257.70		596826.00
3101	实收资本（或股本）		2210250.00				2210250.00
权益小计			2210250.00				2210250.00
5101	主营业务收入				1099000.00		1099000.00
5401	主营业务成本			286000.00	1382500.00		1096500.00
损益小计				286000.00	2481500.00		2195500.00
合计		2225250.00	2225250.00	4262253.70	4262253.70	5012576.00	5012576.00

供应商往来

图5-79 发生额及余额表（二）

（4）账套备份。在E:\“北京朝阳电脑有限公司”文件夹中新建“5—总账”文件夹，将账套输出至其中。

第6章 库存管理

6.1 库存管理概述

库存管理是在物流过程中，对商品数量进行系统的管理过程。它接收从供应商处采购的材料或商品，并支配着生产的领料、销售的出库等。在日常业务处理中，库存保管方对企业实物进行管理，每项存货的收发都须经过库存保管方的监督、管理和确认，这是仓库成本核算的重要数据来源之一，并随时为企业提供存货结存数量，保证企业的正常运营。

库存管理是用友 ERP-U8 软件的供应链的重要产品，能满足采购入库、销售出库、产成品入库、材料出库、其他出入库、盘点管理和形态转换等需要，按仓库业务流程中的仓存单划分，按照入库业务、出库业务、存货调拨、库存调整等单据设置业务流程，并集合仓库货位管理、批次管理、保质期管理、出库跟踪、入库管理和可用量管理等功能，实现完善的企业仓储信息管理。

库存管理系统既可以单独使用，也可以与采购管理、销售管理、物料需求计划、存货核算系统集成使用。系统适用于各种类型的工商业企业，如制造业、医药、食品、批发、零售、批零兼营、集团应用和远程仓库等。⊖

6.2 库存管理工作原理

在集成应用模式下，库存管理系统与其他系统有着非常密切的业务联系。具体分析如下：

（1）库存管理系统参照采购管理系统的采购订单和采购到货单生成采购入库单，并将入库情况反馈到采购管理系统。采购管理系统向库存管理系统提供预计入库量。采购管理可以参照库存管理系统的采购入库单生成发票。采购管理系统根据库存管理系统的采购入库单和采购管理系统的发票进行采购结算。

（2）销售出库单既可以在库存管理系统中填制、生成，也可以在销售管理系统中生成后传递到库存管理系统，再由库存管理系统进行审核。如果在库存管理系统中生成，则需要参照销售管理系统的发货单、销售发票、销售调拨单、零售日报生成销售出库单；如果在销售管理系统中生成后传递到库存管理系统，则须库存管理系统再进行审核。库存管理系统为销售管理系统提供可用于销售的存货可用量。

⊖ 刘星．ERP 综合实验教程［M］．重庆：重庆大学出版社，2010.

（3）库存系统为存货核算系统提供各种出入库单据。存货核算系统对出入库单记账登记存货明细账，制单生成凭证，为库存管理系统提供出入库成本。所有出入库单均由库存管理填制，存货核算系统只能填写出入库单的单价和金额，不能修改其他项目。库存管理系统的期初结存与存货核算系统的期初结存分别录入，库存和存货的期初数据可相互取数及对账，不要求两边的数据完全一致。

6.3 库存管理的主要业务

库存管理系统日常业务主要有以下几类：

1. 入库业务处理

仓库收到采购或生产的存货，由仓库保管员验收存货的数量、质量、规格型号等，确认无误后入库，并登记库存账。

库存管理系统主要是对各种入库业务进行单据的填制和审核。入库业务主要有：采购入库、产成品入库及其他入库作业。

（1）采购入库。处理采购业务员将采购回来的存货交到仓库时，仓库保管员对其所购存货进行验收确认及进行相应账簿的登记，填制采购入库单。采购入库单的审核相当于仓库保管员对采购的实际到货情况进行质量、数量的检验和签收。

（2）产成品入库。产成品入库是指工业企业对原材料及半成品进行一系列的加工后，形成可销售的商品，然后验收入库。产成品一般在入库时无法确定产品的总成本和单位成本，所以在填制产成品入库单时，一般只有数量，而没有单价和金额。

（3）其他入库。其他入库业务是指除了采购入库和产成品入库之外的其他入库，如调拨入库、盘盈入库、组装拆卸入库、形态转换入库等。其他入库单一般由系统根据其他业务单据自动生成，也可由用户手工填制。

2. 出库业务处理

出库业务主要有销售出库、材料出库、生产领用、备件领用及其他出库业务。

（1）销售出库。在销售管理系统中填制的销售发票、发货单、销售调拨单等单据，经复核后均可以参照生成销售出库单，然后传递到库存管理系统进行审核。

（2）材料出库。材料出库单是指为了保证企业生产顺利进行的需要，在领用材料时所填制的出库单据。材料出库单是进行日常业务处理和记账的主要原始单据之一。商业企业没有此单据。

（3）其他出库。其他出库业务是指销售出库和材料出库之外的其他出库业务，如维修、办公耗用、盘点出库等。其他出库一般由系统根据其他业务单据自动生成，也可由用户手工编制。

3. 其他业务处理

其他业务主要是指除了日常出库和入库业务以外的其他库存管理业务。它包括仓库内部的作业，如盘点、组装与拆卸业务、形态转换业务、货位调整及不合格品管理业务等；仓库与仓库间的作业，如库存调拨、转仓调拨等业务等。

（1）调拨业务。库存管理系统中提供了调拨单，用于处理仓库之间存货的转库业务，或部门之间的存货调拨业务。如果调拨单上的转出部门和转入部门不同，就表示是部门之间的调拨业务；如果转出部门和转入部门相同，但转出仓库和转入仓库不同，就表示是转仓调拨业务。

（2）盘点业务。企业会计准则要求企业必须对存货进行定期或不定期的清查，查明存货盘盈、盘亏、损毁的数量及造成的原因，编制存货盘点报告，进行账务处理，调整存货的实存数，使存货的账面记录与库存实物核对相符。

库存管理系统中提供了盘点单用来对仓库中的存货进行盘点。盘点既可按仓库盘点，也可按批次盘点，还可对各仓库或批次中的全部或部分存货进行盘点，盘亏、盘盈的结果可自动生成出入库单。

6.4 库存管理实验及指导

6.4.1 实验准备

已经完成第5章实验的操作。将系统时间调整为各实验的日期，以“操作人姓名”操作员（口令001）的身份登录001账套的“企业门户”。

6.4.2 实验要求

（1）了解库存管理的初始设置。

（2）从了解各种出入库业务、盘点业务和一些特殊业务等入手，进而了解库存管理与采购管理、销售管理、存货核算模块之间的关系。

（3）加深对库存管理的认识，了解企业里库存管理中的重要作用，认识ERP系统库存管理的重要作用。

6.4.3 产成品入库

业务一资料：

2012年1月15日，成品仓库收到当月加工的10台P4计算机，产成品入库。

2012年1月16日，成品仓库收到当月加工的20台P4计算机，产成品入库。月末收到财务部门提供的完工产品成本，其中计算机的总成本144000元，立即进行成本分配。

操作步骤：

（1）在库存管理系统中填制并审核产成品入库单。

1）选择“入库”→“产成品入库”命令，进入“产成品入库单”窗口。

2）单击【增加】按钮，输入入库日期“2012-01-15”，选择仓库“产成品仓库”、入库类型“产成品入库”、部门“生产一部”。

3）选择产品编码“02”、产品名称“计算机（P4）”，输入数量“10”，如图6-1所示。

4）单击【保存】按钮，再单击【审核】按钮，完成该单据的审核。

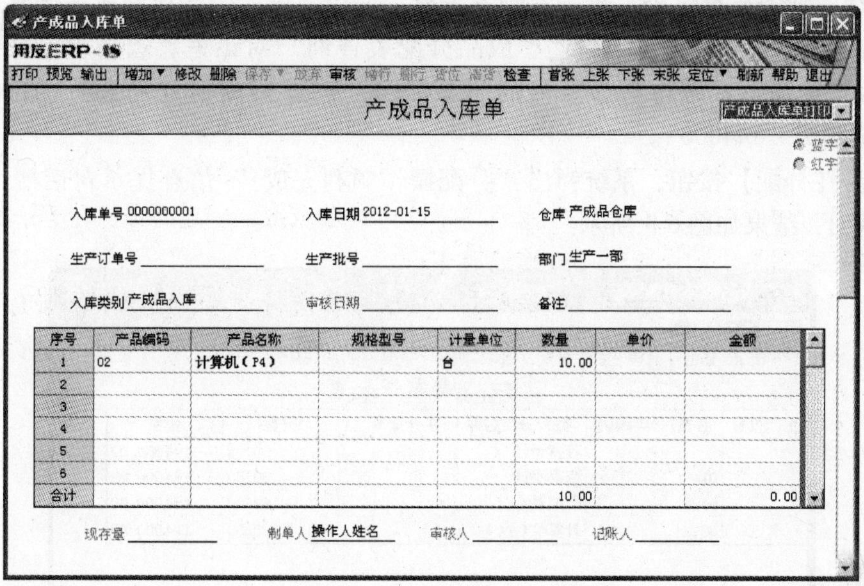

图 6-1 产成品入库单（一）

5）用同样的方法编制新的入库单，入库日期是“2012-01-16”，如图 6-2 所示。

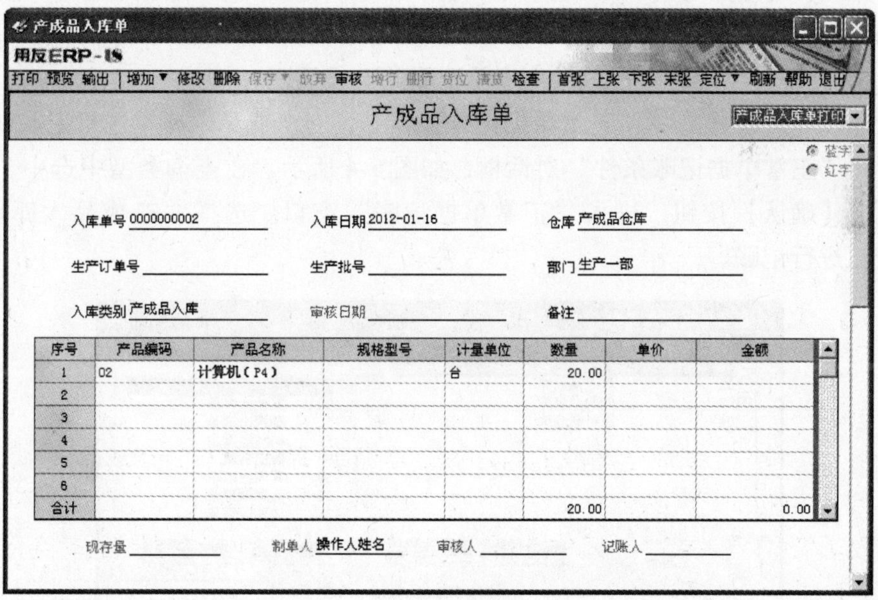

图 6-2 产成品入库单（二）

注意：

可以在库存管理系统中，选择“账表”→“统计表”→“收发汇总表”命令，经过过滤之后查询各存货的收发汇总情况。

（2）在存货核算系统中录入的生产总成本中，进行产成品成本分配。

1）选择“业务核算”→“产成品成本分配”命令，进入“产成品成本分配表”窗口。

2）单击【查询】按钮，打开“产成品分配表查询”对话框。选择“产成品”选项，单击【确认】按钮，系统将符合条件的记录带回“产成品成本分配表”，输入“计算机（P4）”的金额为“144000”。

3）单击【分配】按钮，系统弹出“分配操作顺利完成!”信息提示对话框，单击【确定】按钮返回，结果如图 6-3 所示。

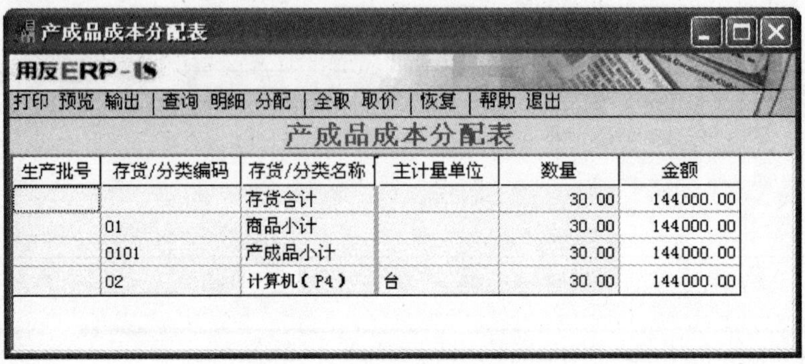

图 6-3 产成品成本分配表

4）选择“日常业务”→“产成品入库单”命令，进入“产成品入库单”窗口，查看入库存货单价。

（3）在存货核算系统中对产成品入库单记账并生成凭证。

1）选择“业务核算”→“正常单据记账”命令，对产成品入库单进行记账处理。

2）打开“正常单据记账条件”对话框，如图 6-4 所示。在查询类型中选中“产成品入库单”，单击【确认】按钮，进入“正常单据记账”窗口。选择“产成品入库单”，单击【记账】按钮进行记账。

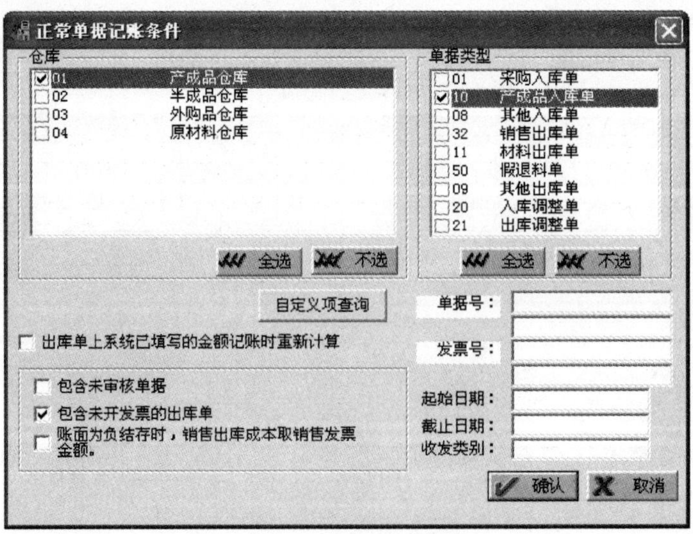

图 6-4 正常单据记账条件（三）

3）选择“财务核算”→“生成凭证”命令，选中“产成品入库单”生成凭证。

4）单击工具栏上的【选择】按钮，打开“查询条件”对话框，选择“产成品入库单”选项，单击【确定】按钮，进入“未生成凭证一览表”窗口，选择要制单的记录行，单击【确定】按钮，进入“生成凭证”窗口。

5）在“生成凭证”窗口中，选择凭证类别“记账凭证”，单击【合成】按钮，可合并生成图6-5所示凭证。单击【保存】按钮进行保存，凭证左上角出现“已生成”标志，表示凭证已传递到总账，如图6-6所示。

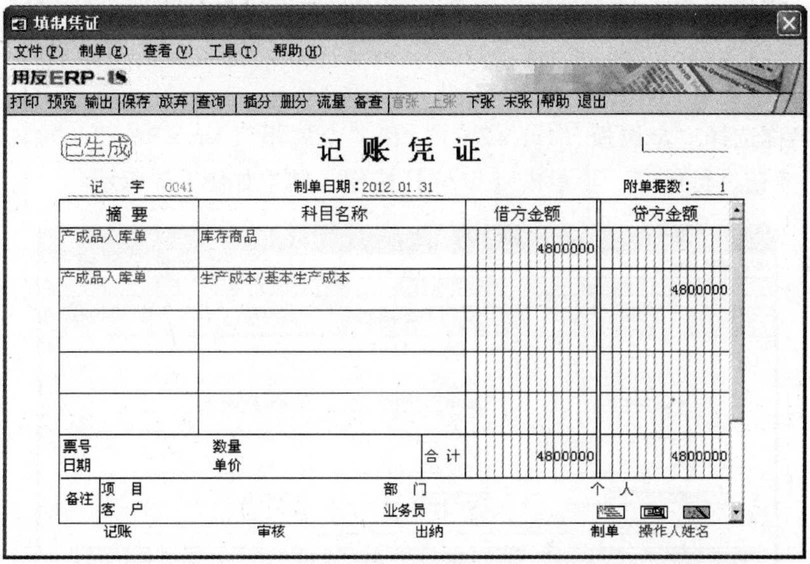

图6-5 产成品入库单生成记账凭证（一）

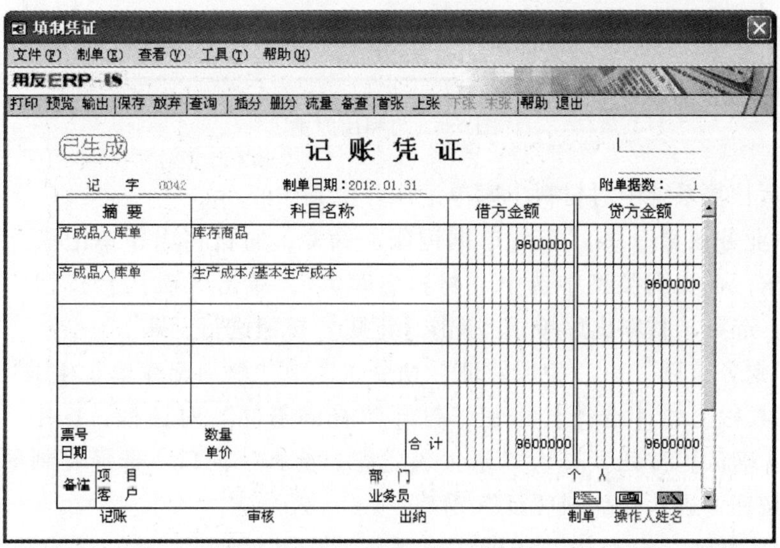

图6-6 产成品入库单生成记账凭证（二）

6.4.4 材料领用出库业务

业务二资料：

2012 年 1 月 15 日，生产一部向原料仓库领用金属板（1 × 2m）10 片和金属板（1 × 3m）20 片，用于生产。

操作步骤：

（1）在库存管理系统中填制并审核材料出库单。

1）选择“出库业务”→“材料出库单”命令，进入“材料出库单”窗口。

2）单击【增加】按钮，输入出库日期“2012-01-15”，选择仓库“原材料仓库”、出库类型“生产领用”、部门“生产一部”。

3）材料名称选择“金属板（1m × 2m）”和“金属板（1m × 3m）”，输入各自的数量，单击【保存】按钮进行保存，再单击【审核】按钮，结果如图 6-7 所示。

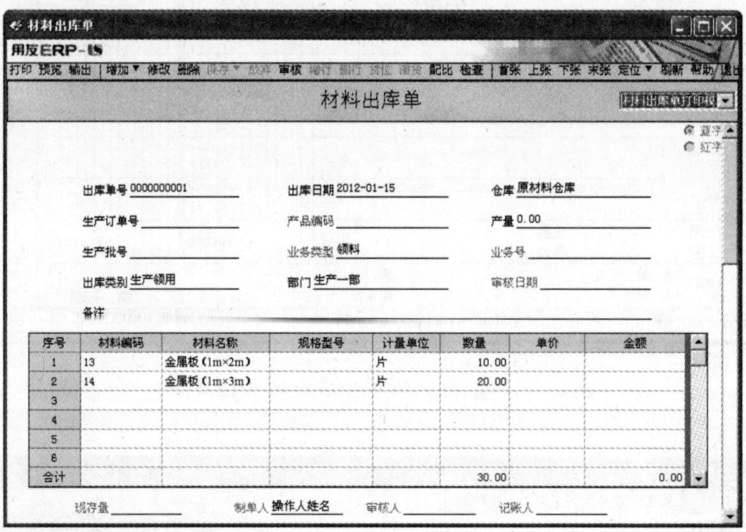

图 6-7 材料出库单

（2）在存货核算系统中对材料出库单记账并生成凭证。

1）选择“业务核算”→“正常单据记账”命令，对材料出库单记账。打开“正常单据记账”对话框，在查询类型中选中“材料出库单”，单击【确认】按钮，进入“正常单据记账”窗口。选择“材料出库单”，单击【记账】按钮进行记账。

2）选择“财务核算”→“生成凭证”命令，选中“材料出库单”生成凭证。

3）单击工具栏上的【选择】按钮，打开“查询条件”对话框，选中“材料出库单”复选框，单击【确认】按钮，进入“未生成凭证一览表”窗口。选择要制单的记录行，再单击【确认】按钮，进入“生成凭证”窗口。

4）在“生成凭证”窗口中，选择凭证类别“记账凭证”，单击【合成】按钮生成凭证。单击【保存】按钮进行保存，凭证左上角出现“已生成”标志，表示凭证已传递到总账，如图 6-8 所示。

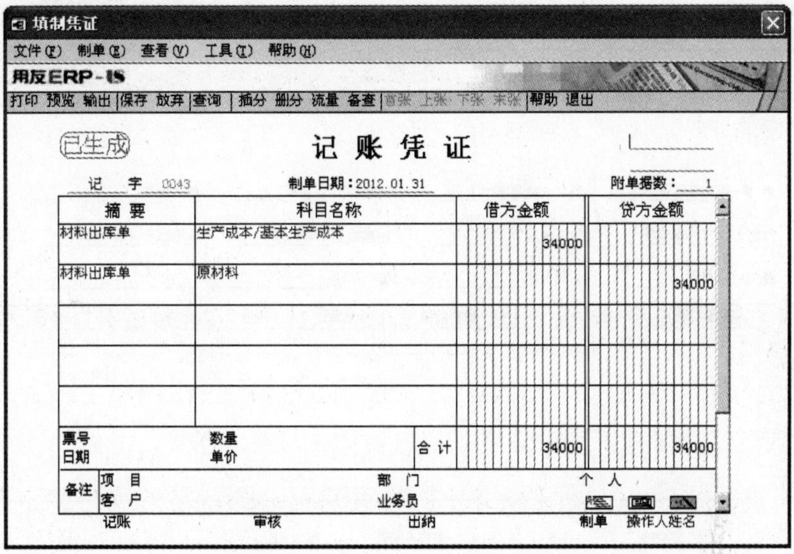

图 6-8 材料出库单生成记账凭证

6.4.5 调拨业务

业务三资料：

2012 年 1 月 20 日将外购品仓库中的 50 个键盘调拨到原料仓库。

操作步骤：

（1）在库存管理系统中填制并审核调拨单。

1）选择“调拨业务”→“调拨单”命令，进入“调拨单”窗口。

2）单击【增加】按钮，输入日期“2012-01-20”，选择转入仓库“原材料仓库”、转出仓库“外购品仓库”、出库类别“调拨出库”、入库类别“调拨入库”。

3）选择存货名称“键盘”，输入数量“50”，单击【保存】按钮进行保存，再单击【审核】按钮，结果如图 6-9 所示。

（2）在库存系统系统中，对调拨单形成的其他入库单进行审核。

1）选择“入库”→“其他入库单”命令，进入“其他入库单”窗口。

2）单击【审核】按钮，完成对入库单的审核。

（3）在库存系统系统中，对调拨单形成的其他出库单进行审核。

1）选择“出库”→“其他出库单”命令，进入“其他入库单”窗口。

2）单击【审核】按钮，完成对出库单的审核。

（4）在存货系统中，对特殊单据记账。

1）执行“业务核算”→“特殊单据记账”命令，打开“特殊单据记账”对话框，如图 6-10 所示。

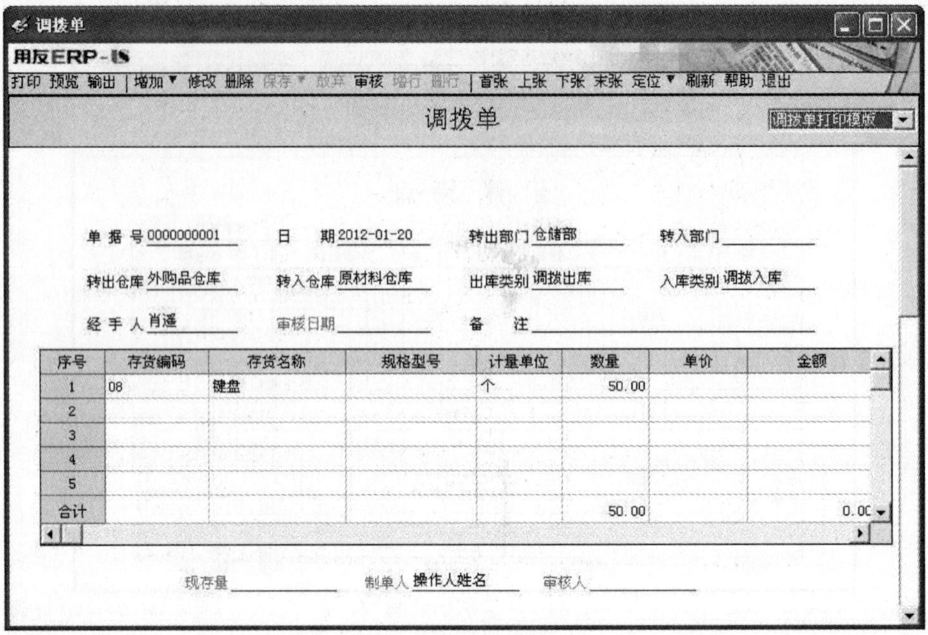

图 6-9 调拨单

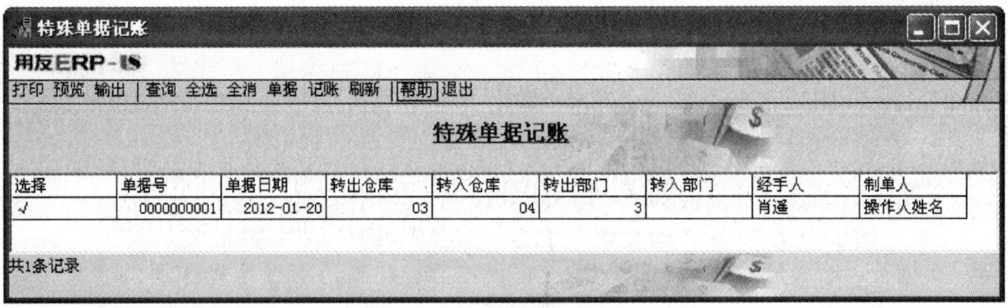

图 6-10 特殊单据记账

2）选择单据类型“调拨单”，单击【确定】按钮，进入“特殊单据记账”窗口。选择要记账的调拨单，单击【记账】按钮进行记账。

6.4.6 盘点预警

业务四资料：

根据上级主管要求，键盘应在每周二进行一次盘点。如果周二未进行盘点，需进行提示。

操作步骤：

（1）在库存系统中，进行选项设置。

1）选择“库存管理”→“初始设置”→“选项”命令，打开“库存选项设置”窗口。选择“专用设置”标签，选中“盘点预警”复选框，如图 6-11 所示。

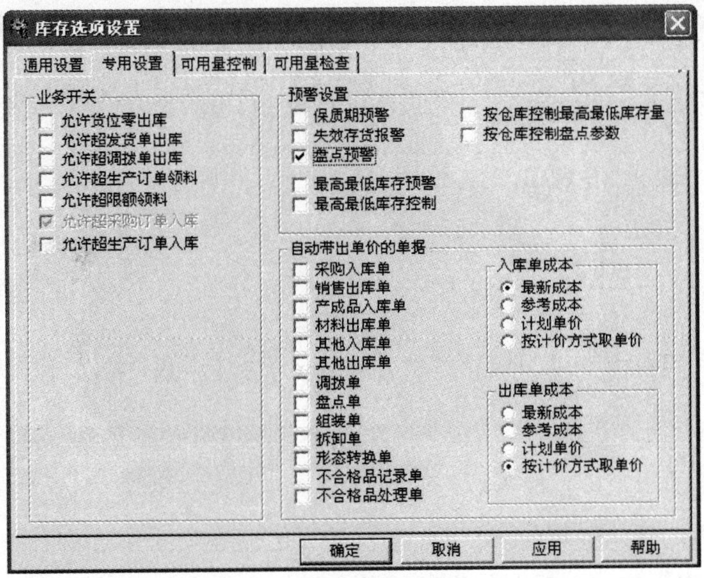

图 6-11 初始设置

2）单击【应用】按钮应用该设置。

(2) 在企业门户中，修改存货档案，设定上次盘点时间和盘点周期。

1）选择“企业门户”→“基础档案”→“存货”→“存货档案”命令，打开“存货档案”窗口。在工具栏内单击【操作】按钮，选择“栏目设置”，打开“存货档案栏目设置”窗口，如图 6-12 所示。

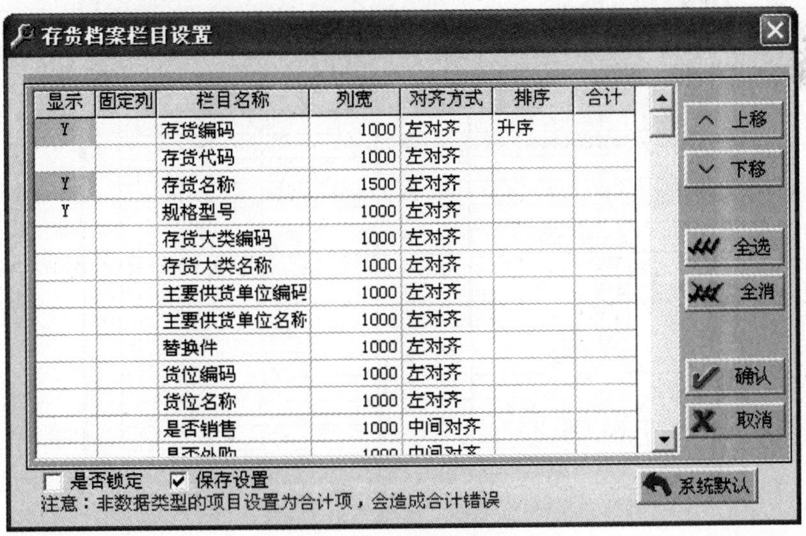

图 6-12 存货档案设置

2）选中“盘点日”、“盘点周期”和“上次盘点日期”，单击【确认】按钮，如图 6-13 所示。

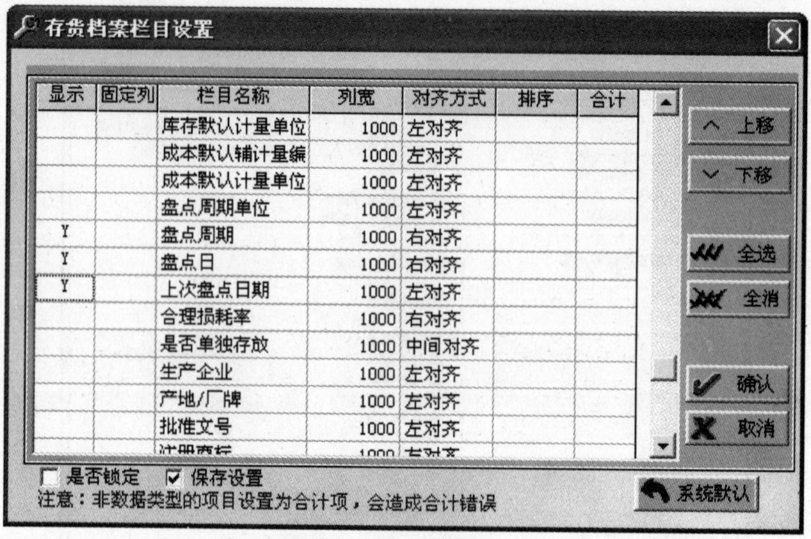

图 6-13 选中盘点项目

3）单击【修改】按钮，对存货进行修改。将上次盘点时间设为“2012-01-17”，盘点日为每周第二天。

（3）假定周二未对该存货进行盘点，将业务日期调整为周三，进入库存系统时，系统会进行相应提示。

退出库存系统，再进入，由于此时系统时间为“2012-01-31”，库存系统出现“库存预警”提示对话框，如图 6-14 所示。

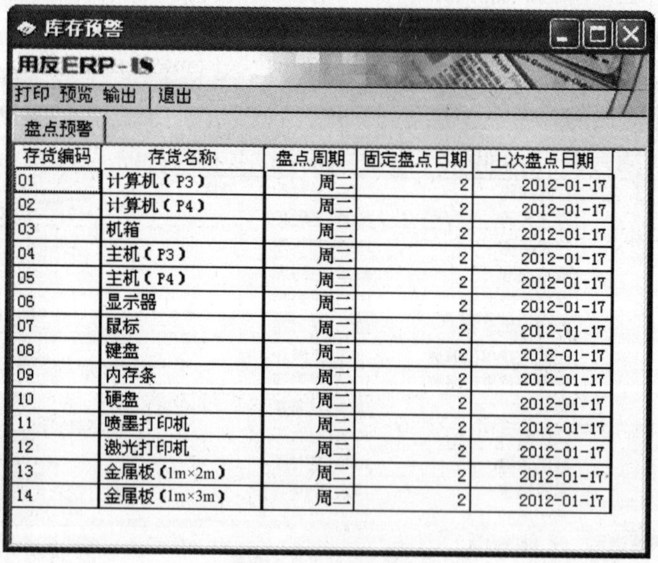

存货编码	存货名称	盘点周期	固定盘点日期	上次盘点日期
01	计算机（P3）	周二	2	2012-01-17
02	计算机（P4）	周二	2	2012-01-17
03	机箱	周二	2	2012-01-17
04	主机（P3）	周二	2	2012-01-17
05	主机（P4）	周二	2	2012-01-17
06	显示器	周二	2	2012-01-17
07	鼠标	周二	2	2012-01-17
08	键盘	周二	2	2012-01-17
09	内存条	周二	2	2012-01-17
10	硬盘	周二	2	2012-01-17
11	喷墨打印机	周二	2	2012-01-17
12	激光打印机	周二	2	2012-01-17
13	金属板（1m×2m）	周二	2	2012-01-17
14	金属板（1m×3m）	周二	2	2012-01-17

图 6-14 库存预警

6.4.7 盘点业务

业务五资料：

2012 年 1 月 25 日，对原料仓库的所有存货进行盘点。盘点后，发现金属板（1m × 2m）

多出一片。经确认，该金属板（1m×2m）的成本为 20 元/片。

操作步骤：

（1）盘点前：在库存管理系统中，填制并审核盘点单。

1）选择“盘点业务”命令，进入“盘点单”窗口。

2）单击【增加】按钮，进入新添盘点业务操作界面，输入业务日期“2012-01-25”，选择盘点仓库“原材料仓库”，出、入库类别分别为“盘亏出库”和“盘盈入库”。

3）单击【选择】按钮，进行存货选择，如图 6-15 所示。

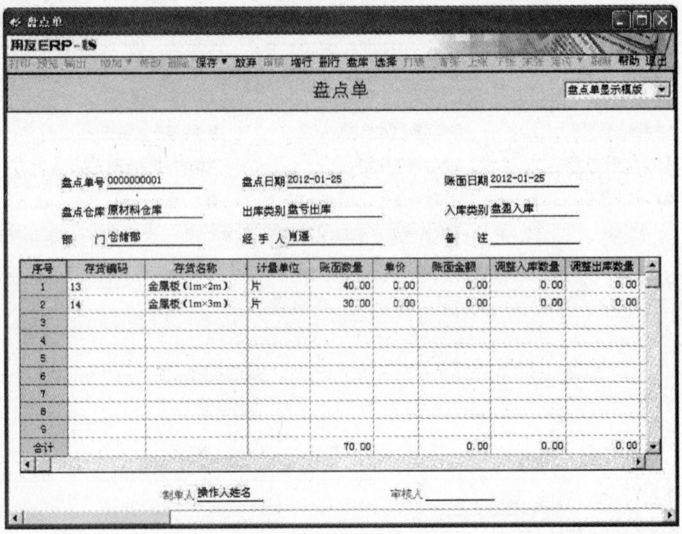

图 6-15 新添盘点业务

4）单击【盘库】按钮，系统提示将表体中的内容清空，如图 6-16 所示。

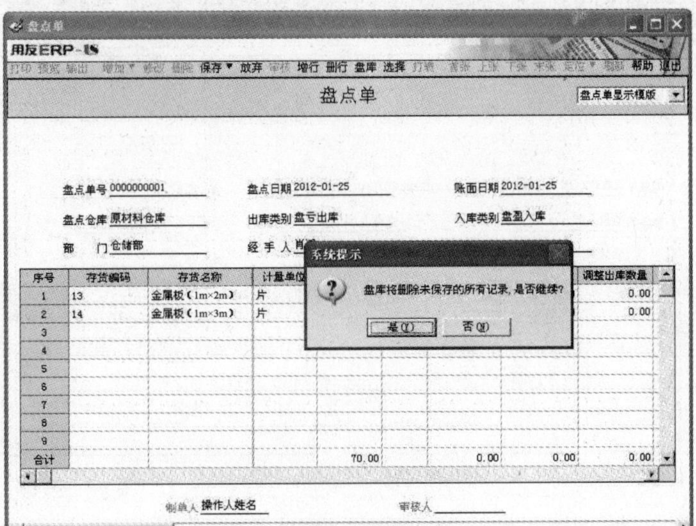

图 6-16 盘库

5）单击【是】按钮，选中“按存货大类”和“账面为零时是否盘点”复选框。系统自动将该仓库中存货和存货在该仓库中的账面数量逐一列出，并按照盘点库存中的实际存储数量（金属板 1m×2m 为 41 片）对应盘点单上相应的存货，一一填列在“盘点数量”或“盘点件数”栏。单击【保存】按钮，保存该盘点单，然后单击【审核】按钮，审核该盘点单，如图 6-17 所示。

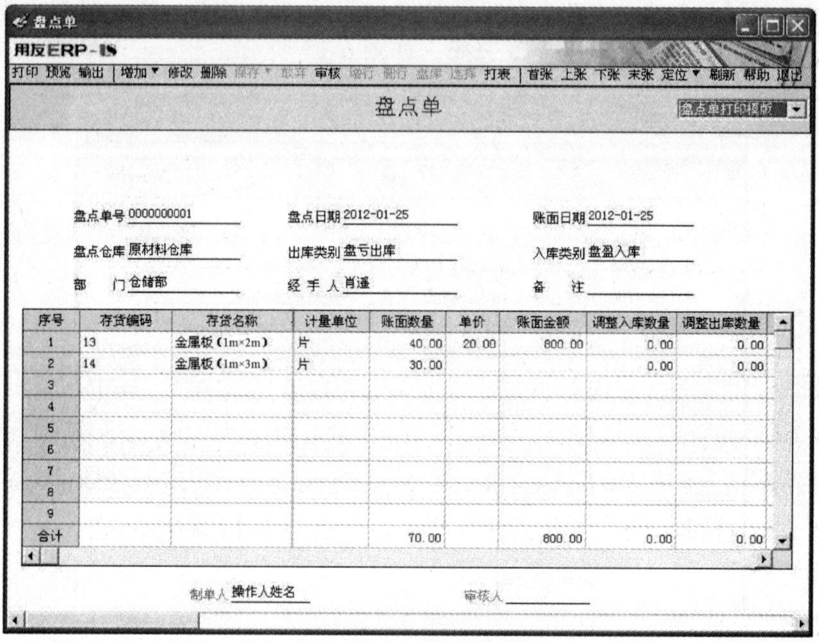

图 6-17 审核盘点单

（2）盘点后：在库存管理系统中，对其他出入库单进行审核，如图 6-18 所示。

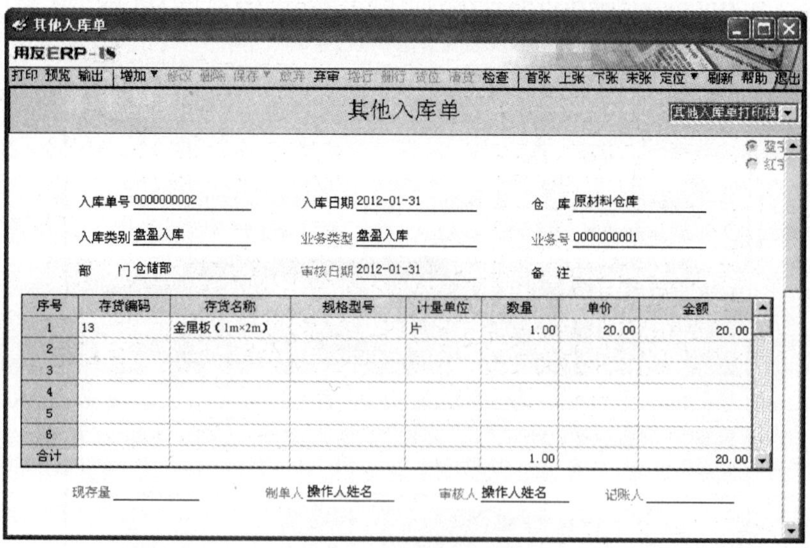

图 6-18 审核其他入库单

在存货核算系统中，对其他入库单进行记账并生成凭证，如图 6-19 所示。

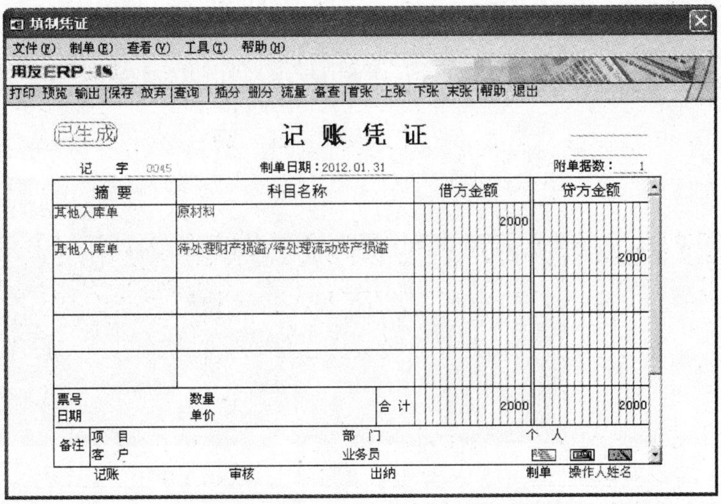

图 6-19 其他入库单生成记账凭证

6.4.8 总账处理

至此，北京朝阳电脑公司的库存管理系统执行过程已经结束。总账处理是定期进行的，它是反映企业会计期间产品经营的业绩报表。注意，以上实验步骤仅为主要步骤，每一步都需要进行成本核算及应收付款记账，并由此产生凭证，等这些后续步骤已操作完再进行总账处理。

操作步骤：

（1）凭证审核。

1）用“002”身份重新注册进入企业门户中，选择财务会计标签的“总账”→“凭证”→“凭证审核”命令，弹出“凭证审核”对话框，如图6-20所示。

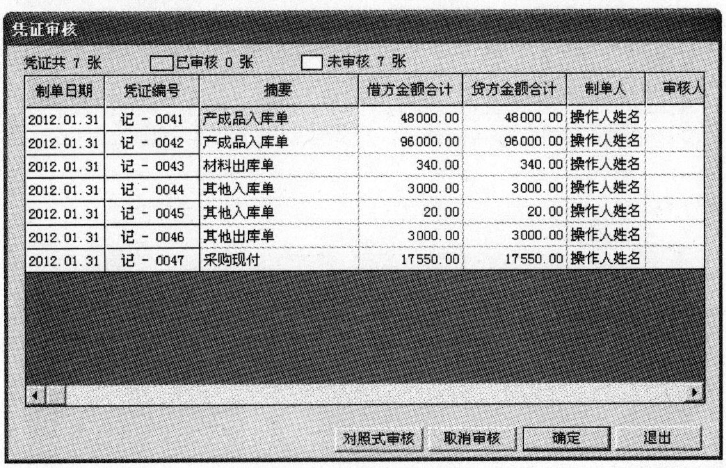

图 6-20 凭证审核（二）

2）单击【确定】按钮，开始审核凭证。

（2）记账处理。

1）选择企业门户中财务会计标签的“总账”→“凭证”→“记账”命令，弹出“记账”对话框，如图 6-21 所示。

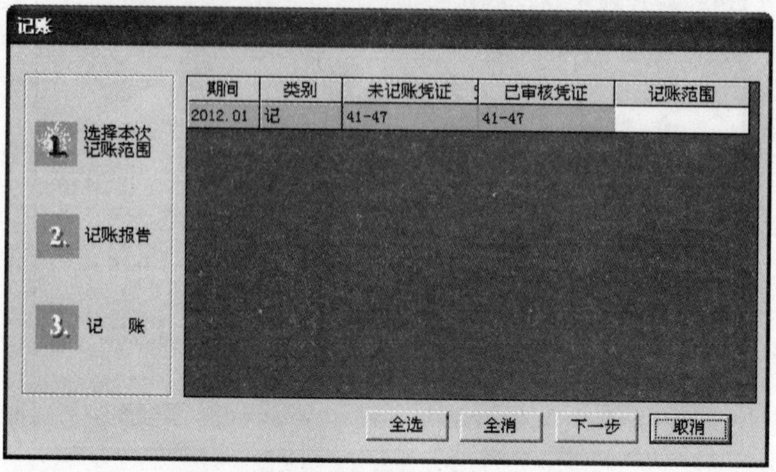

图 6-21 记账（三）

2）具体分三步进行：①选择科目；②单击【下一步】按钮作记账报告；③单击【下一步】按钮，弹出“期初失算结果平衡表”窗口，待“试算结果平衡”后单击【确定】按钮开始记账。

3）系统提示“记账完毕!”，单击【确定】按钮，记账完成。

（3）总账查询。

1）选择企业门户中财务会计标签的“总账”→“账表”→“科目账”→“余额表”命令，弹出“发生额及余额查询条件”对话框。

2）选择月份后，单击【确定】按钮，打开“发生额及余额表”窗口，如图 6-22 所示。

发生额及余额表

月份：2012.01-2012.01

科目编码	科目名称	期初余额		本期发生		期末余额	
		借方	贷方	借方	贷方	借方	贷方
1002	银行存款			353280.00	18050.00	335230.00	
1131	应收账款	25000.00		1188050.00	255000.00	958050.00	
1141	坏账准备		10000.00				10000.00
1201	物资采购	80000.00		499996.00	564996.00	15000.00	
1211	原材料	1050.00		20.00	340.00	730.00	
1241	自制半成品	523000.00			50000.00	473000.00	
1243	库存商品	1598200.00		2017496.00	242000.00	3371696.00	
1911	待处理财产损溢				20.00		20.00
资产小计		2225250.00	10000.00	4058842.00	1130406.00	5153706.00	10020.00
2121	应付账款		5000.00		487427.70		492427.70
2171	应交税金			84981.70	186830.00		101848.30
负债小计			5000.00	84981.70	674257.70		594276.00
3101	实收资本（或股本）		2210250.00				2210250.00
权益小计			2210250.00				2210250.00
4101	生产成本			340.00	144000.00		143660.00
成本小计				340.00	144000.00		143660.00
5101	主营业务收入				1099000.00		1099000.00
5401	主营业务成本			286000.00	1382500.00		1096500.00
损益小计				286000.00	2481500.00		2195500.00
合计		2225250.00	2225250.00	4430163.70	4430163.70	5153706.00	5153706.00

图 6-22 发生额及余额表（三）

当双击表中的发生额时，系统会自动链接相应的单据与凭证，可供财务管理稽查使用。

（4）账套备份。在 E:\“北京朝阳电脑有限公司”文件夹中新建“6—总账”文件夹，将账套输出至其中。

第 7 章　存 货 核 算

7.1　存货核算概述

存货是企业在生产经营过程中为销售或生产耗用而储存的各种资产，包括商品、产成品、半成品、在产品和各种材料、燃料、包装物、低值易耗品等。

业务开展的好坏最终都要通过财务数据来体现，存货核算管理系统的目的就是要将业务发生过程中涉及资金、资产的部分进行财务核算，并制作会计凭证，反映到企业的三大会计报表中。存货核算用于核算和分析所有业务中的存货耗用情况，正确计算存货购入成本，促使企业努力降低存货成本；反映和监督存货的收发、领退和保管情况；反映和监督存货资金占用情况，促进企业提高资金的使用效果。

存货核算的主要功能包括：存货出入库成本核算、暂估入库业务处理、出入库成本调整、存货跌价准备的处理等。存货核算管理系统提供了先进先出法、后进先出法、加权平均法、移动平均法、分批认定法、计划成本法等多种存货的计价方法。各种存货的计价方法可并行适用，准确地核算存货的出入库成本和库存金额余额。

7.2　存货核算工作原理

存货核算系统既可与采购管理、库存管理、销售管理系统集成使用，也可以只与库存管理系统联合使用，还可单独使用。存货核算系统与其他系统的主要关系如图 7-1 所示。

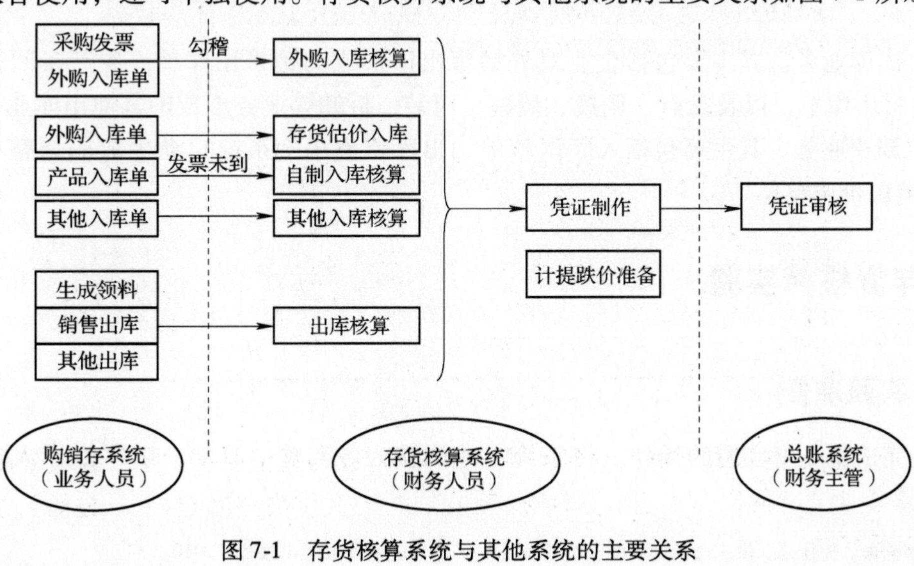

图 7-1　存货核算系统与其他系统的主要关系

如图 7-1 所示，存货核算管理系统的关键作用是出入库核算和凭证制作。与供应链的其他系统不同的是，存货核算管理系统几乎不涉及单据的输入，所有参与核算管理的单据都来源于其他业务系统。

（1）接收采购系统录入的已审核的采购发票、外购入库单、委外加工入库单、委外加工出库单、费用发票等单据，进行入库核算计算出采购成本，并编制凭证。

（2）接收销售系统录入的已审核的销售发票、销售出库单、销售费用发票等单据，进行销售出库单核算计算出销售出库成本，并编制凭证。

（3）接收库存管理系统录入的所有出入库单据，进行出入库金额核算和凭证处理。

（4）将材料出库核算的结果传递给成本系统，作为成本系统计算产品生产成本的组成部分；将成本系统计算出的半成品、产成品生产成本传递到核算管理系统，作为产品的入库成本。

（5）将各类发票生成凭证后，核算管理系统自动将凭证等相关信息传递到应付应收系统对应的往来单据上，实现财务处理的一致性。

（6）将核算管理系统生成的凭证传递到总账系统，并可实现存货与总账系统的对账功能。⊖

7.3 存货核算业务处理

在与采购、销售、库存等系统集成使用时，在库存管理系统中录入采购入库单，在销售管理系统中录入发货单，审核后自动生成销售出库单，或在库存管理系统中参照销售订单或发货单生成销售出库单，传递到存货核算系统。在存货核算系统中，对各种出入库单据记账，并生成出入库凭证。而存货核算系统单独使用时，所有的出入库单据均由存货核算系统填制。

存货核算的主要业务有：入库业务、出库业务和调整业务。

（1）入库业务。其主要包括企业外部采购物资形成的采购入库单、生产车间加工产品形成的产成品入库单，以及盘点、调拨单、调整单、组装、拆卸等业务形成的其他入库业务。

（2）出库业务。其主要包括企业对外销售出库形成的销售出库单、生产车间领用材料形成的材料出库单，以及盘点、调拨、调整、组装、拆卸等业务形成的其他出库业务。

（3）调整业务。其主要包括入库调整单、出库调整单、系统自动生成的调整单，以及计划价/销售价调整单。

7.4 存货核算实验

7.4.1 实验准备

已经完成第 6 章实验的操作。将系统时间调整为各实验的日期，以“操作人姓名”操

⊖ 李湘琳，傅仕伟．供应链管理系统实验教程［M］．北京：清华大学出版社，2010.

作员（口令001）的身份登录001账套的“企业门户”。

7.4.2 实验要求

（1）注重了解存货核算的初始设置、暂估成本的录入、单据记账和特殊单据记账、存货期末处理等。

（2）了解存货核算与其他模块之间的关系。

（3）掌握企业存货日常业务。

7.4.3 存货核算实验过程

业务资料：

2012年1月20日，上级主管同意向兴华公司订购鼠标100个，单价为15元。将所收到的货物验收入外购品仓库，填制采购入库单。

2012年1月20日，批发部向华宏公司出售计算机（P4）50台，报价为4800元/台，货物从产成品仓库发出。

2012年1月31日，经核查，产成品仓库中计算机（P4）存货价格偏低，经过调研和批准，将其由4800元/台调整为4810元/台，由于该存货在该仓库中存储数量为55台，调整为55×10元=550元。

操作步骤：

1. 入库单据处理

（1）在库存管理系统中输入采购入库单并审核。

1）选择“入库业务”→“采购入库单”命令，进入“采购入库单”窗口。

2）单击【增加】按钮，输入入库日期“2012-01-20”，选择仓库“外购品仓库”、入库类别“采购入库”，供货单位“兴华”。

3）选择存货编码“07”、存货名称“鼠标”，输入数量“100”、单价“15”。

4）单击【保存】按钮进行保存，再单击【审核】按钮对采购入库单进行审核，结果如图7-2所示。

（2）在存货核算系统中记账并生成凭证。

1）选择“业务核算”→“正常单据记账”命令，打开“正常单据记账条件”对话框，对采购入库单进行记账处理。选择查询条件，单击【选择】按钮，进入“正常单据记账”窗口，选择“采购入库单”记账。

2）选择“业务核算”→“生成凭证”命令，打开“生成凭证”窗口。单击工具栏上的【选择】按钮，打开“查询条件”对话框，选中“采购入库单”复选框，单击【确定】按钮，进入“未生成凭证一览表”窗口，选中要制单的记录行，单击【确定】按钮，进入“生成凭证”窗口。

3）在生成凭证窗口中，选择凭证类别“记账凭证”，单击【合成】按钮，生成凭证。单击【保存】按钮进行保存，左上角出现“已生成”标志，表示凭证已传递到总账系统，如图7-3所示。

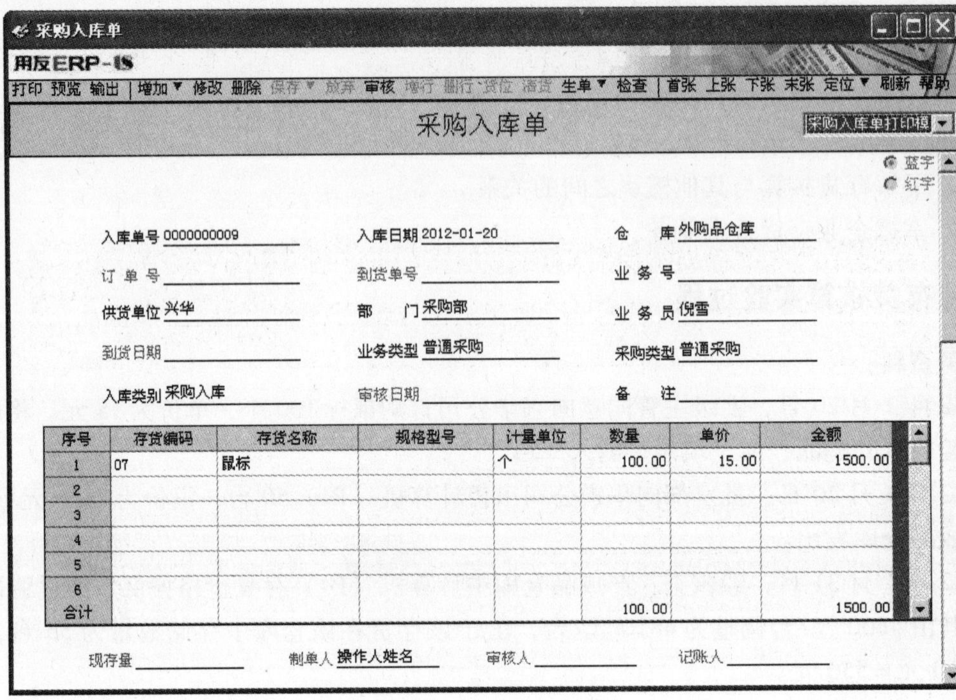

图 7-2 采购入库单（七）

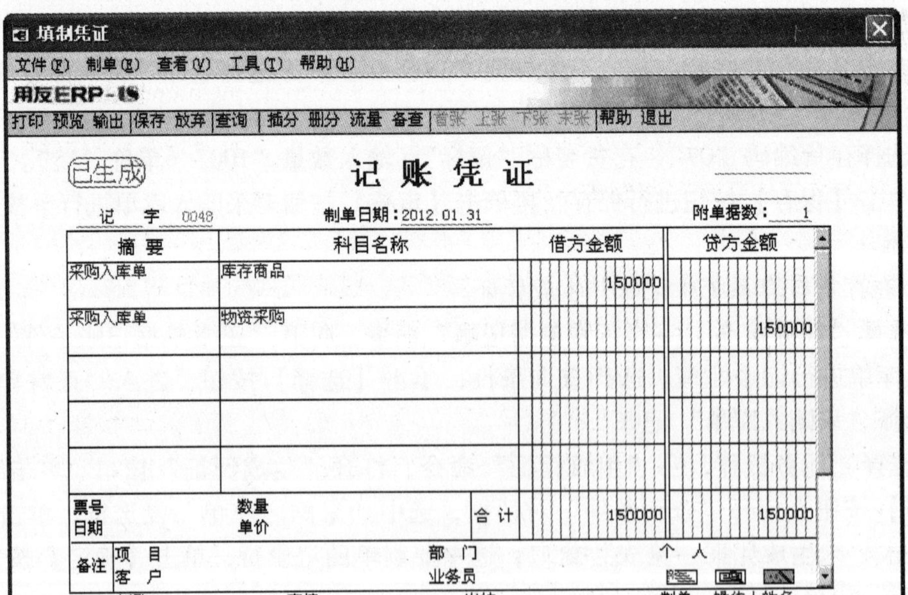

图 7-3 采购入库单生成记账凭证

2. 出库单据处理

（1）在销售管理系统中填制销售发货单并审核。

1）选择“销售发货”→“销售发货单”命令，进入“销售发货单”窗口。

2）单击【增加】按钮，输入发货日期“2012-01-20”、客户简称“华宏”，选择仓库名称“产成品仓库”、存货编码“02”、存货名称“计算机（P4）”，输入数量“50”、单价“4800”，如图7-4所示。

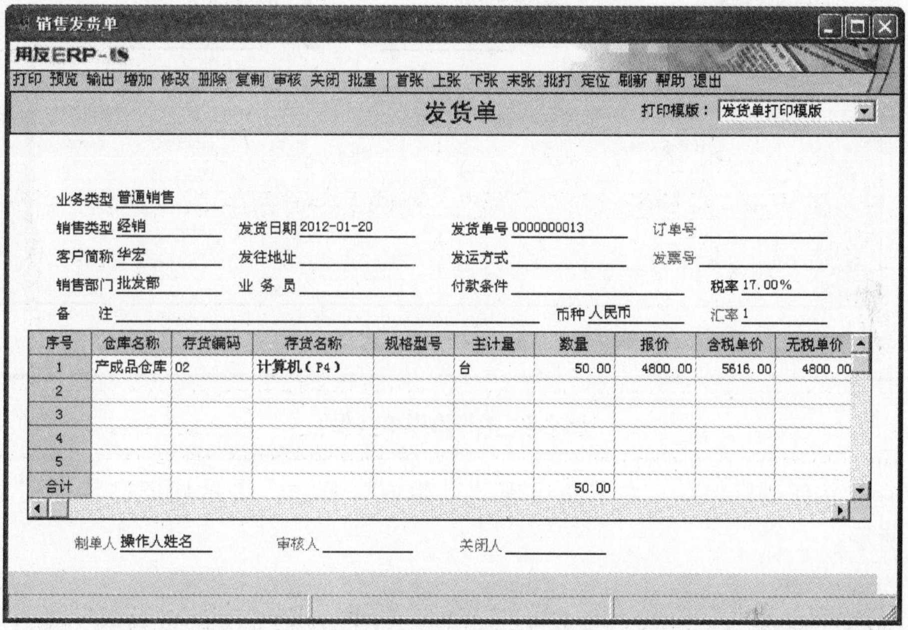

图7-4 发货单（十）

3）单击【保存】按钮进行保存，再单击【审核】按钮，对发货单进行审核。

（2）在库存管理系统审核销售出库单。

1）选择“出库业务”→“销售出库单”命令，进入“销售出库单”窗口。

2）单击【生单】按钮，选择该业务的发货单，修改时间和单价后进行保存。

3）单击【审核】按钮，对销售出库单进行审核，如图7-5所示。

（3）在存货核算系统中记账并生成凭证。

1）选择“业务核算”→“正常单据记账”命令，打开“正常单据记账条件”对话框，对销售出库单进行记账处理。选择查询条件，单击【确定】按钮，进入“正常单据记账”窗口，选择“销售出库单”记账。

2）选择“财务核算”→“生成凭证”命令，打开“生成凭证”窗口，单击工具栏上的【选择】按钮，打开“查询条件”对话框，选中“销售出库单”复选框。单击【确认】按钮，进入“未生成凭证一览表”窗口，选中要制单的记录行，单击【确定】按钮，进入“生成凭证”窗口。

3）在生成凭证窗口中，选择凭证类别“记账凭证”，单击【合成】按钮，生成凭证。

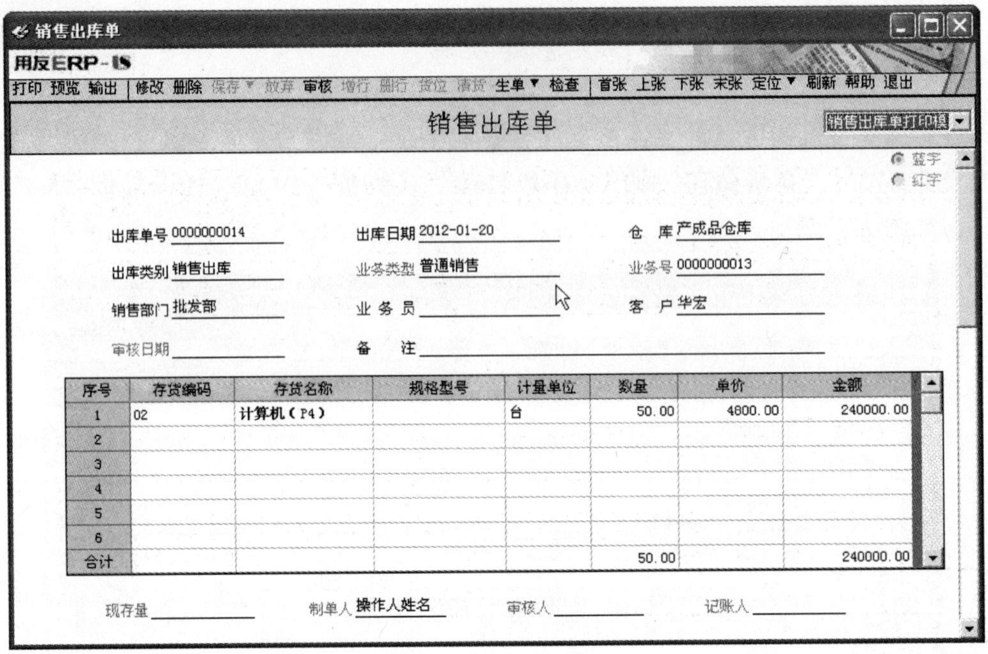

图 7-5　销售出库单（七）

单击【保存】按钮进行保存，左上角出现“已生成”标志，表示凭证已传递到总账系统，如图 7-6 所示。

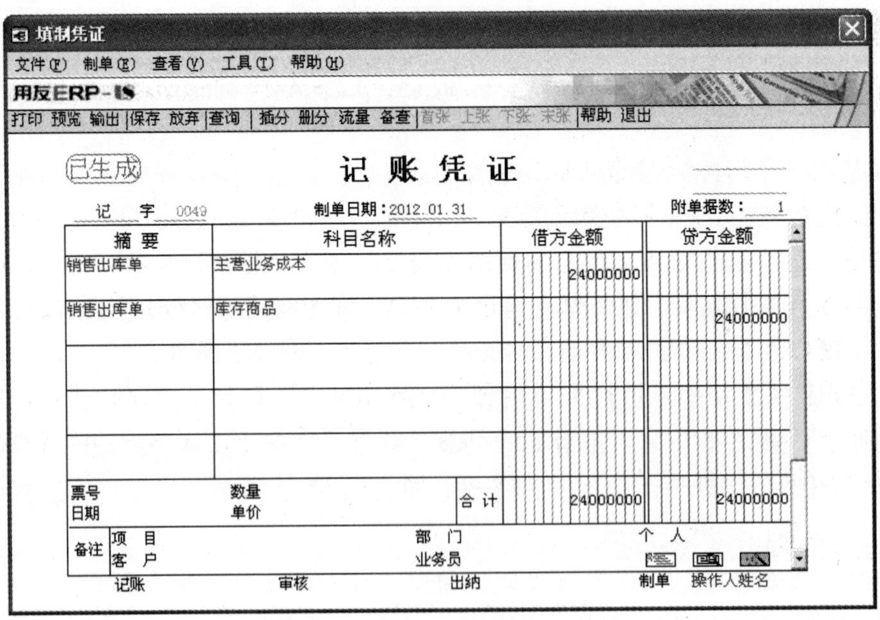

图 7-6　销售出库单生成记账凭证

3. 单据调整处理

（1）在存货核算系统中录入调整单据。

1）执行“日常业务”→“入库调整单”命令，进入“入库调整单”窗口。

2）单击【增加】按钮，选择“产成品仓库”，输入日期“2012-01-31”，选择收发类别“产成品入库”等信息。选择存货编码“02”、存货名称“计算机（P4）”，调整金额“550”，如图7-7所示。

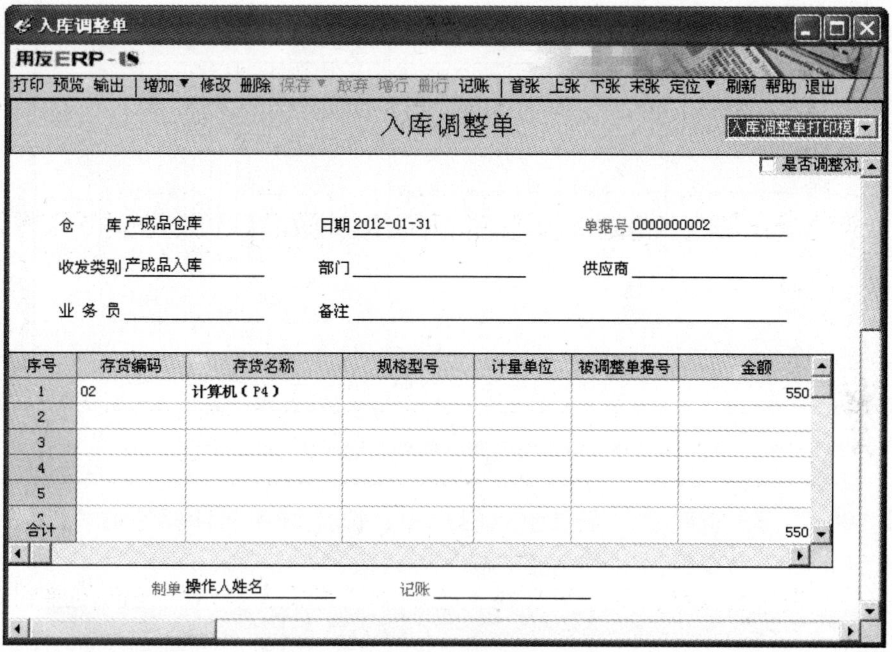

图7-7 入库调整单

3）单击【保存】按钮进行保存，再单击【记账】按钮（切记只能点一次【记账】按钮，系统并没有指示已经记账），使增加的金额入账。

（2）在存货核算系统中生成入库调整凭证。

1）选择“财务核算”→“生成凭证”命令，打开“生成凭证”窗口。单击工具栏上的【选择】按钮，打开“查询条件”对话框，选择“入库调整单”选项，单击【确认】按钮，进入“未生成凭证一览表”窗口，选中要制单的记录行，单击【确定】按钮，进入“生成凭证”窗口。

2）在生成凭证窗口中，选择凭证类别“记账凭证”，单击【合成】按钮，生成凭证。单击【保存】按钮进行保存，凭证左上角出现“已生成”标志，表示凭证已传递到总账系统，如图7-8所示。

7.4.4 总账处理

至此，北京朝阳电脑公司的存货核算执行过程已经结束。总账处理是定期进行的，它是反映企业会计期间产品经营的业绩报表。

操作步骤：

（1）凭证审核。

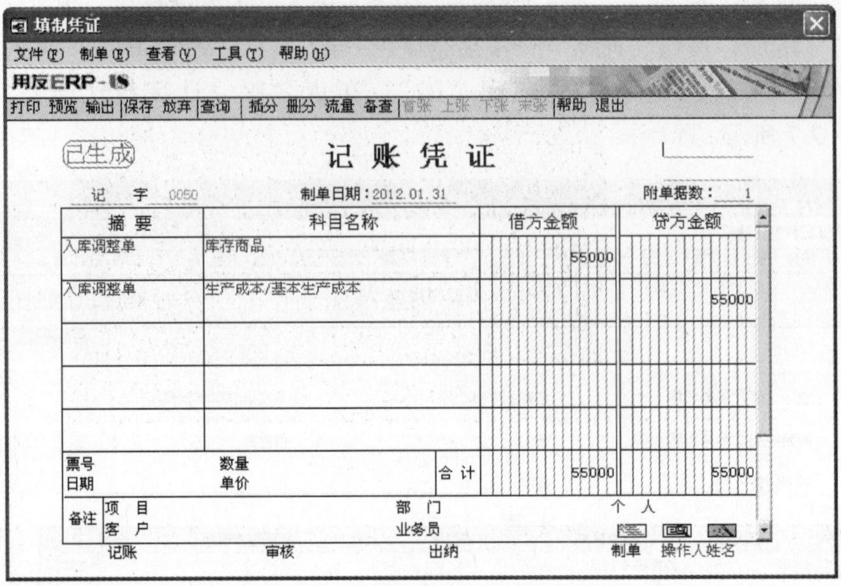

图 7-8 入库调整单生成记账凭证

1）用“002”身份重新注册登录企业门户中，选择财务会计标签的“总账”→“凭证”→“凭证审核”命令，弹出“凭证审核”对话框，如图 7-9 所示。

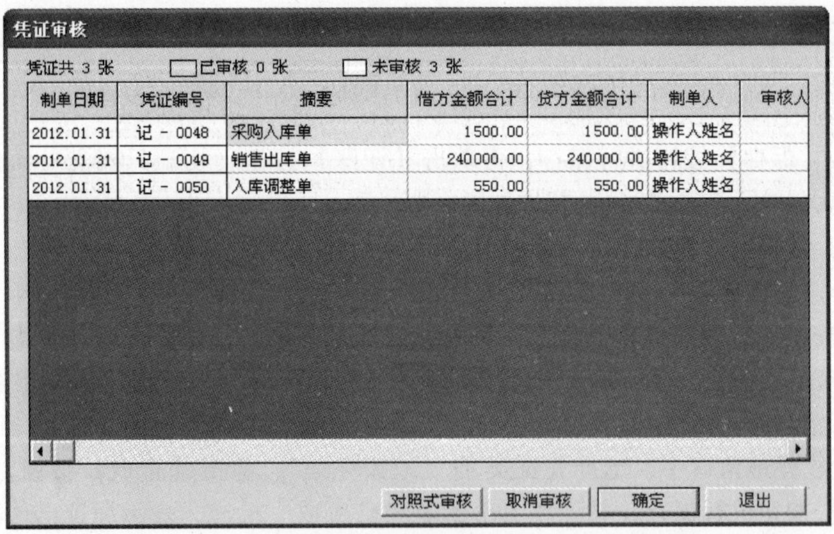

图 7-9 凭证审核（三）

2）单击【确定】按钮，开始审核凭证。

（2）记账处理。

1）选择企业门户中财务会计标签的“总账”→“凭证”→“记账”命令，弹出“记账”对话框，如图 7-10 所示。

2）具体分三步进行：①选择科目；②单击【下一步】按钮作记账报告；③单击【下一

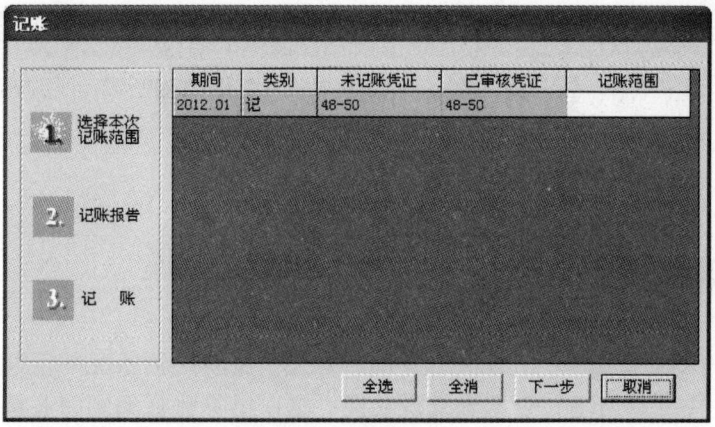

图 7-10 记账（四）

步】按钮，弹出“期初失算结果平衡表”窗口，待“试算结果平衡”后单击【确定】按钮开始记账。

3）系统提示“记账完毕！”，单击【确定】按钮，记账完成。

（3）总账查询。

1）选择企业门户中财务会计标签的“总账”→“账表”→“科目账”→“余额表”命令，弹出“发生额及余额查询条件”对话框。

2）选择月份后，单击【确定】按钮，打开“发生额及余额表”窗口，如图 7-11 所示。

发生额及余额表

月份：2012.01-2012.01

科目编码	科目名称	期初余额		本期发生		期末余额	
		借方	贷方	借方	贷方	借方	贷方
1002	银行存款			353280.00	18050.00	335230.00	
1131	应收账款	25000.00		1188050.00	255000.00	958050.00	
1141	坏账准备		10000.00				10000.00
1201	物资采购	80000.00		499996.00	566496.00	13500.00	
1211	原材料	1050.00		20.00	340.00	730.00	
1241	自制半成品	523000.00			50000.00	473000.00	
1243	库存商品	1596200.00		2019546.00	482000.00	3133746.00	
1911	待处理财产损溢				20.00		20.00
资产小计		2225250.00	10000.00	4060892.00	1371906.00	4914256.00	10020.00
2121	应付账款		5000.00		487427.70		492427.70
2171	应交税金			84981.70	186830.00		101848.30
负债小计			5000.00	84981.70	674257.70		594276.00
3101	实收资本（或股本）		2210250.00				2210250.00
权益小计			2210250.00				2210250.00
4101	生产成本			340.00	144550.00		144210.00
成本小计				340.00	144550.00		144210.00
5101	主营业务收入				1099000.00		1099000.00
5401	主营业务成本			526000.00	1382500.00		856500.00
损益小计				526000.00	2481500.00		1955500.00
合计		2225250.00	2225250.00	4672213.70	4672213.70	4914256.00	4914256.00

图 7-11 发生额及余额表（四）

当双击表中的发生额时，系统会自动链接相应的单据与凭证，可供财务管理稽查使用。

（4）账套备份。在 E：\“北京朝阳电脑有限公司”文件夹中新建“7—总账”文件夹，将账套输出至其中。

第8章　期末处理

8.1　期末处理概述

企业的股东、债权人等财务信息使用者都需要关于企业经营状况的定期信息。通过月末结账、年末结账、年度数据结转等期末处理功能，据以结算账目编制财务报告，核算财务状况和资金变动情况，以及企业的供应链管理所需要的各种相关数据报表等。

用友 ERP 管理系统是由多个部分、多个模块共同组成的。初始数据、原始单据在不同系统、不同模块之间依次顺序传递，因此供应链系统在进行期末结账时，也要按照业务的流程顺序依次对采购、销售、库存、存货、应收、应付等模块进行期末业务处理。

期末业务处理是系统自动完成的。企业完成当月的所有工作后，系统将相关各个系统的单据封存，将各种数据记入相关的账表当中，完成会计期间的期末处理工作。

8.2　期末处理流程

北京朝阳电脑有限公司供应链管理系统月末处理的系统涉及采购管理、销售管理、库存管理、存货核算、应收款管理、应付款管理和总账；参加期末处理的部门有采购部门、销售部门、仓储部门和财务部门。

如果企业已完成当期所有涉及采购的业务，如请购、订货、采购入库等；也完成了当期所有涉及销售的业务，如销售订货、销售发货、销售出库等，采购管理和销售管理系统可以进行期末结账。如果确认当期不再发生任何形式的出入库业务，如盘点、调拨等，库存管理系统可以进行期末结账。当期业务记账并生成凭证后，存货核算系统可以进行期末结账，确认当期出入库成本。在所有供应链模块都完成期末结账后，财务部门可对应付款管理、应收款管理进行期末结账处理。最后，总账进行期末结账处理。

在本实验中，对北京朝阳电脑有限公司进行月末处理，其他期末处理流程与月末处理流程类似。

8.3　月末处理实验

8.3.1　实验准备

已经完成第 7 章实验的操作。将系统时间调整为 2012-01-31，以操作员（口令 001）的身份登录 001 账套的“企业门户”。

8.3.2 实验要求

（1）理解月末处理的目的，熟悉月末处理流程。

（2）掌握月末凭证的生成与查询的方法。

（3）掌握账表查询的方法。

8.3.3 月末处理实验过程

1. 采购管理月末结账

（1）选择“月末结账”命令，进入“月末结账”窗口。

（2）选择要结账的月份，必须连续选择，否则不允许结账。单击结账月份所对应行的“选择标记”空白栏，系统会显示选中标志，如图8-1所示。

（3）单击【结账】按钮，系统自动进行月末结账。

（4）结账完成后，系统提示“月末结账完毕”，单击【退出】按钮退出。

2. 销售管理月末结账

（1）选择“月末结账”命令，进入“销售月末结账”窗口。

（2）系统将应结账月份用蓝条标出，只能对蓝条所在月份进行月末结账，如图8-2所示。

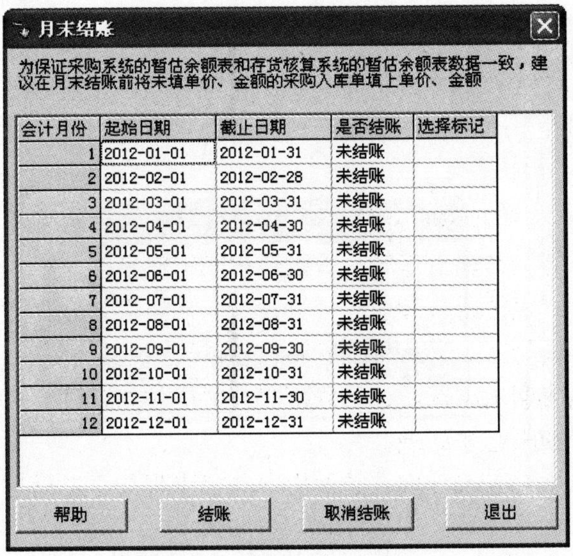

图8-1 采购管理月末结账

图8-2 销售管理月末结账

（3）单击【月末结账】按钮，系统自动进行月末结账。

3. 库存管理月末结账

（1）选择“月末结账”命令，进入“结账处理”窗口。

（2）系统将应结账月份用蓝条标出，只能对蓝条所在月份进行月末结账，如图8-3所示。

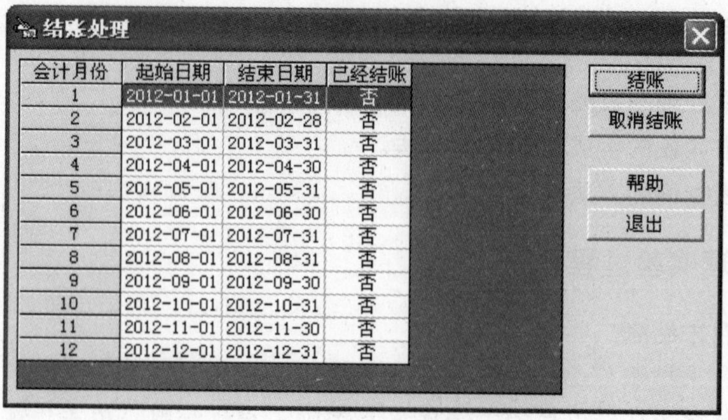

图 8-3　库存管理月末结账

（3）单击【结账】按钮，系统自动进行月末结账。

4. 存货核算月末结账

（1）选择“业务核算”→“期末处理”命令，进入“期末处理”窗口。

（2）选中要处理的仓库，单击【确认】按钮，自动计算所选仓库成本，如图 8-4 所示。

（3）选择“业务核算”→“月末结账”命令，进入“月末结账”窗口。

（4）系统显示当前应结账月份，只能对该月份进行月末结账，如图 8-5 所示。

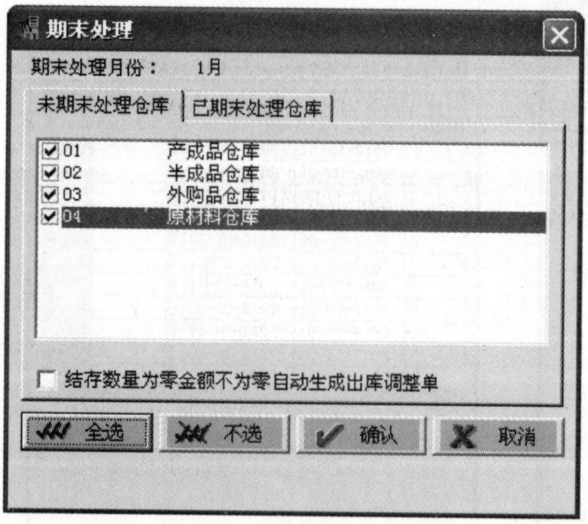

图 8-4　仓库处理

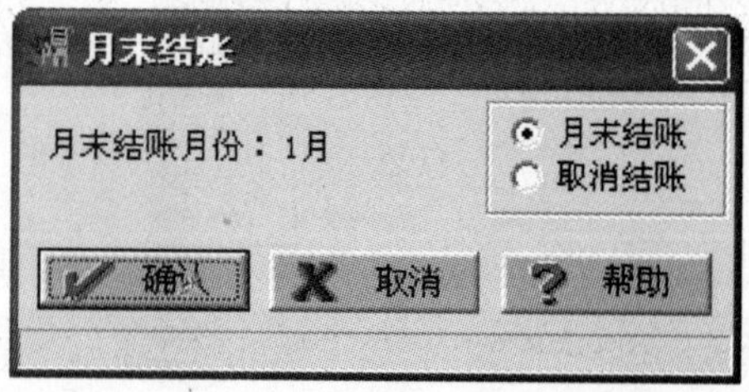

图 8-5　存货核算月末结账

（5）选中“月末结账”单项按钮，单击【确认】按钮，系统自动进行月末结账。结账完成后弹出信息提示，如图 8-6 所示，单击【确定】按钮返回。

5. 应付款月末结账

（1）用“002”身份注册并进入企业门户。

（2）选择“财务核算”→“应付款管理”→“期末处理”→“月末结账”选项，打开“月末处理”对话框。

图 8-6　存货核算月末结账完成

（3）选择结账的月份，在结账标记处双击后显示选中标志“Y”。

（4）单击【下一步】按钮，再单击【完成】按钮，系统结账完成。

（5）结账完成后，系统提示“1 月份结账成功”，单击【确定】按钮，如图 8-7 所示。

6. 应收款月末结账

（1）用“002”身份注册并进入企业门户。

（2）选择“财务核算”→“应收款管理”→“期末处理”→“月末结账”选项，打开“月末处理”对话框。

（3）选择结账的月份，在结账标记处双击后显示选中标志“Y”。

（4）单击【下一步】按钮，再单击【完成】按钮，系统结账完成。

（5）结账完成后，系统提示“1 月份结账成功”，单击【确定】按钮，如图 8-8 所示。

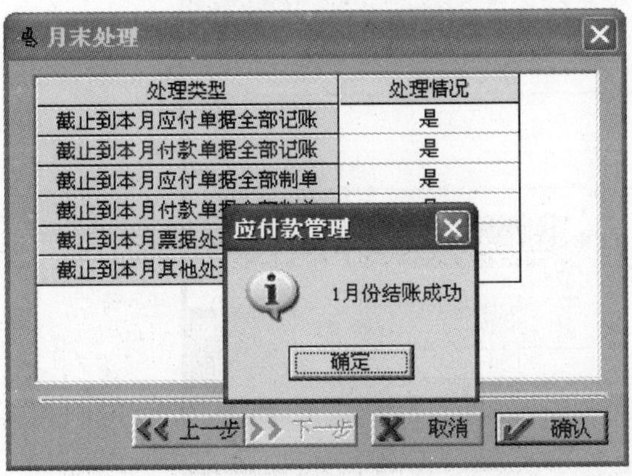

图 8-7　应付款月末结账完成

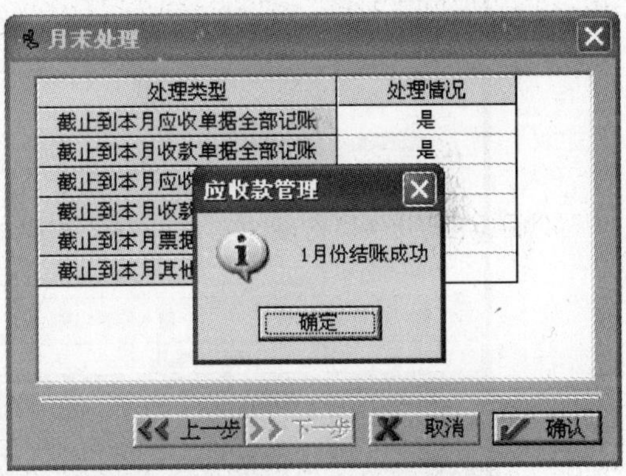

图 8-8　应收款月末结账完成

7. 总账月末结账

（1）设置对应结转记账凭证。

1）选择“财务会计”→“总账”→“期末”→“转账定义”→“对应结转”命令，打开“对应结转设置”对话框。

2）输入编号“0001”，摘要“结转销项税额”，转出科日编码“21710105（应交税金—应交增值税—销项税额）”。

3）单击【增行】按钮，在“转入科目编码”栏输入“217102（应交税金—应交增值税—未交增值税）”，结转系数为“1”，如图 8-9 所示。

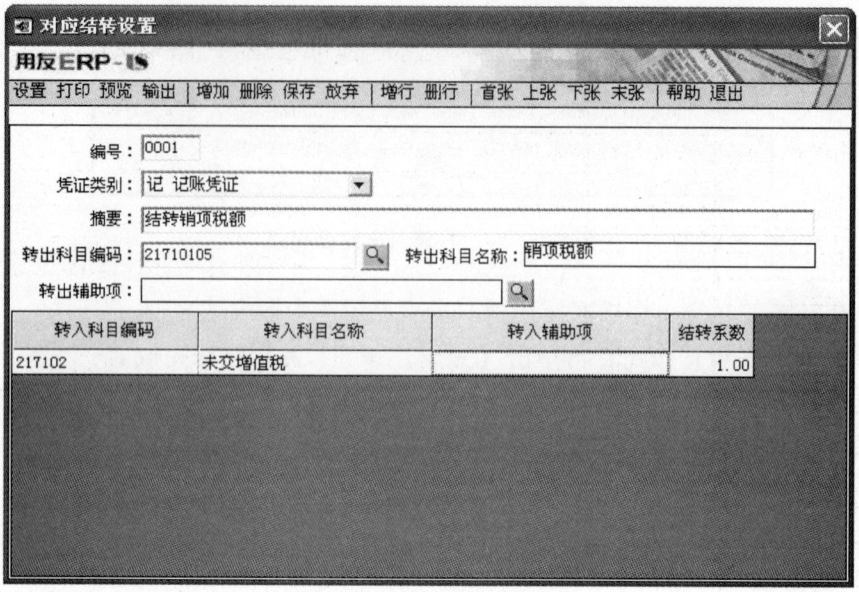

图 8-9 对应结转设置（一）

4）同理，录入编号“0002”，设置“进项税额结转”，如图 8-10 所示。

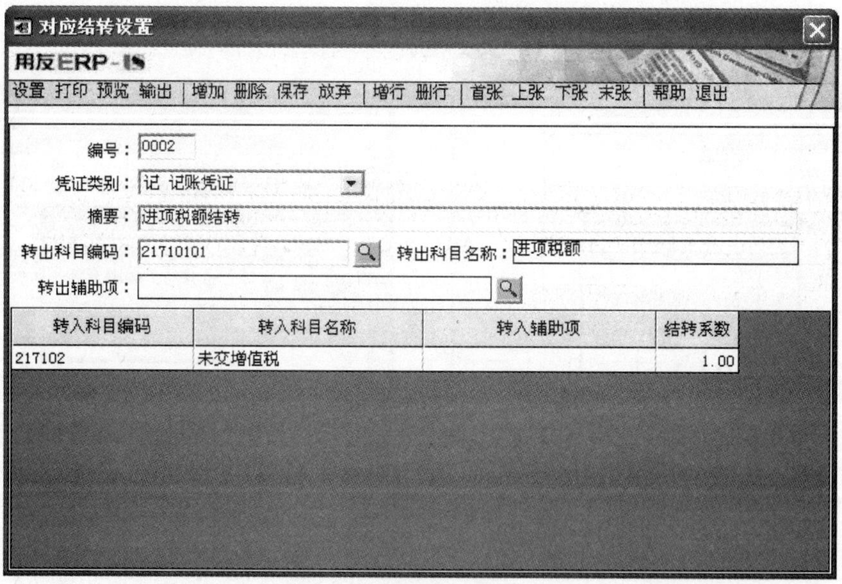

图 8-10 对应结转设置（二）

（2）设置期间损益结转记账凭证。

1）选择“财务会计”→“总账”→“期末”→“转账定义”→“期间损益结转”命令，打开“期间损益结转设置”对话框，设置本年利润科目为“3131”。

2）单击【确定】按钮，设置完成，如图 8-11 所示。

（3）转账生成。

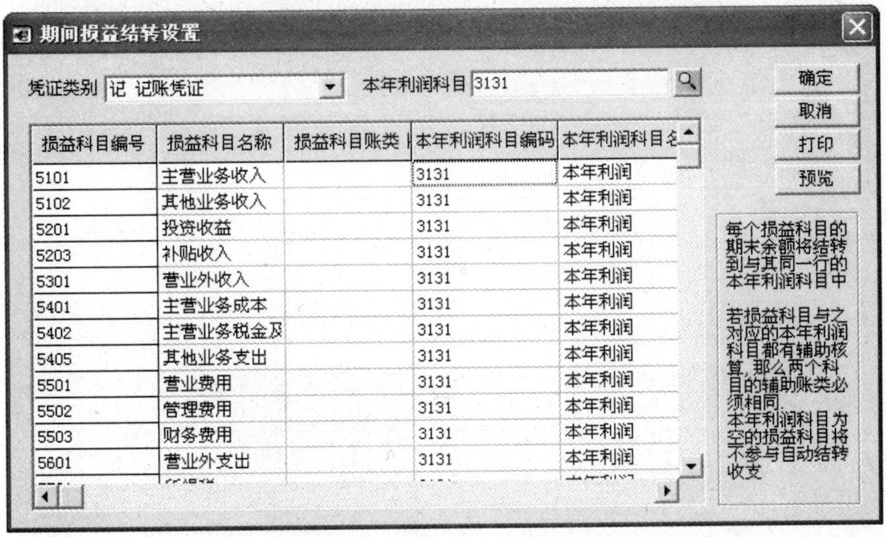

图 8-11 期间损益结转设置

1）生成对应结转凭证。具体步骤为：

① 选择“财务会计”→“总账”→“期末”→“转账生成”命令，打开“转账生成”对话框，选中“对应结转”，单击【全选】按钮。

② 单击【确定】按钮，生成结转销项税额及进项税额的记账凭证两张。

③ 单击【保存】按钮，凭证上出现“已生成”标志，单击【退出】按钮，结果如图 8-12 和图 8-13 所示。

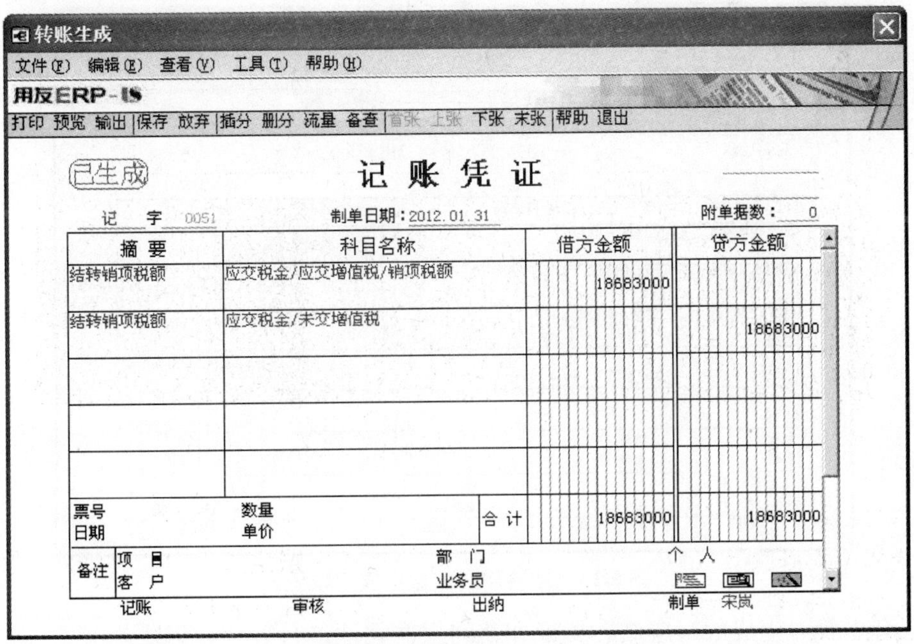

图 8-12 结转销项税额生成记账凭证

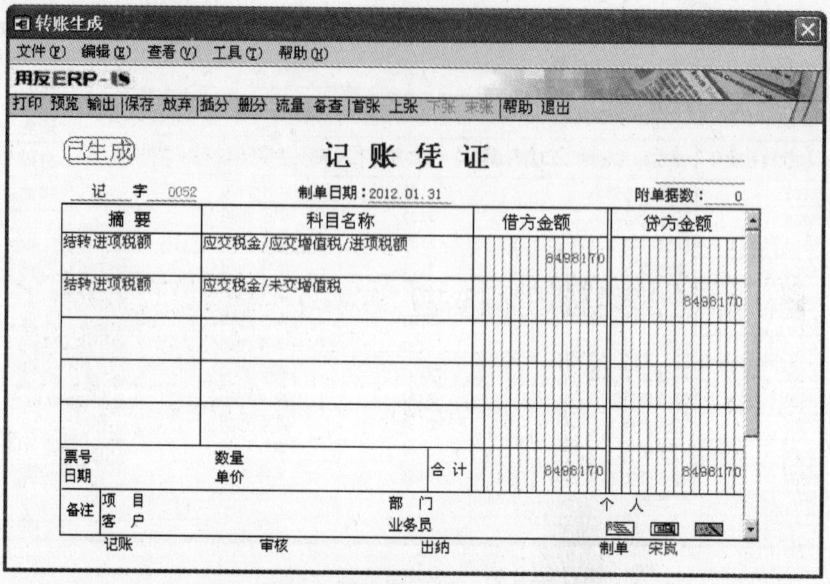

图 8-13　结转进项税额生成记账凭证

2）生成期间损益结转凭证。具体步骤为：

① 选择“财务会计”→“总账”→“期末”→“转账生成”命令，打开“转账生成”对话框，选中“期间损益结转”，单击【全选】按钮。

② 单击【确定】按钮，生成结转期间损益的记账凭证。

③ 单击【保存】按钮，凭证上出现“已生成”标志，单击【退出】按钮，结果如图 8-14所示。

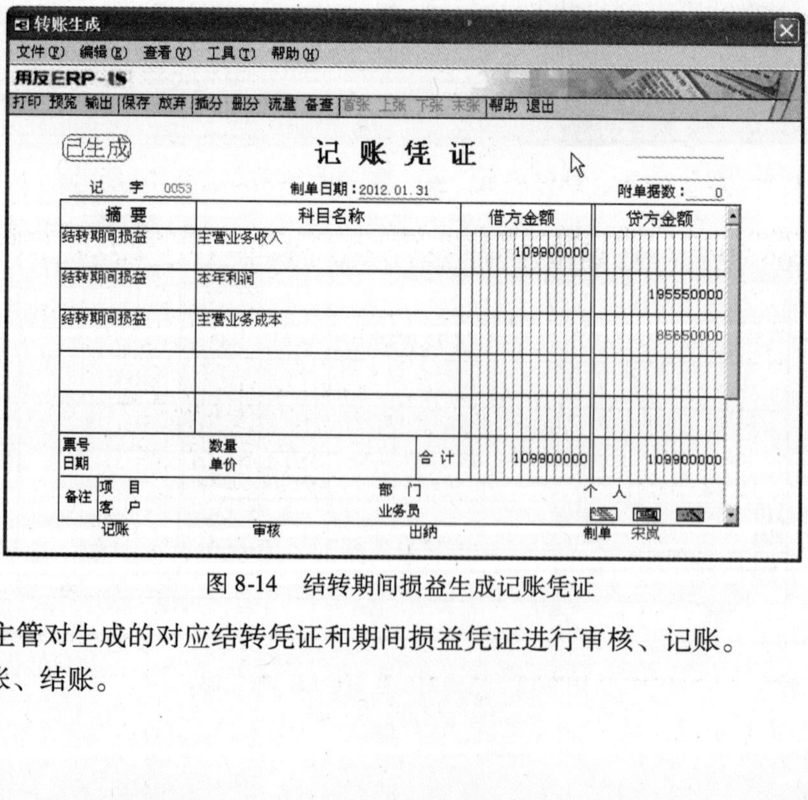

图 8-14　结转期间损益生成记账凭证

④ 账套主管对生成的对应结转凭证和期间损益凭证进行审核、记账。

（4）对账、结账。

1）对账。具体步骤为：

① 选择“财务会计”→“总账”→“期末”→“对账”命令，打开“对账”对话框。

② 单击【试算】按钮，出现“2012.01 试算平衡表”，单击【确定】按钮。

③ 单击【选择】按钮，在“2012.01”所在行的是否对账栏出现“Y”标志，选中要对账的月份。

④ 单击【对账】按钮，系统开始对账，并显示对账结果，如图 8-15 所示。

图 8-15 对账结果

⑤ 单击【退出】按钮退出。

2）结账

① 选择“财务会计”→“总账”→“期末”→“结账”命令，打开“结账”对话框。

② 单击【下一步】按钮，打开“结账—核对账簿”对话框。

③ 单击【对账】按钮，系统进行对账。

④ 当对账完成后，单击【下一步】按钮，打开“结账—月度工作报告”对话框。

⑤ 单击【下一步】按钮，结账完成，提示信息对话框如图 8-16 所示。

图 8-16 结账完成

参考文献

［1］陈铭．供应链资源计划：VLC 与企业 ERP 的对接［J］．经济经纬，2007(4)：117-120.

［2］陈欣欣．ERP 在我国企业的应用研究［J］．商业经济与管理，2003(1)：33-36.

［3］何亮，牛全保，龚中华，金蝶软件（中国）有限公司．金蝶 ERP-K/3 培训教程：财务·供应链·生产制造［M］．2 版．北京：人民邮电出版社，2010.

［4］李爱红．ERP 环境下业务流程再造与分销方案设计［J］．制造业自动化，2011，33(5)：8-12.

［5］刘斌．利用供应链管理提高企业核心竞争［J］．中国流通经济，2001(3)：21-23.

［6］蓝伯雄，郑燕．基于供应链结构的企业资源计划系统［J］．计算机集成制造系统，2005，11(11)：1580-1586，1643.

［7］李明，刘伟，张彼德，等．ERP 环境下制造业实施集中采购之关键技术探讨［J］．重庆大学学报：自然科学版，2002，25(10)：46-48.

［8］刘彦斌．基于 ERP 的供应链采购管理模式探讨［J］．商场现代化，2007(1)：202-203.

［9］马倩．ERP 管理思想的演变历程综述［J］．兰州大学学报：社会科学版，2007，35(5)：140-144.

［10］佘浩．ERP 系统在供应链企业中的应用研究［J］．中国商贸，2010(20)：99-100.

［11］石炎，程新华．用友 ERP 供应链管理系统实验教程［M］．北京：清华大学出版社，2006.

［12］时遇辉．在 ERP 平台上基于供应链的采购业务流程重组创新［J］．商业研究，2007(2)：44-45，109.

［13］王命达，王丽婷，赵雯．金蝶 ERP-K/3 财务软件实务操作［M］．北京：人民邮电出版社，2010.

［14］王新玲，房琳琳，吕志明．新编会计信息系统实验教程［M］．北京：清华大学出版社，2012.

［15］王新玲，赵彦龙．蒋晓燕．新编用友 ERP 财务管理系统实验教程［M］．北京：清华大学出版社，2009.

［16］谢澍，张洪伟，魏筱毛，等．ERP 与供应链结合的采购管理研究［J］．计算机应用研究，2002，19(9)：91-93.

［17］徐俊，徐学军，王旭阳，等．面向供应链的 ERP 研究综述［J］．武汉理工大学学报：信息与管理工程版，2010，32(5)：845-849.

［18］杨翠蓉，尹平林，王明哲，等．ERP 环境下的仓库管理信息系统设计［J］．计算机与现代化，2001(5)：95-98.

［19］郑荆陵，李俊辉，宋永刚．用友 ERP 供应链管理实训教程［M］．北京：清华大学出版社，2009.

［20］郑荆陵，张庆平，余小英．用友 ERP 生产制造管理实训教程［M］．北京：清华大学出版社，2010.

［21］郑济孝．SCM、CRM 与 ERP 集成应用［J］．生产力研究，2010(3)：205-206.

［22］张莉莉．新编用友 ERP 生产管理系统实验教程［M］．北京：清华大学出版社，2009.